HEYNE
BÜCHER

**Harald Braem**

# Magische Riten und Kulte

## Das dunkle Europa

Wilhelm Heyne Verlag
München

HEYNE SACHBUCH
19/649

Umwelthinweis:
Dieses Buch wurde auf chlor-
und säurefreiem Papier gedruckt.

Ungekürzte Taschenbuchausgabe im
Wilhelm Heyne Verlag GmbH & Co. KG, München
http://www.heyne.de

Printed in Germany 1999
Umschlagillustration: The Image Bank/P + G Bowater und
Klaus Holitzka/Agentur Holl
Umschlaggestaltung: Atelier Bachmann & Seidel, Reischach
Druck und Bindung: Elsnerdruck, Berlin

ISBN 3-453-14779-0

## Inhaltsverzeichnis

Die Geburt Europas 9

Erste Station: Rom
Keusche Jungfrauen, eine Wölfin und die Magie der ewigen Flamme 13

Zweite Station: Delphi und Olympia
Drachen, sprechende Quellen und der heilige Sonnenlauf 21

Dritte Station: Lourdes
Von der Eiszeit-Kulthöhle zum Wallfahrtsort 30

Vierte Station: Hölle
Frauenhaß und Hexenwahn, Tod und Teufel und die Erfindung des Fegefeuers 36

Fünfte Station: Nassau an der Lahn
Frau Holle, die gespaltene Maria und die weise Frau vom Malberg 47

Sechste Station: Schwäbische Alb
Kopfjäger, die Suche nach dem heiligen Gral und der älteste Zirkelschlag Europas 58

Siebte Station: Ostara
Vorchristliche Osterbräuche, geheimes Wissen um die vier Elemente und der Name einer vergessenen Göttin 71

Achte Station: Irland
Die Tempel der Riesen, der sprechende Stein und die Insel der Druiden 79

Neunte Station: Bretagne
Die Pyramide der Inschriften, ein Tintenfisch namens Tara und das Gesicht der Todesgöttin 98

Zehnte Station: Gran Canaria
Pyramiden, rätselhafte Schriftzeichen und der Kult der Wassermütter 114

Elfte Station: Malta und Gozo
Kleeblatt, Tempelschlaf und Kümmelrausch. Wo lag Atlantis? Das Rätselvolk der Kykladen 129

Zwölfte Station: Magna Mater
Archetypus der machtvollen Mutter 149

Dreizehnte Station: Dordogne
Die Höhlenkunst der Schamanen, geheimnisvolle Initiationsriten und die Geburt der Venus 156

Vierzehnte Station: Portugal
Die Augen der Großen Göttin, Steinkreise und Astroarchäologie 189

Fünfzehnte Station: Avebury
Der größte Cromlech der Welt, magische Fruchtbarkeitsriten und eine Stufenpyramide in England 202

Sechzehnte Station: Cromlech
Tanzende Steine, ein verblüffendes Maßsystem und das geheime Wissen unserer Ahnen 215

Siebzehnte Station: Sardinien
Nuraghen, Brunnentempel und ein rätselhafter Gott in Stiergestalt 228

Achtzehnte Station: Mallorca
Talayots, Nekropolen und ein »Missing link« im westlichen Mittelmeer 239

Neunzehnte Station: Schweiz
Elfenmühlen, Schalensteine und das »Stonehenge von Falera« 251

Zwanzigste Station: Schweden
Labyrinthe, Trojaburgen und der Tanz der Sonne 261

Einundzwanzigste Station: Der Osten
Spuren im Baltikum, in Polen, Ungarn, Rumänien, Bulgarien, Slowenien, Tschechien und in der Ukraine, in Rußland und Sibirien 270

Am Ende der Reise?
Ausblicke auf eine bewußtere Zeit 283

Anhang 299

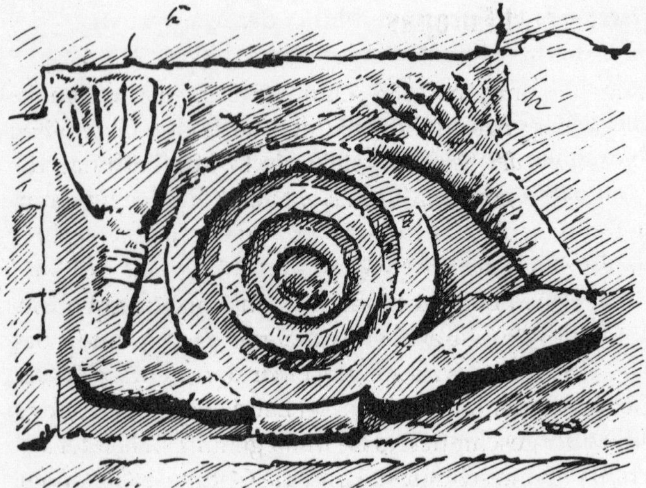

»Sonnenringe« und Orantengestus, Kalksteinrelief, Spitalkirche St. Jakob, Tübingen, vermutlich 9.–11. Jahrhundert

## Die Geburt Europas

Ungefähr im Jahr 1485 schuf der italienische Renaissancemaler Sandro Botticelli das berühmte Ölgemälde *Die Geburt der Venus*. Es stellt die Liebesgöttin dar, die nackt einer großen Muschel entsteigt. Botticelli verbindet in seinem Bild den Mythos von der Geburt Aphrodites mit der Erzählung von ihrer Ankunft auf der Insel Zypern. Auf der linken, die Vergangenheit symbolisierenden Seite blasen personifizierte Zephirwinde das Meer an, rechts wird sie von einer der drei Horen (der Göttinnen der Jahreszeiten) an Land empfangen und in ein blütengeschmücktes Gewand gehüllt. Bekleidet, bekränzt und geschmückt, kann die Göttin der Schönheit und Liebe nun in den Kreis der olympischen Götter eingeführt werden.

Dieses Gemälde ist ein sogenanntes »Schlüsselbild«, es steht stellvertretend für das Denken einer ganzen Epoche. Im Bewußtsein der Menschen kam damals das Licht aus dem Osten – also die Erkenntnis, die Kultur, kurzum: die Gesamtheit dessen, was wir heute *Zivilisation* nennen. Europas Wiege wurde im Umfeld des antiken Hellas lokalisiert, und die damals sich häufenden archäologischen Entdeckungen schienen dieses Geschichtsbild zu bestätigen. Aus dieser Tradition heraus beginnen unsere Schulbücher noch heute mit den Griechen, Römern und Ägyptern. Das alte Europa, die Kelten, Germanen und alles, was in den Jahrtausenden vor der Antike lebte, wird als primitiv und barbarisch eingestuft. Hochkulturen vor Athen und Rom? Unmöglich!

Mittlerweile jedoch hat die Wissenschaft ganz andere Fakten herausgefunden, die das klassische Geschichtsbild radikal in Frage stellen. Unsere Lehrbücher müssen zwangsläufig umgeschrieben werden.

An den olympischen Götterhimmel Athens und Roms mit seiner hierarchischen Struktur schloß sich bruchlos die christliche Ideologie an (die den Geburtsort der Zivilisation noch weiter nach Osten verschob). Doch schon lange vorher existierte im alten, »dunklen« Europa eine blühende Hochkultur mit Landwirtschaft und imposanter Architektur, mit Städten, Schriftzeichen und faszinierender Kunstfertigkeit. Die Entstehung der Religion, in deren Dienst erstaunliche Malereien, Gravuren und Plastiken geschaffen wurden, liegt 20 000 bis 30 000 Jahre oder noch länger zurück, beginnt in den Höhlenheiligtümern Frankreichs, Spaniens und Deutschlands und hat Europa bis weit nach Rußland, Skandinavien und in den Mittelmeerraum hinein geprägt. Bei dieser Religion ging es nicht um einen die Familienstruktur normaler Menschen nachahmenden, personifizierten Götterhimmel wie bei den Griechen und Römern des klassischen Altertums, sondern schlicht und einfach um *Mutter Erde*, die Große Göttin, deren Macht sich auf Geburt und Leben, Tod und Wiedergeburt erstreckt sowie auf alle Elemente und Erscheinungsformen der belebten Natur.

Insofern liegt in Botticellis Gemälde – auch wenn er sich dessen vielleicht gar nicht bewußt war – eine viel ältere, archetypische Bildbotschaft verborgen, ein tieferer Sinn als nur die Illustration eines griechischen

Mythos. Diese Botschaft lautet: *Am Anfang war Gott eine Göttin* – die Große Erdmutter, die aus ihrem Urelement, dem »Wasser des Lebens«, alles erschuf und deren dienstbare Hilfsgeister die Luft, die Winde und natürlich die Zeit waren. Der Archetypus reicht bis zu den Wurzeln unserer Existenz zurück, vielleicht bis in das Zeitalter der Neandertaler und Cromagnon, deren Nachkommen wir sind.

Diesem Archetypus und seinen bis in unsere Gegenwart wirkenden Ausformungen in Kult, Ritus und Volksbrauchtum, ja, sogar in Architektur, Kommunikation und modernem Design, dient die Zeitreise, die mittels dieses Buches unternommen werden soll. Von Station zu Station wird die Spurensuche quer durch Europa führen und dabei Licht in das Dunkel der Vorzeit bringen, bis wir vielleicht gemeinsam herausfinden, wo die »Geburt Europas« wirklich begann. Viele berühmte und einige weniger bekannte magische Orte der »Alten Welt« sollen aufgesucht und nach Indizien abgesucht werden: Wo überall finden sich deutliche Hinweise auf die Anwesenheit der Großen Urmutter, wo wurde sie in Tempeln und Orakelstätten, an Kultplätzen mit geheimnisvollen Felsbildbotschaften verehrt? Wo deuten Namenshinweise, Mythen und Märchen, die älter sind als das Christentum, als Rom und Athen, auf die Erdmutter hin? An welchen heiligen Plätzen kann man heute noch ahnen, daß hier – lange vor den Indogermanen und bevor die Religion Alteuropas im Sinne der jeweiligen Eroberer umfunktioniert wurde – einstmals die Große Mutter als Göttin der Schöpfung verehrt worden war?

Unsere Spurensuche beginnt bei den zentralen Heiligtümern der antiken Welt – in Rom, Delphi und Olympia – und führt über Lourdes – das vom christlichen Glauben zu einer Offenbarungsstätte von größter Bedeutung umgewandelt wurde – quer durch viele Länder, immer tiefer in die Geheimnisse des alten, »dunklen« Europa hinein.

Dabei stellen wir fest, daß besonders die christlichen Missionare und Inquisitoren besessen daran gearbeitet haben, die Erinnerung an die Religion Alteuropas auszumerzen. Um es gleich vorweg zu sagen: Dieses Vorhaben ist nur zum Teil gelungen. Anhand zahlreicher Relikte lassen sich zumindest teilweise die »heidnischen« Kulte rekonstruieren.

Es handelt sich aber nicht bloß um irgendwelche primitiven Kulte, sondern um eine *umfassende, ganzheitlich orientierte und mit der Natur in Einklang stehende matriarchale Religion,* in deren Mittelpunkt die Verehrung der Großen Ur- und Erdmutter stand.

Bei den Vorstudien zu diesem Buch hat mich am stärksten die Erkenntnis verblüfft, daß die alteuropäische Urreligion zeitweilig zwar aufs heftigste unterdrückt wurde und in Vergessenheit geriet, aber eigentlich bis heute nie aufgehört hat zu existieren. Die große Erdmutter muß eine unglaubliche Kraft besitzen ... Ihr widme ich daher auch dieses Buch.

## Erste Station: Rom

### Keusche Jungfrauen, eine Wölfin und die Magie der ewigen Flamme

Wer Rom, die »ewige Stadt«, das einstige Zentrum des römischen Weltreichs, besucht und durch die eindrucksvollen Ruinenanlagen des Forum Romanum streift, dem fällt sofort auf, daß dort die Grundrisse aller Tempel, Paläste und Häuser rechteckig sind. Bis auf eine einzige Ausnahme: Der Vesta-Tempel ist kreisrund. Wegen dieser augenfälligen Abweichung von der Regel wurde ich neugierig und forschte weiter nach. Interessante Dinge kamen dabei zutage:

Der Kult der Vesta gehörte zu den ältesten Roms. Vesta, die griechische *Hestia*, galt als Göttin des Herdfeuers, Beschützerin der Familie und des geordneten Gemeinwesens. In Rom wurde sie unter dem Symbol des Herdfeuers verehrt, das nie verlöschen durfte. Erlosch das Feuer, galt dies als Vorzeichen größten Unheils für den Staat. Die kultische Pflege der ewigen Flamme war den Vestalinnen anvertraut, der einzigen weiblichen Priesterklasse Roms. Diese lebten nach strengen Regeln, genossen aber auch besondere Privilegien. Anwärterinnen auf das Amt wurden unter Mädchen im Alter zwischen sechs und zehn Jahren ausgesucht. Sie mußten mindestens dreißig Jahre lang im Dienst und jungfräulich bleiben. Dargestellt wurde die

Vesta als ehrwürdige Matrone in langem Gewand. Als ihre Attribute galten Fackel, Zepter und Palladium (das Bildnis der griechischen Göttin Pallas Athene, der Göttin der Weisheit). Im Jahre 382 nach der Zeitwende (n. d. Zw.) wurde der Vesta-Kult endgültig abgeschafft.

Im Bewußtsein des moralischen und sittenstrengen Rom wurde die Vesta als eine Art »Heimchen am Herd« verstanden, als jemand, der das eigene Heim »heimelig« machte, den Zusammenhalt der Familie wahrte und ein Vorbild für weibliche Tugendhaftigkeit darstellte. Nach diesen strengen Maßstäben wurden das Verhalten und der Lebenswandel der Vestalinnen selbst bemessen. Verstießen sie gegen die ihnen auferlegten Gebote (vor allem das Keuschheitsgelübde), so wurden sie streng bestraft, was zumeist bedeutete, daß man sie bei lebendigem Leibe in unterirdischen Kammern begrub.

Zum Kult der Vestalinnen kursierten im alten Rom viele Geschichten. Eine, die für den Status dieser Priesterinnen besonders bezeichnend ist, soll hier erzählt werden:

Aemilia, eine bereits länger dienende Vestalin, hatte das Feuer der Obhut einer neuen Kollegin anvertraut, und diese hatte es erlöschen lassen. Als das bekannt wurde, entstand in Rom große Unruhe. Die Priester beschlossen, durch ein Gottesurteil herauszufinden, ob sich Aemilia der Unkeuschheit schuldig gemacht hatte. Die Hände dem Altar entgegengestreckt, betete die Vestalin zu ihrer Göttin: »Wenn ich fast dreißig Jahre lang alle meine heiligen Pflichten fromm und ordnungsgemäß erfüllt und dabei meine Gedanken rein und meinen Körper keusch bewahrt habe, dann offenbare dich, um mir zu helfen, und laß nicht zu, daß ich

Das Forum Romanum in Rom

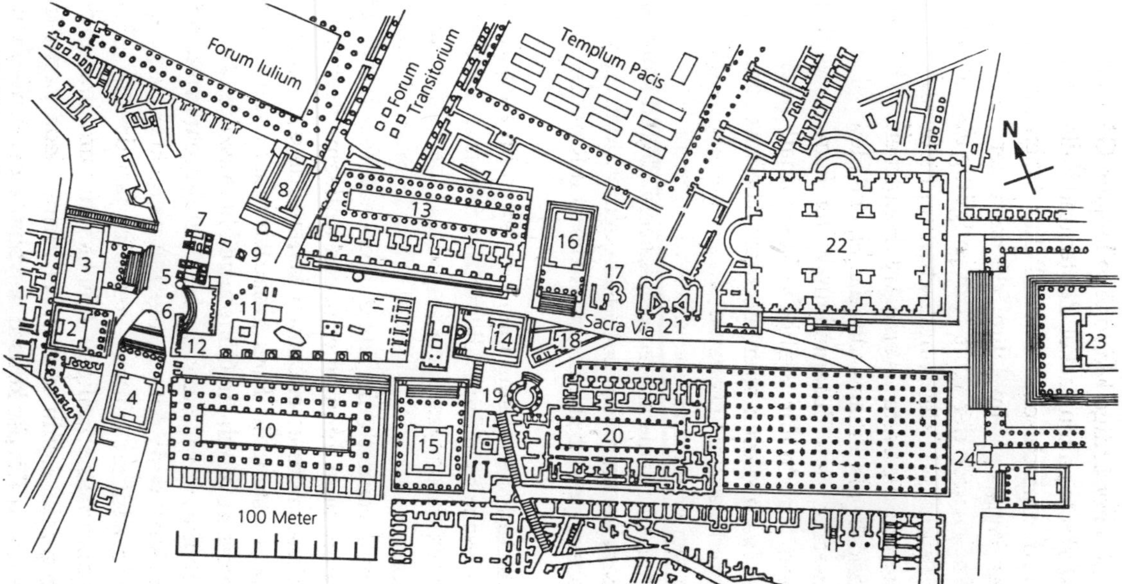


1 Tabularium
2 Tempel des Vespasian und des Titus
3 Concordia-Tempel
4 Saturn-Tempel
5 Umbilicus Urbis
6 Milliarium Aureum
7 Bogen des Septimus Severus
8 Curia Iulia
9 Lapis Niger
10 Basilica Iulia
11 Ehrendenkmäler
12 Rostra Iulia
13 Basilica Aemilia
14 Tempel des Divus Iulius
15 Dioskuren-Tempel
16 Tempel der Faustina und des Antonius Pius
17 Archaische Gräber
18 Regia
19 Vestatempel
20 Haus der Vestalinnen
21 sog. Tempel des Romulus
22 Maxentius-Basilika
23 Tempel der Venus und Roma
24 Titus-Bogen

Kopf der Vestalin
Aemilia auf einer
Münze des Jahres
65 v. d. Zw.

einen elenden Tod erleide; habe ich aber nur eine einzige gottlose Tat begangen, so lasse mich die Stadt durch meine Bestrafung läutern.«

Sie riß ein Stück von ihrem Gewand ab und warf es auf die erloschene Feuerstelle. Sogleich loderte aus der kalten Asche eine hohe Flamme empor. Aemilia war gerettet.

Von einer anderen Vestalin – Tuccia – wird berichtet, daß sie einem ähnlichen Vorwurf ausgesetzt war. Sie erklärte, sie wolle ihre Unschuld durch Taten beweisen, und ging zum Tiber hinunter. Ganz Rom strömte zusammen, um den Vorgang zu beobachten. Nachdem die Vestalin um Beistand gebetet hatte, schöpfte sie mit einem Sieb Wasser aus dem Fluß und trug es den ganzen Weg zurück bis zum Altar der Göttin, ohne auch nur einen einzigen Tropfen zu verlieren. Der Legende zufolge verschwand im gleichen Moment ihr Ankläger auf mysteriöse Weise und wurde niemals mehr gesehen.

Sogar die sagenhafte Gründung Roms steht in unmittelbarem Zusammenhang mit einer Vestalinnen-Geschichte: Vier Jahrhunderte waren seit der Gründung Alba Longas (wie die Siedlung in vorrömischer Zeit hieß) vergangen. Weit auseinandergezogen erstreckte sich die Stadt auf einem schmalen Höhenzug, begrenzt von einem See und dem Gebirge, nach dem sie benannt war. Viele latinische Stämme hatten sich schon zu Lebzeiten des Silvius der neuen Hauptstadt unterworfen, und seinen Nachfahren versagten auch die übrigen Stadtstaaten nicht mehr den Gehorsam.

Alle Könige hatten zum Wohl des Reiches die Hausgesetze streng beachtet, die ihr Leben bestimmten und von ihnen forderten, ihren Untertanen gerecht und großmütig zu begegnen. Nur die Brüder Numitor und Amulius vergaßen im Streit um die Macht alle Würde, die ihr Geschlecht bis zum Tode ihres königlichen Vaters ausgezeichnet hatte. Numitor, der ältere Sohn, hatte Anspruch auf die Krone, doch Amulius' Ehrgeiz war größer als seine Achtung vor dem Recht. Rücksichtslos entriß er dem schwächlichen Bruder die Herrschaft, ließ Numitors Sohn ermorden und bestimmte dessen Schwester Rea Silvia zur Priesterin der Vesta. Als Vestalin mußte sie geloben, keinem Mann als Gemahlin zu folgen – so brauchte Amulius nicht zu fürchten, daß ein Neffe einst den gestürzten Bruder rächen würde. Anscheinend brach Silvia das Gelübde, und sie erzürnte die Göttin, als sie Zwillinge gebar. Auf dem Altar der Vesta erlosch die heilige Flamme, und die Tempelmauern erzitterten. Verängstigt forderte das Volk den Tod der ungetreuen Königstochter, und Amulius ließ sie im Tiber ertränken. Auch ihre beiden Söhnlein sollten in dem Strom umkommen. Doch Neptun trieb den Holzkasten, in dem sie ausgesetzt waren, in eine kleine Bucht, die der Fluß in die Ebene vor dem pallatinischen Hügel geschwemmt hatte. Kläglich schrien die Säuglinge nach ihrer Mutter, aber niemand vernahm ihr Wimmern. Da näherte sich ihnen eine Wölfin, die am Ufer trinken wollte. Behutsam nahm sie die Kleinen in ihre Lefzen und trug sie in ihre Höhle. Geduldig säugte sie die Zwillinge ... (1)

Hier ist von Roms Symbolfigur die Rede – von der römischen Wölfin – und, wie man unschwer erraten kann, auch von den legendären Gründern der Weltstadt, Romulus und Remus. Auch dies zeigt, welch kraftvolle Bilder mit dem Kult der ewigen Flamme im Vesta-Tempel verbunden sind.

Aber das Hüten der ewigen Flamme bedeutete noch viel mehr: Es symbolisierte die Reinheit des Elementes *Feuer*. Es wundert uns nicht, daß dabei auch die übrigen Elemente eine Rolle spielten. So befindet sich unmittelbar hinter dem Rundtempel der Vesta ein Bauwerk mit einer Brunnenanlage. Schon von der Frühzeit Roms an wurde die heilige Quelle der Nymphe Iutuma verehrt. Später fing man das Wasser in einem ummauerten Becken auf und umbaute den Platz mit einem Gebäude. Das Quellheiligtum steht in enger Verbindung zum nahe gelegenen Tempel der Dioskuren, griechischer Halbgötter, die im Jahre 499 v. d. Zw. zugunsten Roms in eine Schlacht gegen den etruskischen Fürsten Tarquinius Superbus eingegriffen haben sollen. Auf der anderen Seite des Vesta-Tempels liegen archaische Gräber, denen besonders in der Frühzeit Roms große Bedeutung zugemessen wurde.

Nimmt man all diese Merkmale zusammen, so ergibt sich daraus ein Bild, das auf eine uralte, noch vorrömische Religion hinweist: die Verehrung der *Magna Mater*, der Großen Mutter. Ursprünglich wurde die »Allmutter Tellus« verehrt, aus der später die Vegetations- und Fruchtbarkeitsgöttin Ceres wurde. Ihr waren die Saatfelder heilig, die Erde und alles, was aus ihren Tiefen emporsproß, ebenso die unterirdisch verborgenen, »tellurischen« Kräfte. Aus diesem Grund rief man sie auch bei Erdbeben und anderen Naturkatastrophen an, die den harmonischen Haushalt der Natur und deren zyklischen Rhythmus störten. Die vorrömischen Stämme der Latiner und noch die Altrömer schöpften im wahrsten Sinne des Wortes aus der Erde ihre Kraft: Sie waren Landwirte, und ihr Wohlstand fußte auf der Fruchtbarkeit ihrer Felder. Im Laufe der Zeit, parallel zur historischen Expansion des Reiches und der Verschmelzung mit fremden Völkern, wandelten sich die Wesens- und Glaubensstrukturen der Römer von Grund auf. Die Magna Mater, ob Tellus, Ceres oder Vesta – als Todesgöttin auch Lara genannt –, verlor immer mehr an Einfluß und wurde durch Gottheiten ersetzt, die man sich als männlich vorstellte. Anstelle der heiligen *mütterlichen* Erde schätzte man nun die *Vater*stadt Rom und das *Vater*land, aus dem sich ein Weltreich entwickeln sollte.

Doch zurück zur Großen Mutter mit den vielen Gesichtern und Namen:

Das archetypische Grundmuster der Glaubensvorstellung bleibt – gleichgültig, unter welchem Namen die Erdgöttin angerufen und verehrt wurde – stets gleich: Im Mittelpunkt des Kultes steht eine weibliche Gottheit mit adäquat weiblicher Priesterschaft, und es geht um die Verehrung einer Quelle, des Feuers, der durch Weihrauch gereinigten Luft und um die Verbundenheit mit der Erde. In der antiken Welt sind viele Orte mit diesen Merkmalen bekannt. Neben Rom und Delphi waren dies vor allem Olympia mit seiner ewig lodernden Flamme und andere Orakelstätten.

Der Brauch, die ewige Flamme niemals erlöschen zu

lassen, hat sich bei den Olympischen Spielen bekanntlich bis in unsere Zeit erhalten. Ebenso die Wertschätzung bestimmten Wassers (Weihwasser) und der Luft in besonderen Räumen (Weihrauch) sowie die Achtung geweihter Erde (Friedhof). Dort stoßen wir – beim christlichen Begräbnis nämlich – auf ein weiteres uraltes Symbol: den *Kreis*, der in Gestalt von Friedhofskränzen auf das Grab gelegt wird. Ein Symbol, dessen Rundform ewiges Leben verkörpern soll, ohne daß sich die heutigen Trauergäste dessen eigentlich noch bewußt sind. Aber so geht es uns ja mit vielen Dingen und Symbolen – wir benutzen sie, ohne recht zu wissen, woher sie kommen und was sie bedeuten. Erst wenn es uns gelingt, den Blick wieder schärfer auf das Wesentliche zu richten, fangen wir an, die unter der Alltagsoberfläche verborgenen, tiefen Bedeutungsdimensionen zu erfassen.

Ich gebe zu, daß auch ich bei meinem Rom-Besuch zunächst kaum etwas über den Vesta-Tempel und seine Bedeutung wußte. Erst ein Blick auf den Grundrißplan des Forum Romanum ließ mich die ins Auge springende Rundform entdecken. An einer seiner markantesten Stellen war das »dunkle« Europa etwas heller geworden …

## Zweite Station: Delphi und Olympia

### Drachen, sprechende Quellen und der heilige Sonnenlauf

Für das Orakel von Delphi, das einstige spirituelle Zentrum des alten Griechenland, dessen Ruhm im Altertum bis nach Italien, Kleinasien und Ägypten ausstrahlte, kann man sich kaum eine dramatischere Kulisse vorstellen: Wie ein Adlerhorst klebt das Heiligtum hoch oben am nördlichen Steilhang der Pleistosschlucht und wird noch um mehrere hundert Meter von den steilen Vorbergen (Phaidriaden) des Parnaß überragt. Die Felsen leuchten oft orangerot in der Sonne, als sei Apollon selbst aus dem Götterhimmel herabgestiegen, um mit seinem Glanz die Menschen zu blenden.

Es verwundert also nicht, daß sich hier das bedeutendste Heiligtum des Sonnengottes befand – der Apollon-Tempel mit dem berühmten Orakel. Man hat ihn wie zahlreiche Gebäude in seiner Umgebung inzwischen ausgegraben und zahllose Male wissenschaftlich untersucht, ohne die Geheimnisse des Ortes restlos aufklären zu können. Vielleicht ist Delphi aus diesem Grund zur ausgesprochenen Touristenattraktion geworden. Jahr für Jahr pilgern Hunderttausende wißbegierige Urlauber nach Delphi, um in der malerischen Umgebung Erinnerungsfotos zu machen.

Unsere Spurensuche hat aber nicht die Apollon-Religion zum Ziel, sondern bestimmte Kulte, die mögli-

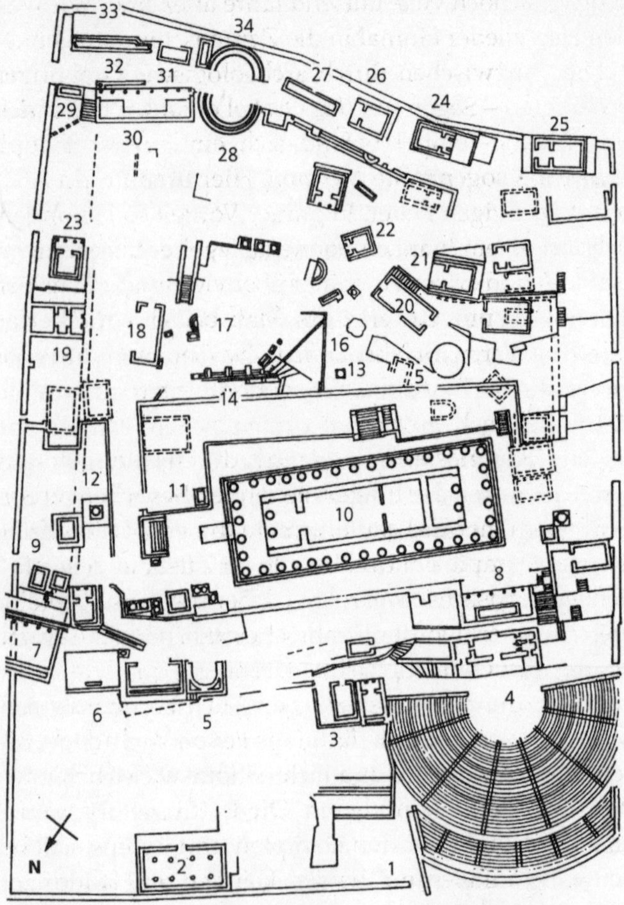


1 Umfassungsmauer des Heiligtums
2 Halle der Knidier
3 Dionysosheiligtum
4 Theater
5 Monument der Thessalier
6 Heiligtum des Neoptolemos
7 Portikus des Attalos
8 Monument des Krateros
9 Wagen aus Rhodos
10 Apollontempel
11 Säule des Aemilius Paulus
12 Schlangensäule aus der Beute von Platäa
13 Säule der Naxier
14 Halle der Athener
15 Heiligtum der Gaia
16 Felsen der Sybille
17 Dreschplatz
18 Schatzhaus der Korinther
19 Prytaneion
20 Bouleuterion
21 Schatzhaus der Athener
22 Schatzhaus der Knidier
23 Schatzhaus von Kyrene
24 Schatzhaus der Siphnier
25 Schatzhaus der Thebaner
26 Schatzhaus der Sikyonier
27 Weihegeschenk der Tarentiner
28 Monument der Könige von Argos
29 Stier von Korfu
30 Weihegeschenk der Spartaner
31 Weihegeschenk der Argiver
32 Weihegeschenk der Arkadier
33 Weihegeschenk der Athener
34 Monument der sieben Epigonen

Lageplan von Delphi

cherweise noch viele tausend Jahre älter sind. Wir werden also wieder einmal in die Zeitmaschine steigen ...

Die – inzwischen durch archäologische Grabungen bestätigten – Sagen um das Orakel erzählen folgendes: Im Apollon-Tempel befand sich ein innerer Hauptraum, das sogenannte *Megaron*. Hier brannte ein Altar mit dem ewigen Feuer. In grauer Vorzeit soll es angeblich mit einem blanken Sonnenspiegel entzündet worden sein und erlosch in seiner über vierhundertjährigen Geschichte nur ein einziges Mal: bei einem Überfall durch Barbaren im Jahre 84 v. d. Zw. Genährt wurde das Feuer durch Tannenholz und Lorbeerzweige, die als Attribute der Urgöttin galten.

Die Hohepriesterin Pythia saß, durch einen Vorhang vor den Blicken der Fragen stellenden Besucher verborgen, über einer Erdspalte, atmete die von dort aufsteigenden Dämpfe ein und konnte im Zustand des »göttlichen Wahnsinns« weissagen. Über diese Erdspalte ist viel spekuliert worden. Wahrscheinlich handelte es sich eher um eine künstliche Vertiefung im Steinboden des Tempels, die die Funktion einer Räucherpfanne besaß. Man warf anregende Kräuter ins Feuer, Weihrauch, Bilsenkraut, Laudanum und Fichtenholz, wie es heißt, um das Medium zu stimulieren. Die Pythia selbst saß auf einem Dreifuß über den Dämpfen und konnte sich bei Schwächeanfällen mit beiden Händen an Halteringen festhalten. Über das seltsame Sitzgerät und die Prozedur selbst weiß man so gut Bescheid, weil beides in vielen altgriechischen Wandgemälden und Vasenmalereien dargestellt wurde.

Ein weiteres Requisit des Orakels war der *Omphalos*, ein eigenartig verzierter Marmorstein in der Form eines halbierten Eies. Dieser Fetisch symbolisierte den

»Nabel der Welt«, den Mittelpunkt des Erdkreises, der nach der Vorstellung der alten Griechen hier in Delphi war. Der *Omphalos* war mit Wollfäden umwickelt und verknotet. Einen dieser Fäden hielt die Pythia bei ihren Wahrsageorakeln stets in der Hand. Er stellte die Verbindung zur Erde dar, sozusagen die Nabelschnur. Oft wurde sie zudem noch mit einem Lorbeerzweig in der anderen Hand abgebildet – auch dies ein Symbol ihrer Erd- und Vegetationsverbundenheit.

Zuvor mußte sie sich speziellen Zeremonien unterziehen. Zunächst wurde sie verschleiert zur Phaidriadenschlucht geführt, um in der heiligen Quelle *Kastalia* ein Reinigungsbad zu nehmen. Danach trank sie vom Wasser einer zweiten Quelle – *Kassotis* –, die sich in einem Gebäude oberhalb des Tempels befand. Erst dieses Wasser bewirkte angeblich das Wunder der Weissagung, indem sein Genuß hellsichtig machte. Bezeichnenderweise lautete der letzte Orakelspruch des alten heidnischen Delphi, bevor der Ort christianisiert wurde: »Gestürzt ist die prunkvolle Halle. Phoibos hat nicht mehr sein Haus, auch nicht mehr den inspirierenden Lorbeer, noch die weissagende Quelle. Ihr Wasser ist verstummt.« (1) Auch die Fragensteller, die oft von weither gepilgert kamen und kostbare Geschenke mitbrachten (Delphi wurde dadurch zeitweilig zum reichsten Ort Griechenlands), mußten sich an der kastilischen Quelle reinigen, bevor sie sich dem Medium nähern durften.

Der Weg zum Orakel war ein Einweihungsweg. Eine äußerst wichtige Station auf ihm war der Besuch des *Tholos* auf der Marmaria-Terrasse. Der eindrucksvolle Rundbau, dessen einstiges Aussehen man sich auch anhand seines heutigen Ruinenzustandes noch recht gut vorstellen kann, war der Athene – der Göttin der

Weisheit – geweiht. Hier mußte das Opfer der inneren Reinigung erbracht werden, konnte man Hast und Unruhe ablegen, um besonnen und für das Orakel aufnahmebereit zu werden. Der *Tholos* galt als Symbol der Ganzheit, des Kosmos, und es ist bestimmt kein Zufall, daß sein Durchmesser – der heiligen Zahl Sieben entsprechend – exakt sieben Meter beträgt.

All diese Besonderheiten weisen darauf hin, daß der Orakelkult wesentlich älter als die Tempelanlagen ist, ja, sogar aus vorgriechischer Zeit stammt. Tatsächlich hieß der Ort früher nicht Delphi, sondern Pytho. Dazu existiert ein uralter Mythos: Zunächst gab es nur die allmächtige Erdmutter Gaia. Ihr Sohn war der drachen- oder schlangengestaltige Python, nach ihm wurden die Priesterinnen des Urmutterkultes *Pythia* beziehungsweise *Phytien* genannt. Um 1000 v. d. Zw. verdrängte – vom dorischen Kreta aus – das Patriarchat mit seinem heldenhaften Apollon-Kult die alte, weiblich orientierte Religion. In einem heroischen Zweikampf soll Apollon den Drachen getötet haben. Damit stellt er sich als Vorbild aller Drachentöter von Siegfried bis zum Heiligen Michael dar. Neben Apollon wurden nun auch die Götter Dionysos (vor allem im Winter) und Poseidon (der Gott des Meeres) an besonderen Plätzen verehrt.

So sehr auch in Delphi umgebaut und durch neue Zeremonien die alte Vorzeitreligion übertüncht wurde – sie schimmert noch deutlich an vielen Stellen durch. Da berichtet etwa der griechische Geschichtsschreiber Diodor: Ein Ziegenhirte, Koretas mit Namen, weidete am Fuß des Parnaß seine Herde. Eines Tages zeigten die Tiere ein abnormes Verhalten, sie machten seltsame Sprünge und begannen an allen Gliedern zu zittern. Als Koretas nachforschte, entdeckte er einen Spalt in der

Erde, aus dem ein geheimnisvoller Luftstrom drang. Er beugte sich über den Rand, und plötzlich begann er absonderlich zu sprechen. Andere Hirten kamen hinzu und hörten ihn mit Erstaunen: Koretas weissagte ihnen die Zukunft. Fortan benutzten die Hirten den Erdspalt, um einander die Zukunft vorherzusagen. Doch die Erdöffnung barg ein schlimmes Geheimnis. Obwohl so eng, daß kaum ein Mensch darin Platz fand, zog sie immer mehr Ziegenhirten in ihren Schlund. Niemand sah den Vorgang mit eigenen Augen, die Hirten verschwanden einfach spurlos vom Erdboden. Deshalb, so Diodor, »schien es den Einwohnern der Gegend angebracht, sich gegen die Gefahren zu schützen, und sie wählten eine Frau als einzige Prophetin für alle. Man baute ein Gerüst, auf das sie stieg und wo sie in völliger Sicherheit die Eingebung empfangen konnte. Dieses Gerüst hatte drei Stützen und wurde deshalb Dreifuß genannt.«

Die Pythien waren zumeist schlichter bäuerlicher Herkunft. Selbst wenn es sich hier um keine Erdspalte, sondern um eine künstlich geschaffene Aushöhlung im Fußboden gehandelt haben soll, wird die zugrundeliegende Symbolik nur allzu deutlich: Der Kontakt der Priesterinnen mit dem Mutterboden war wichtig. Ebenso die Verbindung mit den anderen Elementen der Erdmutter Gaia. Neben der Erde (Grube bzw. Spalt) und dem heiligen Stein (*Omphalos*) war die Luft, der Hauch der Erde (Dämpfe), wichtig. Dann natürlich das Wasser (Baden und Trinken aus Quellen) und das alles verwandelnde Element Feuer (Opferfeuer auf dem Hestia-Altar). Durch den Faden (Nabelschnur) waren die Priesterinnen mit dem *Omphalos* (Gaias Nabel) verbunden. Auch die Tatsache, daß die Tiere (Ziegen) als erstes zur heiligen Stätte kamen, unterstreicht Gaias Rolle als

»Herrin der Tiere«, wie wir sie von der gesamten europäischen Steinzeit her – durch zahlreiche Höhlenmalereien – kennen.

Ursprünglich soll es am Parnaß noch ein viel älteres Gaia-Heiligtum gegeben haben, nämlich in der Korykischen Höhle, die 769 Meter über dem Tempelbezirk liegt. In der Mythologie ist sie der Schauplatz des Kampfes zwischen Apollon und dem Drachen Python. Der Parnaß erreicht mit seinem Hauptgipfel im Osten (Liakura oder Lykeri) eine Höhe von 2457 Metern. Eine antike Felsentreppe mit dem Namen *Kakiskala* (»schlechte Steige«) führt von Delphi hinauf zur korykischen Grotte. Sie beginnt in der Gegend westlich vom Stadion über dem Hügelrücken mit den sogenannten »Mauern des Philomelos« und führt über die 1200 Meter hohen Phädriaden in das Bergmassiv. Es muß ein bedeutendes Heiligtum gewesen sein, denn noch in Kleinasien (in Kilikien) wurde ein wesensverwandter Kultort nach ihm benannt.

Die Grotte hat eine Ausdehnung von sechzig Metern Tiefe, dreißig Metern Breite und fünfzehn Metern Höhe. In der viereinhalb Meter dicken Ablagerungsschicht wurden zahlreiche Keramikfunde aus der Jungsteinzeit gemacht sowie einige Idolfiguren aus Terrakotta entdeckt. Darüber befanden sich ungeheure Mengen von Opfergaben aus Bronze und Eisen, Vasen, Pan- und Nymphenfiguren aus Terrakotta, ferner 21500 Münzen, die von Pilgern stammen müssen. Trotz des wesentlich besser ausgestatteten Heiligtums in Delphi muß die korykische Grotte über lange Zeiträume hinweg immer wieder aufgesucht worden sein. Plutarch, der zwanzig Jahre lang Oberpriester des Delphischen Orakels war, berichtet, daß der Ort Delphi, während das »Hauptfest der Nymphen« in der Grotte stattfand, menschenleer gewesen sein soll.

Auch für die kastalische Quelle gab es ein älteres Vorbild. Der wesentlich ältere, archaische Brunnen steht vor dem Ausgang der Schlucht und der großen Felsbrunnenanlage nahe der Straße und ist aus sorgfältig geschnittenen Steinen zusammengefügt. Die Wasserspeier ragen direkt in einen alten Felsstollen hinein, der schräg in den Berg getrieben wurde. Noch im 6. Jh. v. d. Zw. war dieser Brunnen in Gebrauch. Der jüngere Kastaliabrunnen, der heute zumeist den Besuchern gezeigt wird, dürfte erst im 2./1. Jh. v. d. Zw. erbaut worden sein.

Wie auch in anderen Teilen des alten Europa wurde solchen Quellen eine erstaunliche Wirkung zugeschrieben. Man muß unwillkürlich an Lourdes denken. Auch dort – in den französischen Pyrenäen – mögen einst Wahrsagepriesterinnen am heiligen Ort gesessen und vielleicht ganz ähnliche Orakelrituale wie in Delphi durchgeführt haben. Das Prinzip ist stets dasselbe, auch wenn jüngere Religionen die alten Plätze okkupierten und mit ihren Attributen ausstatteten.

Das archetypische Grundmuster wiederholt sich an vielen Stellen Europas, stets an Orten und Plätzen, die der Ganzheit dienen, an denen Leben und Tod keine Gegensätze mehr darstellen. Wie in Olympia …

Die ersten Olympischen Spiele sollen als Opfer zu Ehren der Götter veranstaltet worden sein. Seltsamerweise fand das Opferfest nur alle vier Jahre statt. Warum und was wurde eigentlich gefeiert? Die Antwort gibt unser Kalender. Das Jahr hat 365 Tage und wird nach dem scheinbaren Sonnenlauf gemessen. In Wirklichkeit zählt das Jahr am Himmel aber 364¼ Tage. Aus diesem

Grund schieben wir alle vier Jahre einen Schalttag ein, damit die Sache wieder in Ordnung kommt.

In Ordnung? Ja, genau darum ging es bei den Olympischen Spielen: um die kosmische Ordnung. Alle vier Jahre wurde der Gleichklang mit dem Himmel gefeiert, stets im Sommer beim höchsten Stand der Sonne und bei Vollmond. Die Griechen feierten ursprünglich nur einen Tag lang, und es gab nur eine einzige »olympische Disziplin« – den Lauf durch das Stadion, der symbolisch die Bahn der Sonne darstellte. Dieser Lauf wurde von Männern durchgeführt. Die Sage berichtet aber, daß dies nicht immer so war: Ganz am Anfang durften ausschließlich Frauen am Sonnenlauf teilnehmen. Unter Ausschluß männlicher Zuschauer maßen nackte Athletinnen ihre Kräfte, und ihr Wettkampf galt als heiliges Ritual zu Ehren der großen Erdmutter Hera.

Erst später wurde der klassische Fünfkampf eingeführt und die Dauer der Spiele verlängert – bis hin zum Mammutprogramm der heutigen Zeit.

Selbstverständlich ging es bei der ersten Olympiade nicht nur um den Kalender, um Sonne, Mond und Erde. Auch das Element Wasser war maßgeblich beteiligt. Die Tempel von Olympia stehen im Mündungsdelta der Flüsse Alpheios und Kladeos. Welche Riten an ihren Ufern vollzogen wurden, ist nicht mehr genau bekannt, wohl aber, daß es in »vorolympischer« Zeit, also lange vor den Heiligtümern der Dorier, hier einen bedeutenden Wasserkultplatz gegeben haben soll. Es war übrigens das Heraion (der Tempel der Muttergottheit Hera), vor dem durch Sonneneinstrahlung das Olympische Feuer entfacht und in die Welt hinausgetragen wurde – ein Brauch, der sich bis in unsere Gegenwart erhalten hat.

## Dritte Station: Lourdes

### Von der Eiszeit-Kulthöhle zum Wallfahrtsort

Ein Ort besonders intensiver Marienverehrung ist das am Fuße der Pyrenäen gelegene Lourdes. Ich kann mich an diese Stadt nur mit sehr gemischten Gefühlen erinnern. Sie ist laut und ständig von Touristenströmen überflutet (mehr als drei Millionen Pilger besuchen Jahr für Jahr Frankreichs berühmtesten Wallfahrtsort); dem stehen die vielen Kranken und Schwerstkranken mit ihren ernsten Gesichtern gegenüber, in denen sich Zeitlosigkeit spiegelt. Ohnehin befindet sich das eigentliche magische Zentrum nicht im Ort selbst, sondern einige Kilometer westlich davon in den Höhlen von Bétharram – was wörtlich übersetzt »rettende Mutter» bedeutet.

1858 behauptete das Mädchen Bernadette, die damals vierzehnjährige Tochter eines einheimischen Müllers, die eigentlich Maria Bernarda Soubirous hieß, in einer der Höhlen insgesamt achtzehn Marienerscheinungen erlebt zu haben. Bei einer dieser Visionen soll sich plötzlich eine vorher nicht dagewesene Quelle geöffnet haben. 1933 wurde Bernadette heiliggesprochen, nachdem die Berichte von spontanen Wunderheilungen nicht mehr abrissen. Einmal im Jahr, anläßlich des Hauptpilgerzuges am 15. August, finden in Lourdes spektakuläre Fackelprozessionen statt.

Den Wundergläubigen folgen heute Heerscharen

von Esoterikern, Pendlern, Wünschelrutengängern und Okkultisten, die die Gegend von Bétharram als bedeutendste Wirkstätte für Kräfte aus Erde und Kosmos ansehen – eine magnetische Achse soll die Höhlen mit heilenden Energien durchziehen und sich dort mit einer Erdströmung kreuzen. Sie sprechen von einer eigentümlichen Aura und von spürbar warmer Energie, die jeden nach Betreten der Kapelle von Bétharram durchfließe. Diese heilende Energie sei nach den Gesetzen der Alchimie dazu bestimmt, »initiierte« Pilger zu einem höheren Bewußtseinsgrad zu führen und ihr Schwingungspotential zu erhöhen. Viele vergleichen das Phänomen auch mit den unsichtbaren Schutzmauern, die nach esoterischer Überzeugung den Eingang der ägyptischen Pyramiden verschließen. Jemand zeigte mir den wichtigsten Punkt für diesen Energiefluß: Er befindet sich in der Kapelle genau über dem Marienstandbild, das von den vier Evangelisten umrahmt wird.

Seltsamerweise tritt Maria mit ihrem Fuß auf die »teuflische Schlange«, obgleich das – auch im esoterischen Sinne – einen erheblichen Widerspruch darstellt. Schließlich handelt es sich bei dem Tier um einen der nützlichsten Hilfsgeister ihrer Macht (denken wir nur an die Schlange, die den Heilstab des Äskulap umwindet). Das Innere der Kapelle ist mit Malereien geschmückt, die vom Beginn des 17. Jahrhunderts stammen. Man sieht auf diesen Bildern die ersten Krankenprozessionen, Lahme und Krummbeinige mit Krücken, einen Mann auf einer Tragbahre, Krankenhausbetten und eine von überirdischem Licht umgebene, noch ältere Kapelle, die von Ketzern niedergebrannt wurde.

Die Wahl des Standorts der Kapelle war von Anfang an umstritten. Bereits im Jahre 1859 (also genau ein Jahr nach den Marienvisionen der Bernadette) schrieb Abbé Menjoulet: »Um diese Kapelle an diesem bestimmten Ort zu erbauen, mußte man unter hohem finanziellen Aufwand die Felsen des Berges sprengen, die an einem Abhang fast bis zur steilen Böschung des Sturzbaches hin lagen, obwohl in unmittelbarer Nähe flußabwärts zwei ausreichend breite Hochebenen lagen, die man natürlicherweise hätte vorziehen können. Man könnte nun weiterhin naiv sein, aber es ist selten, daß sich ein ganzes Volk so widersprüchlich verhält, um sich ohne Grund zu Arbeiten und Ausgaben solchen Ausmaßes zu verurteilen.«

Der Kaplan Labastide de Tausian meinte dagegen: »Von den Pyrenäen stürzt sich der Wildbach Pau hinab, dessen Wasser zwischen Felsen und Vorsprüngen fließen; kurz darauf sieht man ihn tosend durch das Land strömen, man könnte fast glauben, er eile zum Kampfe. Wenn er aber an der Kapelle von Bétharram vorbeifließt, wird er plötzlich ruhiger, seine wilde Kraft ist gebrochen, sein ungestümer Lauf gezähmt, und er fließt in so ruhigen Fluten dahin, als ob er durch ein leises Murmeln die Muttergottes grüße und ihr als Gabe seine Wasser darreiche.«

Ich gebe ehrlich zu, daß mir die aus dem Felsen gesprengte Kapelle herzlich wenig gefällt, und – um den Einwänden der Esoteriker zu begegnen – ich kann mir nicht vorstellen, daß ein so gewaltsamer Eingriff der Großen Mutter zugesagt hätte. Ganz anders dagegen wirken auf mich die natürlichen Höhlen in der Nähe, die zu Recht als die schönsten und geheimnisvollsten der Pyrenäen gelten. Sie bestehen aus einem

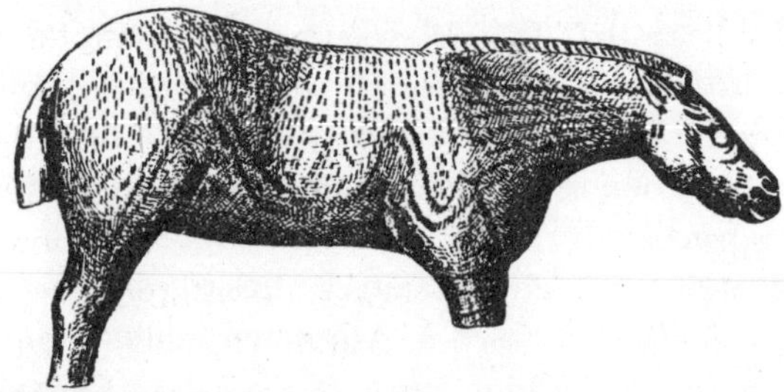

Das berühmte Pferd von Lourdes

2,8 Kilometer langen Gang, der zu fünf übereinanderliegenden Etagen führt, die der Fluß vor unvorstellbar fernen Zeiten in den Kalkstein des Berges gewaschen hat. Heute, da der Weg des Wassers umgeleitet wurde, sind die oberen Stockwerke trocken, und nur etwa achtzig Meter tiefer, in der fünften und untersten Etage, erscheint wieder der Fluß. Der Besucher kann ihn mit einem Kahn befahren und dabei bizarre Kunstwerke der Natur besichtigen: eine Moschee, eine Burg mit Zinnen und Türmen, eine englische Kathedrale, den Lüstersaal, die riesige Austernmuschel, eine tränenüberströmte Mumie und andere, die Phantasie anregende Gebilde mehr.

Die Höhlen wurden 1819 entdeckt und sind auch für den Vorgeschichtsforscher von Interesse. An vielen Stellen der Seitenwände etwa kann man die in den Lehm gedrückten Prankenspuren von Höhlenbären entdecken. Von frühmenschlicher Anwesenheit zeugen kleine Tierstatuetten, besonders eine wunderschöne, nur 7,2 Zentimeter große Elfenbeinplastik eines Wildpferdes, bei der jedes Detail, selbst einzelne Haare, naturgetreu wiedergegeben ist, sowie ein geritztes Relief der großen Erdmutter. Der deutsche

Felsbildforscher Herbert Kühn äußert sich dazu folgendermaßen:

»Die Felsbilder sind der Ausdruck der Zwiesprache des Menschen der Frühzeit mit dem Ewigen, sie sind das Sprechen mit Gott, sie sind die Zeichen an der Opferstelle, an dem Platz des Kultes, sie sind die Altarbilder der Vorgeschichte. An vielen Stellen, an denen die Vorzeit ihre Bilder eingegraben hat, wird jetzt noch geopfert, manche Höhlen mit eiszeitlichen Bildern sind christliche Kirchen geworden. Lourdes, Frankreichs größter Wallfahrtsort, ist eine kultische Höhle der Eiszeit, und die Heiligkeit des Ortes hat sich durch alle Epochen erhalten, von der Eiszeit bis zur Gegenwart.«(1)

Hier bei den Höhlen von Lourdes wird nun ganz deutlich, daß es sich nicht bloß um einen willkürlich von der Kirche ausgesuchten Platz handeln kann und die Marienerscheinungen keineswegs am Anfang der Verehrung stehen. Nein, wie der Volksmund zu berichten weiß, war der Ort schon vorher von einer geheimnisvollen Aura umgeben. Im Wissen um diese Besonderheit suchte das Mädchen Bernadette wohl auch hier die Einsamkeit auf (der Grund dafür ist nicht bekannt) und erlebte wie in einer Zeitmaschine die Anwesenheit der Großen Göttin, die in den Höhlen bereits vor Zehntausenden von Jahren und wahrscheinlich über große Zeiträume hinweg verehrt wurde. Bis in unsere Zeit hinein waren viele baskische Häuser noch mit altsteinzeitlichen Kulthöhlen verbunden, und zwar durch vom Herd ausgehende unterirdische Gänge, durch welche die Geister der Tiere ins Innere der Häuser gelangen konnten. Die Göttin des Herdfeuers – *Mari* – war die Herrscherin der Tiere und aller Geister. Die große Mutter Mari wird noch heute in der Höhle von Biddaray als »Höhlenheilige« verehrt. Und von Mari bis zu Maria ist es ein kurzer Weg ...

In der Vorstellung Bernadettes, die christlich erzogen worden war, konnte es sich natürlich bloß um Maria handeln, jeder andere Gedanke wäre ketzerisch gewesen. Der Urmutter in Form Marias zu begegnen – diese Vision indes war durchaus legitim und verständlich, wie der besonders in katholischen Ländern aufblühende Marienkult beweist. Doch diese Maria ist seltsam fleisch- und sexlos, eine Mutter Gottes zwar, doch zugleich Jungfrau, die allein durch den göttlichen Geist zur »unbefleckten« Empfängnis gelangte. Zudem erscheint ihre Position im christlichen Glauben äußerst eingeschränkt. Sie ist nicht mehr die mächtige Schöpferin der Vorzeit, Herrin über Leben und Tod, sondern bloß eine reduzierte Figur, der männlichen Glaubenshierarchie untergeordnet, eine Schmerzen erduldende, passive Kraft. Wie kommt es zu dieser Umwandlung der Großen Göttin, durch welche Kräfte wurde ihre einstige Macht zurückgedrängt?

Um das zu verstehen, müssen wir uns etwas näher mit dem Frauenbild des Mittelalters, mit Hölle und Fegefeuer und dem Bild des Teufels befassen.

## Vierte Station: Hölle

### Frauenhaß und Hexenwahn, Tod und Teufel und die Erfindung des Fegefeuers

Das christliche Bild der Hölle in ihrer schlimmsten Form ist eine Erfindung eifernder Missionare und Kirchenväter, die mit den Schreckensvisionen »Fegefeuer«, »Höllenqualen« und »ewige Verdammnis« ihre heidnisch-ungläubige Klientel einschüchtern wollten. Der immer wieder wie eine Hypnoseformel suggerierte Horror zeigte bekanntlich Wirkung. Besonders ab dem 13. Jahrhundert wurde Europa von einer regelrechten Teufelshysterie überflutet. Zu Recht bezeichnet man diese Epoche als das »finstere Mittelalter«.

Die Auswirkungen des nur noch als psychopathisch erklärbaren teuflischen Höllenglaubens (besser: Aberglaubens) erreichten solche Dimensionen des Wahnsinns, des kirchlich sanktionierten Sadismus und der Perversion, daß einem dazu als Vergleich nur noch der Holocaust des bestialischen Naziterrors einfällt. Millionen unschuldiger Menschen wurden verfolgt, gequält, gefoltert und auf grausamste Weise abgeschlachtet. Vor allem Frauen waren die Opfer, aber auch kleine Kinder. Der höchst erfolgreich im Dienste der Inquisition operierende französische Hexenjäger Remy bespielsweise rühmte sich, im Auftrag des Papstes höchstpersönlich 14 000 kleine Jungen im Alter bis zehn, zwölf Jahren des

»teuflischen Götzendienstes überführt« und hingerichtet zu haben. Der homosexuelle Massenmörder Remy, der wegen seiner abscheulichen Verbrechen niemals zur Verantwortung gezogen wurde, sondern dem ganz im Gegenteil noch hohe Ehrungen und Auszeichnungen zuteil wurden, stellt beileibe keinen Einzelfall dar. Er war ein eher typischer Vertreter seiner Zeit, einer Epoche, in der die christliche Kirche ihre Geschichte mit Blut schrieb. Bei näherem Studium der Dokumente gewinnt man den Eindruck, daß die Kirche selbst zum Opfer ihrer eigenen Erfindung wurde. Sie und niemand sonst war die personifizierte Ausgeburt und Institution der Hölle. Ihre Vertreter nahmen selbst immer mehr das Bild dessen an, den sie gnadenlos zu bekämpfen vorgaben – des Teufels.

Die Zielsetzung des Ganzen war klar: Es ging vorrangig um den rücksichtslosen Ausbau der kirchlichen Macht, um Unterdrückung der zum neuen Glauben zwangsweise bekehrten Bevölkerung und des alten, im Volk noch fest verankerten Wissens sowie um hemmungslose Vermehrung des kirchlichen Besitzstandes. Das fing mit den »Ablaßzahlungen« an (»sobald das Geld im Kasten klingt, die Seele aus dem Fegefeuer springt«), steigerte sich über die Beschlagnahme von Gütern Hingerichteter und gipfelte schließlich in Kreuzzügen gegen angebliche Ketzer in den eigenen Ländern, die zum Massenmord an Katharern, Waldensern, Albigensern, Templern und anderen Sekten führten. Über den langen Zeitraum von vielen Jahrhunderten hinweg gelang es der Kirche, Europa im wahrsten Sinne des Wortes in einen Ort der Hölle zu verwandeln. Verantwortlich für den Terror war – und dies gilt es festzuhalten – nicht nur die katholische Kirche, aus deren

Schoß die Ungeheuerlichkeiten krochen, sondern auch in einem nicht zu unterschätzenden Maße Luthers fester Glaube an den Teufel.

Haben wir den noch nicht allzulang zurückliegenden Irrsinn endlich überwunden? Das muß bezweifelt werden, denn noch immer glauben viele Menschen an die reale Existenz des Teufels und die qualvollen Orte seiner diabolischen Macht. Allen voran, als einflußreicher Meinungsbildner, übrigens der derzeit amtierende Papst, der in seinem Millionenbestseller *Die Schwelle der Hoffnung überschreiten* allen Ernstes schreibt: »Die Prediger, die Katecheten, die Erzieher haben sich verirrt und den Mut verloren, mit der Hölle zu drohen ... Die kirchliche Erziehung« – so bedauert er – »weist nicht mehr auf die ›Letzten Dinge‹ – Tod, Gericht, Hölle, Paradies und Fegefeuer – hin ...« (1)

Wie konnte es zu solchem Massenwahn, zu derartigen Exzessen kommen, wo lagen die Ursachen der Lustfeindlichkeit? Meines Erachtens sind sie das Resultat eines Kampfes der Menschen gegen sich selbst, eines Feldzuges gegen die Vernunft, gegen die Natur, gegen die lebendige Erde. Der Ursprung dieser verhängnisvollen Entwicklung liegt in der Lebensfeindlichkeit, aus der folgerichtig ein wahrer »Teufelskreis« angewandter Schizophrenie entsteht. Ein von Menschen, die nichts, aber auch gar nichts von der ganzheitlichen Natur der Welt begreifen, künstlich erschaffener Dualismus von Gut und Böse treibt seine krankhaften Blüten, wuchert unkontrolliert wie ein bösartiges Geschwür, verseucht das Denken, das Handeln und pervertiert selbst die Sprache. Aus Tara, der alten Erdgöttin, wurde »des Teufels Großmutter«; ihre göttlichen Attribute (üppige Formen, wallendes Haar, Nacktheit,

Sexualität) und Symbole (Schlange, Drachen, Kröte, die Farbe Rot und anderes mehr) wurden dämonisiert und verteufelt; die Weiblichkeit insgesamt – angefangen bei »Evas Erbsünde« bis hin zu ihren Dienerinnen und Priesterinnen, den Hexen – diskriminiert und grausam verfolgt. Mehr als ein halbes Jahrtausend lang brannten die Scheiterhaufen der Inquisition, um die Anhänger des alten, vorchristlichen Glaubens auszurotten – als könne das sanktionierte Element Feuer die Spuren der alten Religion tatsächlich von der Erde tilgen.

Dabei verrät bereits die Begrifflichkeit die Herkunft des christlichen Schreckensortes: »Hölle« und »Höhle« gehen sprachgeschichtlich auf dieselbe Wortwurzel zurück, ebenso die Namen der mythischen Märchenfigur »Frau Holle«, der germanischen Todesgöttin »Hel«, und ihres Reiches »Walhalla«. Noch im späten Mittelalter bedeutete »den Helweg fahren« zu Grabe getragen (oder auf Leichenkarren gefahren) werden, und wenn heute zu jemandem »Fahr doch zur Hölle« gesagt wird, wünscht man ihm eigentlich den Tod. Noch vom 4. bis zum 10. Jahrhundert war das althochdeutsche Wort *hella* in der Bedeutung für »Unterwelt, Totenreich« gebräuchlich; es bezeichnete aber keineswegs einen Ort der Qual. Als Eingänge zu dieser Unterwelt wurden Gräber, Höhlen, Brunnen, Seen und Sümpfe aufgefaßt, allesamt unterirdische und unheimliche Orte. Im Gegensatz dazu wurde das Leben der Toten in ihrem Unterweltsaufenthalt in Märchen und Sagen häufig mit fröhlichen Farben geschildert. Grauen kam nur auf, wenn Lebende mit den Abgeschiedenen in Berührung kamen, denn beide Welten waren streng voneinander getrennt. Hier schimmert deutlich die alte schamanistische Auffassung der drei Weltebenen durch, zu der sich als Drittes das Reich der himmlischen Lüfte gesellt, durch welche die Geister der Ahnen fliegen können (man denke nur an Wodans wilde Jagd, das wilde Heer, den Geisterflug in der Walpurgisnacht, in den Rauhnächten, zu Allerseelen).

Aus dem Motiv der »ruhelosen Seelen« erwuchs der Glaube an vielerlei Gespenster wie Spukgeister, Vampire oder Wiedergänger. In den Geschichten, die als gruselige Märchen in trauter abendlicher Runde am Kamin- oder Herdfeuer zur Unterhaltung der Gäste gerne erzählt wurden, werden die *Eingänge* zur Unterwelt als Stätten höllischer Visionen geschildert. Die Reise im Jenseits wird als gefährlich dargestellt, um die Trennung von der Alltagswelt deutlich auszumalen. Genau davon berichten auch die magischen Unterweltfahrten der Schamanen, bei denen ein Lebender (der Schamane) ja eine völlig andere Welt betritt. Für die Verstorbenen selbst jedoch ist – den frühen Vorstellungen zufolge – die mythische Höllenlandschaft ein neutrales Jenseits mit ganz ähnlichen Bedingungen, Empfindungen und Werten wie das verlassene Hier und Jetzt.

Erst durch das Eindringen christlicher Wertvorstellungen in den Volksglauben wird die Hölle zu einem Ort der Qualen. Das *Handwörterbuch des deutschen Aberglaubens* führt dazu aus:

»Deshalb finden sich in den Mythologien der Menschheit erst dann die Jenseitsvorstellungen zu Qualorten voll entwickelt, wenn eine Theologie vorhanden ist, die ein Sittengesetz als göttliches verkündet. Es läßt sich beobachten, daß überall da Höllen als Qualörter … ersonnen worden sind, wo eine Theologenschaft die Erziehung des Menschen zum Ziel hat …

Die Sünder unter der Höllenfolter.
Holzschnitt von Nicolas Le Rouge, Troyes 1469.

Die Martern der Hölle sind naturgemäß nach irdischen Erfahrungen ausgedacht. Feuer ruft die schrecklichsten Schmerzen hervor, daher sehr häufig Feuerstrafen in der Hölle. In der nordischen Mythologie ist die der späteren Hölle entsprechende Hel ein düsterer, nasser, kalter Ort. Geschöpft war diese Vorstellung aus dem Eindruck der Urwirtlichkeit der nördlichen Gegenden und besonders aus dem Gedanken an das feuchte kühle Grab. Daß in dieses Bild ein Qualort gezeichnet wurde, ist christlicher Einfluß.« (2)

So tauchen nun plötzlich die Horrorvisionen auf, in denen arme, verdammte Seelen in Kochtöpfen auf dem Feuer schmoren, auf glühenden Kohlebecken unbeschreibliche Martern erleiden, von Teufeln mit heißen Zangen gezwickt, verbrüht, mit Pfeilen, Lanzen und Messern gefoltert werden. Genau diese Grausamkeiten gehörten aber zum alltäglichen Handwerk der kirchlichen Folterknechte, kurzum: zu den erlaubten, mehr noch, zu den in speziellen Lehrbüchern von oberster Stelle empfohlenen Untersuchungsmethoden der Inquisition – etwa in dem berüchtigten *Hexenhammer* (*Malleus malficarum*), 1487 von den päpstlichen Inquisitoren Jakob Sprenger und Heinrich Institoris verfaßt. Das päpstlich abgesegnete Machwerk, in dem alle nur erdenklichen Grausamkeiten detailliert beschrieben und für das »hochnotpeinliche Verhör von Hexen und Ketzern« nahegelegt wurden, geriet bald zum »Bestseller« und erreichte quasi den Status eines offiziellen Gesetzeswerkes zur physischen Vernichtung der Hexen.

Die Tendenz des *Hexenhammers*, die in konzentrierter Form Aussagen früherer Kirchenautoritäten zusammenfaßt, ist offen frauenfeindlich. Wir lesen darin beispielsweise: »Das Wort Femina (= Frau) nämlich kommt von ›fe‹ und ›minus‹ (Fe = fides, der Glaube, und minus = weniger), also die, die weniger Glauben hat, und zwar aus ihrer natürlichen Anlage zur Leichtgläubigkeit heraus ... Also schlecht ist das Weib von Natur aus, was die Grundlage der Hexerei ist.« Nach einer langatmigen, abstrusen Aufzählung all der

Gründe, warum die Frau minderwertig, ungläubig, dümmer etc. sei, heißt es im sechsten Kapitel des ersten Buches: »Daher ist es auch folgerichtig, die Ketzerei nicht zu nennen die der Hexer, sondern der Hexen … und gepriesen sei der Höchste, der das männliche Geschlecht vor solcher Schändlichkeit bis heute so wohl bewahrte, da ER in demselben für uns geboren worden und für uns leiden wollte, hat er es deshalb auch so bevorzugt …« (3)

Beschäftigen wir uns einmal näher mit den christlichen Bild der Hölle:

Was die Geistlichen von ihren Kanzeln herab sonntäglich ihrer Gemeinde verkündeten, was Maler in grellen Details und Farben an die Innenwände der Gotteshäuser malten, war lediglich ein getreues Abbild all dessen, was Kirchenväter an Schrecknissen sich erträumten und ihre Schergen in der Praxis tatsächlich ausführen ließen.

Für die Prediger war das Wesentliche an der Hölle deren unumstößliche Realität und das genüßliche Ausmalen der in ihr wartenden Qualen. Die mittelalterliche Kunst beschäftigte sich in immer ungeheuerlicheren Bildern mit der Darstellung des gähnenden Höllenschlunds, der Erschaffung einzelner Abteilungen der Hölle, immer neuer Dimensionen des Schreckens.

Die infernalischen Schauplätze ausufernder Phantasie waren mit allerlei Gestalten bevölkert, zunächst einmal mit den Opfern, wobei es galt, ihre Leiden dem Betrachter möglichst drastisch vorzuführen. Auf der anderen Seite gab es die Peiniger, welche die Schrecken der Hölle noch steigerten. Die älteste Form dieser Wesen, die noch nicht mit Freude die Verdammten quälten, sind Tiere: Hunde, Wölfe, Raben, Schlangen,

Drachen, Fliegen, Würmer. Es fällt auf, daß es sich bei den meisten von ihnen um heilige Tiere der alten Religion und Begleiter der großen Erdgöttin handelt, bei anderen einfach um solche, die sich von Aas – also auch von Leichenteilen – ernähren. Diese Tiere sind aus der alten Vorstellungswelt in den christlichen Gestaltungskanon hinübergewandert.

Fremdartig dagegen wirken die Teufel, die mit dem Christentum nach Europa kamen und erst durch die Arbeit der Geistlichen Gemeingut des Volksglaubens wurden. Im Gegensatz zu den vertrauten Tieren erfreuen sich diese Teufel an den Qualen ihrer Opfer. Ihr Pandämonium ist hierarchisch geordnet: Luzifer thront als Höchster über allen, ihm unterstehen sieben Großfürsten, die wiederum über eine Heerschar kleiner Hilfsteufel herrschen und Dienst als Folterknechte versehen. Auch in dieser Beziehung wird die gedankliche Nähe zur Ordnung des geistlichen Standes deutlich. Interessant sind auch die volkstümlichen märchenhaften, literarischen und visionären Höllenfahrten der Kleriker, die nur noch wenig mit den magischen Unterweltreisen der Schamanen zu tun haben. Es geht dabei nicht mehr um die Vermittlung zwischen Menschen und Geistern, um Ratsuche oder die Rückholung verirrter Seelen (was bei der schamanistischen Heilungszeremonie eine große Rolle spielt), sondern nur noch um Horror beziehungsweise um kaum noch verhüllte sadistische oder masochistische Sehnsuchtsphantasien. *Fausts Höllenfahrt* von 1587, ein gern als Puppenspiel auf Jahrmärkten aufgeführtes Volksstück, das als Vorlage für Goethes späteres Drama diente, gibt darüber in drastischer Form Auskunft (4). Auch Dantes *Inferno* beschäftigt sich mit diesem Thema.

Hexen kehren Vorbereitungen für den Hexensabbat. Kupferstich von Hans Baldung Grien, 1510. (Kupferstichkabinett der ETH Zürich.)

Das bereits zitierte *Handwörterbuch des deutschen Aberglaubens* weist noch einmal auf den Feueraspekt hin: »Rückblickend läßt sich sagen, daß die Vorstellung einer feurigen Hölle auf deutschem Gebiet erst mit dem Christentum importiert wurde. Die Feuerhölle gehört vom Anfang der christlichen Ausbreitung zum Bestand der Missionspredigt. Diese fremde Vorstellung verdrängte auf deutschem Boden aber zunächst nur in geringem Maße die der alten Totenheime. Erst durch die Tätigkeit der Bettelorden wurde die Feuerhölle der Evangelien, Kirchenväter und Visionäre Allgemeingut des deutschen Volksglaubens.« (5)

Wieder einmal werden wir auf die Überbetonung des Elementes »Feuer« gestoßen, und es erhebt sich die Frage, ob nicht der Kern der christlichen Weltanschauung ursächlich mit dem blinden Fortschrittswahn und der hemmungslosen Zerstörung unserer Umwelt zu tun hat. Schließlich lautet ein Lehrsatz der Bibel: »Macht euch die Erde untertan.« Ich hoffe sehr, daß dem nicht so ist, denn sonst müßte das Christentum insgesamt als eine schreckliche Verirrung des menschlichen Geistes mit verhängnisvollen Folgen für die Zukunft unseres Planeten betrachtet werden …

## Fünfte Station: Nassau an der Lahn

### Frau Holle, die gespaltene Maria und die weise Frau vom Malberg

Ganz in der Nähe meines Wohnortes, direkt an einer eindrucksvollen Lahnschleife und dem malerischen Städtchen Nassau zugewandt, liegt ein Platz von magisch-mystischer Bedeutung. Es handelt sich um einen Hügel namens »Hollerich«, der sich unterhalb des alten Klosters Arnstein erhebt und um den sich allerlei Berichte ebenso wie Märchen ranken.

Nun ist das Nassauer Land reich an solchen Legenden und Sagen – denken wir an die Loreley, den Räuber Schinderhannes, die Hexen von Dausenau, das Wirtshaus an der Lahn, um nur die bekanntesten zu nennen –, aber mehr noch an geschichtlichen und archäologischen Stätten und Funden. Hier zogen (bei Kaub) die geschlagene Armee Napoleons und die siegreiche Blüchers entlang, legten lange vor dieser Zeit römische Besatzer den Limes an und trennten so uraltes keltisches Siedlungsgebiet vom freien Germanien; noch früher wurde es von Menschen der Hunsrück-Eifel-Kultur und von steinzeitlichen Jägern und Sammlern auf ihren Wanderzügen durchstreift. Ein hochinteressantes Gebiet also für Historiker und Vorgeschichtsforscher …

Unser Institut untersucht seit vielen Jahren solche

Spuren, und bei Exkursionen durch die Wälder und zerklüfteten Täler stoßen wir immer wieder auf Hügelgräber, keltische Fliehburgen und uralte Kultplätze. Wir waren gerade dabei, den keltischen Kultplatz *Hohe Lay* bei Nassau (bei dem eine astronomische Kalenderanlage vermutet wird) zu erforschen, als unsere Aufmerksamkeit auf frisch aufgefundene Dokumente des Nassauischen Staatsarchivs gelenkt wurde. Genau gegenüber der Hohen Lay liegt nämlich in Sichtweite jener besagte »Hollerich«, von dem uns gleich zwei Märchen berichten (1).

Ich zitiere:

*Frau Holle und der Riese*

In alten Zeiten wohnte Frau Holle auf der hohen Kanzel. Eines Tages hatte sie sich einen Heidelbeerbrei gekocht. Der würzige Duft zog durch die Äste der Bäume in die ungefüge Nase eines Riesen. Schnaubend kam er den Berg herauf, gierig gingen seine Augen rundum. Ungestüm ergriff er den Kessel mit beiden Händen, setzte ihn an seinen breiten Mund, kniff lüstern die Augen zusammen und leerte ihn in einem Zug bis zur Hälfte. Doch der Brei war kochend, und der Riese verbrannte sich Lippen und Schlund. Zornig blies er in den glühheißen Brei, um ihn zu kühlen. Aber sein Atem war stark wie Sturm, und das schwarze Gericht spritzte ihm ins Gesicht. Schadenfroh lachte Frau Holle. Das brachte den Riesen in Wut. Mit derben Fäusten packte er Kessel und Töpfe, zerbrach sie und schleuderte sie den Berg hinunter. Heute noch liegen die Trümmer am Hang der Kanzel, ein wirrer Haufen von Steinen. Nur Messer- und Gabelkörbchen der Frau Holle blieben durch Zufall verschont. Sie versteinerten im Laufe der Zeiten und bilden den oberen Teil des Berges.

Der Heimatforscher Adolf Becker, der den Nassauer Sagenschatz für die Nachwelt gerettet hat, weist darauf hin, daß es sich bei diesem Märchen um eine mündliche Überlieferung handelt.

Das zweite Märchen lautet:

*Der Hollerich*
In der Nähe des Klosters Arnstein liegt Hof Hollerich; sein Name erinnert an Frau Holle. Die Sage erzählt: Auf einer Bergspitze am Hollerich sitzt oft eine Zauberin, die den nächtlichen Wanderer ängstigt und schreckt. In manchen Nächten erglüht der Felsen in seltsamem Feuer, und weithin schimmert ein bleicher Schein.

Die Dokumente des Nassauischen Staatsarchivs – es handelt sich um Protokolle zu historisch genau belegten Hexenprozessen im Raum Bad Ems – wiesen deutliche Analogien mit den zuvor nacherzählten Volksmärchen auf. Da war zunächst von Emser Frauen die Rede, denen um das Jahr 1631 herum der Prozeß wegen angeblicher Hexerei gemacht wurde. Die Scheiterhaufen der grausamen Richtstätte loderten damals noch auf der *Hexengreen* (Hexensand) genannten Insel Silberau, auf der sich heute der Neubau der Kreisverwaltung befindet. Die Frauen wurden beschuldigt, einen Pakt mit dem Teufel geschlossen und allerlei Unheil angerichtet zu haben. Während qualvoller Foltern gestanden sie alles, was die vernehmenden Herren von ihnen hören wollten. Danach wurden sie zur »Belustigung der Öffentlichkeit« auf dem Richtplatz bei lebendigem Leibe verbrannt. Nur Anna Hessen, der Frau eines Schiffers, die wegen Ehebruchs vor Gericht stand und mit verwunschenen Eiern Männer verzaubert und Pferde getötet haben sollte, entkam dem Flammentod. Der Richter gewährte ihr mangels Beweiskraft der Anklage einen besonderen Akt der Gnade: Sie wurde mit dem Schwert geköpft und anschließend christlich begraben.

Am 24. April 1629, nur zwei Jahre zuvor, geriet eine andere Frau durch Denunziation Emser Bürger in den Verdacht der Hexerei. Elsbeth Schäfer, die Frau des Bäckers, sollte angeblich einer jungen Nachbarin einen von ihr gemischten Pflanzensaft zum Probieren gegeben haben, wonach diese plötzlich krank und krumm geworden sei und nur noch auf allen vieren kriechen konnte. Als Beweis wurde angesehen, daß die Hexe Elsbeth selbst von dem Sud getrunken hatte, ohne zu erkranken. Außerdem warf man ihr vor, ein vierjähriges Kind auf den Arm genommen zu haben, woraufhin es am nächsten Tage verstarb. Die Beweislast war also erdrückend, zumal Elsbeth bei der Androhung von Foltern mittels Daumenschrauben, Streckbank und Feuerrad lieber freiwillig gestand, mit dem Teufel im Bunde zu stehen. So gab sie zu Protokoll:

Vor Jahren sei sie bekümmert durch den Wald gegangen, weil sie ihre Kinder nicht mehr satt bekommen habe. Da sei ihr Satan erschienen und habe ihr viel Geld geboten, wenn sie ihm hinfort folgen würde. Daraufhin habe sie ihm ihre Seele verkauft. Als sie aber mit den zwanzig erhaltenen Gulden nach Hause angekommen sei, seien es nur noch faule Eier gewesen. Insgesamt siebenmal (eine Standardformel der Inquisition!) habe sie sich mit ihm getroffen und zudem einmal großen Frost herbeigehext, damit die Weinernte zerstört werde. Außerdem (und jetzt wird es interessant) fänden immer wieder gemeinsam mit vielen anderen gleichgesinnten Frauen Hexentänze auf dem Hollerich bei Nassau statt. Elsbeth Schäfer wurde – wie könnte es anders sein? – zusammen mit fünf weiteren Frauen aus der Nachbarschaft, darunter eine siebzigjährige Hebamme, der man zuvor im »hochnotpeinlichen Verhör« sämtliche Gelenke in Daumen-, Arm- und Beinschrauben zerquetscht hatte, während einer öffentlichen Schauvorführung auf der Insel verbrannt. Einer siebenten der Hexerei angeklagten Frau, der fünfundneunzigjährigen Krämerin Sophia aus Ems, die von ihrem eigenen Schwiegersohn angezeigt worden war, ersparte man wegen ihres hohen Alters und erheblicher Zweifel an ihrer Schuld die Folter und schickte die Unterlagen an die Universität Marburg. Die Gelehrten dort sollten bei der Urteilsfindung helfen. Das taten sie auch, wenngleich per »Ferndiagnose« und ohne weiter Untersuchung der Angelegenheit. Ihr Rat: Man solle die Greisin so lange foltern, bis sie aufhöre, ihre Unschuld zu beteuern. Also zerrte man die alte Dame in die Folterkammer und quälte sie, bis sie einen Pakt mit dem Teufel gestand, um von den Schmerzen erlöst zu werden. Zufrieden atmete der Hexenrichter auf und konnte sie nun endlich ruhigen Gewissens schuldig sprechen. Da selbst ihm aber wegen der fehlenden Beweise Zweifel kamen, ließ er sie nicht verbrennen, sondern verwies sie statt dessen das Landes. Zum Krüppel geschunden, mußte die Greisin ihr Bündel packen und sich von zu Hause wegschleppen. Wie weit sie kam, ist nicht überliefert, jedoch weiß man, daß sie kurz darauf an den Folgen der richterlichen Untersuchung verstarb.

Ich habe die Details dieser Begebenheiten mit Absicht so genau geschildert, wei sie meines Erachtens beileibe keine Einzelschicksale waren. Im Gegenteil: Sie sind symptomatisch für eine Geisteshaltung, die offenbar noch vor knapp dreihundert Jahren in Deutschland und vielen anderen Ländern Europas Standard war.

Wenden wir uns nun aber besagtem Hollerich zu. Glühende Felsen, nächtliche Feuer zu bestimmten Zeiten und Tänze, an denen nur Frauen teilnahmen … das kommt uns bekannt vor, das erinnert an die Walpurgisnächte, den Hexentanzplatz auf dem Brocken und zahlreiche andere Orte, an denen nachweislich ähnliche Bräuche gepflegt wurden. Das deutet darauf hin, daß bis weit in das 17. Jahrhundert hinein außerhalb von Kirche und Staatsräson noch volkstümliche Feste gefeiert wurden, deren Ursprung weit in die kultischen Bräuche aus vorchristlich-heidnischer Zeit zurückreicht. Denken wir nur an die heiligen *Beltane*-Feuer unserer keltischen Vorfahren …

Der Schauplatz von Frau Holles Wirken wird von den Brüdern Grimm auf dem hessischen Hohen Meißner, jenem Tafelberg über dem Werratal südöstlich von Kassel, lokalisiert. Forscht man weiter nach, so findet sich eine Vielzahl weiterer Frau-Holle-Plätze.

Dr. Max Söllner berichtet von Frau-Holle-Sagen im Vogelsbergkreis (2). Man findet sie im Odenwald (3), in der alten Grafschaft Mark in Westfalen (4) und in vielen anderen Gebieten Deutschlands. Auf dem Malberg bei Montabaur hauste der Überlieferung zufolge von altersher ein wildes weises Weib, in dem wir unschwer eine Ausformung der Erdmutter wiedererkennen. Nachweislich umbauten die Kelten den Malberg mit einer Ringburg, um die dort entspringende Quelle zu schützen. Germanen überrannten später die Festung. Ihnen folgten christliche Missionare, eifrig darum bemüht, in der Bevölkerung die tiefverwurzelte Erinnerung an das wilde Weib auszumerzen. Es gelang ihnen nur schlecht. Die Leute wußten: Auf dem Malberg spukt es. Brot, Milch, Eier und Fleisch wurden weiterhin als Opfergaben zum Gipfel gebracht, Liebespaare trafen sich dort, um den Segen der weisen Frau zu erbitten, steckten sich dort gegenseitig die Ringe an, noch bevor sie offiziell in der Kirche den Bund fürs Leben schlossen. Die Sage erzählt, daß das wilde Weib vom Malberg gelegentlich hinab in die Dörfer kam, um besonders des Nachts Witwern ihre Gunst zu schenken. Sie besorgte heimlich den Haushalt, wusch ab, stopfte und putzte die Zimmer. Dem Hirten von Ötzingen, der sie wegen eines verlorenen Schafes um Hilfe anflehte, schenkte sie einen Sack voll Gold. Leider öffnete der Ungläubige den Sack zu früh und fand lediglich altes Holz und Laub darin vor. Doch als er ihn gründlich ausschüttelte, befand sich noch ein Rest Erde darin, der sich in pures Gold verwandelte.

Das wichtigste Attribut der großen Erdmutter vom Malberg aber war ihre Quelle. Bereits die Kelten verehrten das Heilwasser, und noch heute benetzen viele – vor allem ältere – Leute aus den umliegenden Dörfern ihre Augen damit. Das Wasser der Quelle soll angeblich gegen vielerlei Krankheiten helfen. Auch ist die Rede davon, daß es seine volle Kraft um die Osterzeit herum entfalte.

Bleibt zu ergänzen, daß ganz in der Nähe des Malbergs ein Dorf liegt, das noch heute den Namen des wilden weisen Weibes – der alten Erdmutter – trägt: Es heißt Holler.

Frau Holle scheint also nicht bloß eine lokale Märchenfigur zu sein, sondern weitaus mehr: der Archetypus einer mächtigen, im Inneren der Erde hausenden, zauberkräftigen Frau. Forscht man weiter, so erfährt man bald, daß sie noch andere Namen besitzt: *Holla, Hulda, Perchta* im süddeutschen und Alpenraum, schließlich sogar *Hella* und *Hel*. Und da haben wir sie wieder gefunden, unsere alte Große Ur- und Erdmutter, von der Bischof Burchard aus Worms um das Jahr 1000 bereits wußte: »Sie entläßt die Neugeborenen aus ihrem unterirdischen Reich, in dem sie auch die Seelen der Verstorbenen empfängt. Wenn sie die Kissen schüttelt, schneit es.«

Am besagten Hollerich bei Nassau finden wir auch alle Elemente und Attribute ihres Kultes wieder. Da ist zunächst das Wasser, sogar in beeindruckender Gestalt: Die Lahn beschreibt an dieser Stelle eine so scharfe Kurve, daß man unwillkürlich an die – allerdings wesentlich größere – Rheinkurve unterhalb des Loreleyfelsens denkt. Aber auch die alles überragende Felsspitze der Hohen Lay läßt sich sehen. Zumindest muß dieser Lahnabschnitt für die frühe Schiffahrt voller Gefahren gewesen sein. Ferner stößt man auf Spuren der Opferfeuer, die auf dem Hollerich entfacht wurden. Zudem existiert hier eine Höhle, und das Gebiet gilt als Wetterscheide. Holunder und Wacholder – Frau Holles heilige Pflanzen – wachsen hier in großen Mengen, überdies findet in den Feuchtwiesen der Lahnauen die recht selten gewordene Würfelnatter ihren Lebensraum. Sogar den Hexentanzplatz am Fuße des Hollerichs konnten wir ohne allzuviel Phantasie und Mühe recht genau lokalisieren.

Somit blickt uns im Frau-Holle-Märchen durch alle

Verkleidung hindurch die Göttin an – Hel, Tara oder wie auch immer sie genannt wurde –, die über Leben und Tod bestimmt. Sie ist ganzheitlich und noch nicht in Polaritäten aufgespalten. Dies geschah erst viel später unter dem Einfluß christlicher Schizophrenie: Plötzlich mußte sie in eine gute und eine böse Seite aufgeteilt werden, in die von der Kirche tolerierte Holde, Huldvolle und in die Un-Holdin, die stets Schlechtes im Schilde führt, Männer erschreckt und zum Zerrbild einer bösen Hexe wird. Die akzeptierte Frau Holle führt eine Schar guter Hilfsgeister an – die »Hollen«, etwa vergleichbar den Schutzengeln des Volkslaubens. Dieses Zugeständnis an die Bevölkerung, die ihr nach wie vor anhing, mußte die Kirche machen, obgleich sie von Anfang an darum bemüht war, die »heidnische« Gestalt in ihren Denkkanon aufzunehmen. Später gelang dies auch, wie wir wissen: Aus der Urmutter Frau Holle wurde die Mutter Gottes, Maria. Nur so ist der unglaublich starke Marienkult in weiten Teilen Europas erklärbar, der bisweilen weit über die Verehrung von Jesus und sogar Gottes hinausgeht. Eine leibhaftige Frau und Mutter durfte sie in ihrer christianisierten Gestalt allerdings nicht mehr sein. In der kirchlich »bereinigten« Form erscheinen sie selbst nun als Jungfrau und die »unbefleckte« Empfängnis und Geburt ihres Sohnes – des Heilands – als Wunder. Schwer nachzuvollziehen, aber Glaube kann bekanntlich Berge versetzen …

Die andere, von ihrer ursprünglichen Ganzheitlichkeit abgetrennte Seite ihres Charakters aber wird als Unholdin dämonisiert, als »wilde Frau«, die zum Prototyp der bösen Hexe wird, auf die man nun alle Schlechtigkeiten der Welt (und im besonderen Maße des Weibes!) projizieren kann. Der christlich orientierte Psychoanalytiker Eugen Drewermann und vor allem die Tiefenpsychologin und Matriarchatsforscherin Sonja Rüttner-Cova haben sich intensiv mit dieser Aufspaltung befaßt und sehr interessante Schlüsse zum Verständnis des christlichen Weltbildes gezogen.

Rüttner-Cova kennzeichnet die Entstehung der unholden Seite der gestürzten Göttin mit folgenden Worten:

»Das Hexenbild übernimmt alle Holla-Aspekte, die dem frauentfremdeten Mann Angst bereiten. Als erotisches, dämonisches, autonomes und böses Weib ist die Hexe zur Projektionsträgerin ungelebter perverser Sexualvorstellungen und Minderwertigkeitskonflikte geworden ... Selbst in ihren abartigen Sexualphantasien haben die Kirchenmänner die erotische Seite der Göttin unter Kontrolle gebracht, denn ihr eigenes lüsternes Teufelswesen regiert über die Hexe ...« (5)

Nicht minder vergewaltigt wird durch diese Spaltung die andere, verklärte Seite der hold-unholden Frau:

»Neben der kirchlichen Marienverehrung entwickelte sich ein volkstümlicher, ein sinnlicher Mariakult. In der Volksmaria ist Holla weiterhin aufspürbar. Erst mit der Einführung der historischen Hexe verlor die Volksmaria langsam ihre Hollazüge. Die Ikonographie überliefert den Wandel des Mariabildes sehr anschaulich. Die Renaissancemadonna ist zu einem süß-schönen, blutleeren und mädchenhaften Geschöpf zusammengeschrumpft ... Der kirchliche Mariakult ist vor allem durch den Mönchsorden sehr stark gefördert worden. Hier schaffte Mutterschoßdrang und Sexualnot die unsinnliche Wunsch- und Sehnsuchtsmutter ... Maria ist Frau Holle. Doch nicht mehr die ganzheitliche, die zyklische Göttin. Maria ist ein fragmentierter Teil der Großen Mutter. Maria ist die Wunschmutter. Sie übernahm Hollas hilfreiches, gütiges, urmütterliches Wesen. Maria stillt die Muttersehnsucht. Jungfrau und Mutter – keusch – eine sterile Mutterfigur, die sexuelle Bedürfnisse ausschließt. Ein unberührter Mutterschoß, der als ›hortus conclusus‹ (geschlossener Garten) zum Niemandsland der Söhne erklärt wird.« (6)

Ich sage es frei heraus: Es ist beruhigend zu wissen, daß es heute wieder Hexen gibt, Frauen, die aus eigenem Entschluß zu ihren Wurzeln zurückfinden, segensreich an die Tradition der vorchristlichen Welt wieder anknüpfen. Nicht nur im Nassauer Land, sondern überall in Europa. Daß die alten, fast schon vergessenen Feste wieder aufleben. Daß versucht wird, mit versöhnenden Zeremonien die schlimmen Wunden der Vergangenheit allmählich zu heilen. Diese Rückbesinnung ist längst aus den Kinderschuhen einer modischen Trotzhaltung herausgewachsen und hat sich bei vielen zu neuem Selbstbewußtsein und Verständnis der Natur und des Seins entwickelt. Dies alles läßt hoffen.

## Sechste Station: Schwäbische Alb

### Kopfjäger, die Suche nach dem heiligen Gral und der älteste Zirkelschlag Europas

Sich auszumalen, wie das Leben unserer Vorfahren in grauer Vorzeit einmal aussah, ist zugegebenermaßen nicht leicht. Wir gehen stets mit unserem heutigen Denken, den Wertvorstellungen von heute, mit ichbetonten Gefühlen und subjektiv entwickelten Bildmustern an ferne Welten und Zeiten heran. Können wir auf diese Weise überhaupt erfahren, wie es wirklich war? Eine Zeitmaschine müßte man haben, um neugierig in längst vergangene Epochen eintauchen zu können – aber eine solche Apparatur, mit der man auch unbeschädigt wieder in die Gegenwart zurückkehren kann, um aus der Reise Nutzen für die Zukunft zu ziehen. Ich bin sicher: Dieser Nutzen und Gewinn wäre groß! Einiges, was wir dort erfahren könnten, wäre geheimes, von den meisten längst vergessenes Wissen, möglicherweise sogar eine Weisheit, die gerade für uns Heutige von großer Bedeutung sein kann. (Es gilt, die Vergangenheit wiederzuentdecken, um die Gegenwart zu verstehen.) Anderes dagegen, die dunkle Seite des alten Europa und von uns selbst, dürfte eher erschrecken ...

Schwäbische Alb, uralte süddeutsche Kulturlandschaft: Die Donau war in der Eiszeit so etwas wie eine Lebensader, an deren Uferrändern die Menschen schon seit grauer Vorzeit siedelten. Wo der Fluß das Kalksteingebirge durchschneidet, hat er ein tiefes Tal mit zahlreichen Höhlen hinterlassen. Besonders interessant ist die sogenannte Burghöhle von Dietfurt, die zur Gemeinde Vilsingen im Kreis Sigmaringen gehört. Archäologen, die sie seit vielen Jahren systematisch durch Grabungen untersuchen – wobei sich besonders Wolfgang Taute, Professor für Ur- und Frühgeschichte an der Universität Köln, Verdienste erworben hat – bekommen glänzende Augen, wenn sie von der Burghöhle Dietfurt sprechen. Kein Wunder: Es handelt sich hier um eine außerordentlich seltene Fundstelle, deren Stratigraphie (Schichtgrabung) von den oberen Schichten des späten Mittelalters bis zur späten Altsteinzeit (Magdalénien, ca. 12 000 v. d. Zw.) hinabreicht, wobei nahezu alle Kulturepochen lückenlos mit interessanten Objekten vertreten sind.

Wolfgang Taute konnte anhand der vielen Funde und Detailanalysen sehr genau das Klima der damals gerade ausklingenden Eiszeit rekonstruieren: »Die Hinterlassenschaften der Jäger in der Dietfurter Höhle sprechen dafür, daß diese über einen sehr langen Zeitraum hinweg nur gelegentlich hierherkamen, um hier vorübergehend zu wohnen, sich am Feuer zu wärmen (die Schichten sind zum Teil schwarz von fein zerriebener Holzkohle), Fleisch zu braten, Werkzeuge herzustellen und zu gebrauchen, Kleidung und Waffen instand zu setzen.« (1)

Das Gebiet muß 12 000 Jahre vor unserer Zeitrechnung eine nahezu baumlose, nur mit vereinzelten Kiefern bestandene Kaltsteppe gewesen sein, in der niedriges Baumwerk, Polarweiden und Krüppelbirken vorherrschten. In dieser tundraähnlichen Ödnis jagten unsere Vorfahren Rentiere und Moschusochsen. Ihre Waffen und Werkzeuge bestanden aus Holz, Knochen und bearbeiteten Steinen, später kamen Pfeil und Bogen hinzu.

Aber Taute fand bei seinen Grabungen Reste nicht nur von Tieren, sondern auch von Menschen, die der Wissenschaft einige Rätsel aufgaben:

»In der Kulturschicht des Azilien (11. und 10. Jahrtausend v. d. Zw.) fanden sich dicht an der überhängenden Felswand mehrere Fragmente eines zertrümmerten menschlichen Schädels sowie einige Fingerknochen. Zuerst wurde der in zwei Hälften zerfallene Oberkiefer entdeckt. Zwei Backenzähne saßen fest in jeder der beiden Seiten des Oberkiefers. Alle übrigen Zähne waren herausgefallen und lagen in unmittelbarem Umkreis des Oberkiefers. Weniger als zwanzig Zentimeter vom Oberkiefer entfernt fanden sich mehrere aneinanderpassende Fragmente des Hinterhauptsbeines. Auf ihrer äußeren Wölbung ist ein Bündel gleichgerichteter Schnitte zu erkennen, die nur von einer steinernen Messerklinge herrühren können. Die Schnitte verlaufen annähernd horizontal in der Nähe des Knochenvorsprungs, der sich in der Mitte des Hinterhauptsbeines in der Regel deutlich durch die Haut hindurch erfühlen läßt, also im Bereich des Haaransatzes. Es liegt deshalb die Vermutung nahe, daß der betreffende Mensch, dessen Alter und Geschlecht schwer zu bestimmen sind, skalpiert wurde. Vereinzelte Fälle sind belegt von der jüngeren Steinzeit bis ins Mittelalter. Der altsteinzeitliche Fund aus Dietfurt ist demnach der weitaus älteste Hinweis dieser Art.« (2)

Was mag das bedeuten? Waren unsere steinzeitlichen Vorfahren in Süddeutschland Skalpjäger, wie man das von einigen Indianerstämmen her kennt? Waren sie vielleicht sogar Kannibalen, die ihre getöteten Feinde wie Jagdbeute zerstückelten, am Feuer brieten und verzehrten? Oder handelt es sich um Spuren eines uns heute nicht mehr bekannten Totenrituals, bei dem der Kopf des verehrten Verstorbenen einer besonderen Zeremonie unterzogen und vielleicht an heiliger Stätte aufbewahrt wurde?

Definitiv wissen wir, daß ritueller Kannibalismus früher an vielen Orten Deutschlands durchaus üblich war. Zum Beispiel im thüringischen Oberdorla nördlich von Eisenach, wo im 1. Jahrhundert v. d. Zw. der germanische Stamm der Hermunduren ansässig war und in heiligen Bezirken hölzerne Rundheiligtümer errichtete, die in ihrer Konstruktion den englischen *Woodhenges* bzw. *Stonehenge* ähnelten. Innerhalb dieser Bezirke befanden sich kleinere Gehege, in denen Kultpfähle und hölzerne Idole der verschiedenen Gottheiten aufgestellt wurden. Neben Knochen von rituell geschlachteten Tieren fanden sich auch Menschenschädel, die auf Menschenopfer schließen lassen.

Noch deutlicher sind die Spuren in den Höhlenheiligtümern des Kyffhäusers (östlich der berühmten »Barbarossahöhle« bei Bad Frankenhausen, in der der Sage nach noch immer Kaiser Rotbart schläft). Günter Behm-Blancke, Ordinarius für Ur- und Frühgeschichte an der Universität Jena und Mitglied der UNESCO-Weltorganisation, entdeckte vor und in den Opferschächten des sagenumwobenen Berges neben Schmuck, Spinnwirtel, magischen Knoten und Schnüren aus Menschenhaar, Getreidekörnern und anderen Opfergaben auch zerlegte und zerschnittene Menschenknochen und eingeschlagene oder vom Hals abgetrennte Schädel – grausige Überreste einstiger kannibalischer Opfermahlriten. Sie wurden auf ein Alter von ungefähr 3 000 Jahren datiert und sind folglich mit dem skalpierten Schädel von Dietfurt etwa zeitgleich zu setzen. Behm-Blancke spürte die Überreste von insgesamt etwa einhundert Menschenopfern auf. Er weist es aber weit von sich, die Täter als primitive Wilde zu bezeichnen. Seiner Meinung nach handelten sie aus tiefer religiöser Überzeugung und betrachteten Leben und Tod noch in ganz anderen als den heute üblichen Zusammenhängen. Für uns sind solche Handlungen nur schwer vorstellbar – sehen wir einmal von den kriegerischen Greueltaten moderner Barbaren in vielen Teilen der Welt ab. Die Höhlen am Kyffhäuser aber blieben bis heute Orte von seltsam magischer Kraft und Anziehung ...

Taute und andere Wissenschaftler, die an der Erforschung der Dietfurter Höhle beteiligt sind, weisen nachdrücklich darauf hin, daß Höhlen in der Steinzeit selten als feste und dauerhafte Wohnplätze dienten. Vielmehr waren sie wohl bereits damals geheimnisvolle, von Tabus und sagenhaften Berichten umwobene magische Orte, die nur zu besonderen Gelegenheiten aufgesucht wurden. In vielen solcher Höhlen wurden, wie wir von den Höhlenmalereien in Frankreich und Spanien her wissen, religiöse Rituale zelebriert. Es waren Orte der Kraft, an denen die Große Erdmutter und Herrin der Tierseelen sowie die Geister der Ahnen in der Unterwelt herrschten. Die Höhlen wurden durch gemalte und in den Fels geritzte Zeichen magisch aufgeladen. Wie solche Rituale aussahen und welche Rolle die Schamanen und Medizinfrauen des Stammes dabei spielten, können wir nur dunkel erahnen. Ein Schlüssel zum Verständnis liefern aber Naturvölker, die in abgelegenen Gebieten der Erde noch bis zum heutigen Tage auf Steinzeitniveau leben, etwa die australischen Aborigines. Man hat australische Schamanen bei der Ausübung ihrer seltsamen Praktiken beobachtet und konnte dabei registrieren, daß das Ausmalen der Höhle und das Anbringen geheimer, für die Ahnen- und Tiergeister bestimmter Botschaften nur den geringsten Teil ihrer Tätigkeit ausmacht. Breiten Raum nahmen daneben Meditation und Trancetechniken, Gesang und Tanz ein. Alles schien nach einem uralten Plan zu verlaufen, bei dem jeder Handgriff, jedes Wort und jede Bewegung wie beim Drehbuch für einen Film oder bei einem Theaterstück genauestens festgelegt waren. Man muß unwillkürlich an das klassische japanische Theater, die Kultvorführungen bei Südseeinsulanern oder auch an die eleusinischen Einweihungsrituale im antiken Griechenland denken. Kunst war immer zugleich Religion, mit uralten mythischen Vorstellungen und Symbolen verbunden. Die Trennung von Kunst und Religion ist eine Erfindung der profanisierten Moderne …

Doch zurück zu unserer Höhle unterhalb der Burgruine von Dietfurt. Wenn man sich ihr nähert, spürt man sofort, daß sie ein Platz von besonderer Ausstrahlung war, ein magischer Ort, zu dem die Menschen viele Jahrtausende lang wanderten, um religiöse Rituale auszuführen. Davon möchte ich nun näher berichten.

Auf Einladung des damaligen örtlichen wissenschaftlichen Grabungsleiters Thomas Schulte im Walde besuchte ich 1988 die Höhle gemeinsam mit einem Mitarbeiter unseres Instituts (3). Es war ein schöner, sonniger Tag, und wir hatten bereits die Anreise durch das malerische Donautal ausgiebig genossen. Jetzt näherten wir uns dem bewaldeten, etwa 25 Meter hohen Bergsporn, auf dem der Bergfried und Reste der Burgmauer deutlich zu erkennen waren. Der kleine Weiler Dietfurt, die wenigen Häuser rund um den Burgberg und der Ruinenfelsen selbst vermittelten uns einen romantischen Eindruck. Wir waren äußerst gespannt auf das, was uns Thomas Schulte im Walde zeigen wollte. In einem Brief hatte er zuvor einen Fund im Bereich der östlichen Eingangshalle der Höhle als äußerst interessant, ja, als spektakulär angekündigt.

Natürlich hatten wir uns vorher anhand der Literatur über den Stand der Erforschung kundig gemacht. Wir wußten auch, daß in der einheimischen Bevölkerung seltsam widersprüchliche Aussagen, Sagen und Märchen um diese Höhle kursierten. So hatte etwa Ende der zwanziger Jahre dieses Jahrhunderts ein Männerbund, der sich selbst als Sektion des Neutemplerordens (4) bezeichnete, die Dietfurter Burghöhle als Versammlungsplatz für seine Gralsfeiern ausgesucht. Um das Jahr 1929 herum mauerten sie Teile der Höhle zu, verschlossen den Westeingang unter dem Bergfried mit Mauer und Fenster und fügten in die Mauer des östlichen Eingangs ein verschließbares Tor. Sie legten in den Gängen Treppen mit Betonstufen an, stützten die mittlere Halle, die sie »Festsaal« nannten, mit gemauerten Pfeilern und schmückten diesen Bereich zur Höhlenkapelle aus.

Nach 1933 wurden die Versammlungen des Neutemplerordens offiziell verboten, doch sollen dort noch viele Jahre später geheime Treffen stattgefunden haben. Es heißt auch, der Orden habe an unbekannter Stelle Schätze vergraben, um sie vor dem Zugriff der Nazis in

Sicherheit zu bringen. Kein Wunder also, daß solche Berichte – und besonders die Sage von einem angeblich vergrabenen goldenen Kegelspiel – abenteuerlustige Schatzsucher anlockten. Deutliche Spuren ihrer planlosen Grabungen waren vielerorts in der Höhle anzutreffen. Vom geheimen Wissen und den Ritualen der Gralshüter selbst ist indes so gut wie nichts bekannt (5). Außerdem soll hier eine Göttin namens *Ostara* verehrt worden sein, und obendrein hieß es, daß es in der Burghöhle Dietfurt auch spuke.

Diese Geschichten waren aber nicht der Grund für unseren Besuch. Wir wollten vielmehr den Fußbodenbelag aus Lehmestrich mit seltsamen Zeichen sehen, der im Zentrum der östlichen Eingangshalle gefunden worden war. Der sorgsam gestrichene und mit feinem Donaukies durchsetzte Estrich wurde aufgrund der archäologischen Fundlage in eine Kulturschicht um 1000 v. d. Zw. datiert, also in die sogenannte Urnenfelderzeit. Als Urnenfelderzeit wird von Fachleuten die späte Bronzezeit ab 1200 v. d. Zw. bezeichnet, als sich die Bestattungsriten von Grund auf änderten: Wurden davor die Toten in großen Hügelgräbern bestattet, so kam nun die Praxis auf, die Körper der Verstorbenen zu verbrennen, ihre Asche in Urnen zu füllen und diese in flachen Gräbern beizusetzen. Solche »Urnenfelder« bildeten oft riesige Friedhöfe.

Voll gespannter Erwartung kletterten wir in die Höhle. Dann standen wir endlich vor den geheimnisvollen Zeichen: Im Fußboden waren fünf konzentrische Kreise etwa einen Zentimeter tief in den Estrich graviert. Der Durchmesser der Kreise betrug zwischen 67 und 89 Zentimeter, ihr Abstand zueinander war exakt gleich. Dies konnte nur mit Hilfe eines Zirkels bewerkstelligt worden sein. Genau in der Mitte aller Kreise befand sich ein punktförmiger Einstich, wo die ruhende Achse des Zirkels eingesetzt worden war – wahrscheinlich ein Holzstab, an dem die Lederschnur befestigt war. Nach Taute war dies ein für die mitteleuropäische Urnenfelderkultur einmaliger Fund. Möglicherweise handelt es sich um einen der ältesten Belege für den Einsatz eines Zirkels überhaupt.

Vor Ort erkannten wir, daß zur Konstruktion eines perfekten Kreises keine komplizierten Berechnungen und Lehrsätze nötig waren – ein einfacher Holzstab und eine Lederschnur reichten völlig aus, um eine Grundform der Geometrie herzustellen. Aber wir sahen noch mehr: Über den Boden kriechend entdeckten wir, daß um die konzentrischen Kreise herum ein sechster, kleinerer Kreis partiell angerissen war. Er beschrieb nur etwa ein Drittel des Kreisbogens und machte dadurch die Figur zu einem Symbol. Der Grabungsleiter erklärte uns, daß diese Symbolik – die sogenannte »Vogelsonnenbarke« – für die Urnenfelderkultur typisch sei und auf vielen Fundobjekten, vor allem auf bronzenen Prunkgefäßen, erscheine. Auf einem Schiff, dessen beide Enden vogelköpfig gestaltet sind, ruht als großes, kreisförmiges Ornament die Sonnenscheibe. In jener Zeit muß also der Sonnenverehrung große Bedeutung zugekommen sein.

Vergleichbare Sonnensymbole sind etwa auch aus Norddeutschland bekannt: Bei Beckstedt und bei Harpstedt (beide Orte liegen im Kreis Grafschaft Hoya) sowie in Horsten (Kreis Wittmund) wurden rote Granitplatten mit eingravierten, konzentrischen Kreisen gefunden. Die drei niedersächsischen Sonnensteine müssen einst, sorgfältig mit ihrer Standfläche im Boden verankert, wie Menhire aufrecht gestanden haben. Ähnliche Sonnenmotive gibt es außerdem in Irland, Skandinavien und auf den Kanarischen Inseln. Das Besondere an dem Sonnensymbol der Burghöhle Dietfurt liegt darin, daß in seiner Mitte der sonst hellbraune Lehmestrich rot verfärbt und hart gebrannt war. Hier befand sich also einstmals eine Feuerstelle. Oder anders herum: Diese Feuerstelle war keine gewöhnliche, sondern eine, die vor dem ersten Brand mit dem Sonnensymbol, der »Vogelsonnenbarke«, geheiligt worden war. Auch der Höhlenforscher Taute hält es daher für eine plausible Arbeitshypothese, daß diese Feuerstelle von kultischer Bedeutung war. Aber was genau passierte in der sagenumwobenen Höhle?

Die etwa fünfunddreißig Zentimeter starke Erdschicht über der Feuerstelle mit den magischen Kreisen enthielt allerlei Fundstücke: verzierte Scherben der Urnenfelderkultur, eine bronzene Bogenfibel (eine Art frühe Sicherheitsnadel) der späten Hallstattzeit (um 600 v. d. Zw.), Glasperlen und Keramik der Latènezeit sowie Fundstücke der römischen Kaiserzeit, vor allem rote Terra-Sigillata-Scherben und einen kunstvoll aus Silberdraht geflochtenen Fingerring. Im obersten Schutt, der aus einer Phase stammt, als oberhalb eine wehrhafte Burg erbaut und die Höhle nur noch als Keller benutzt wurde, fand man – neben Dachziegeln, verzierten Ofenkacheln und Bodenfliesen, Ton- und Glasscherben von Trinkbechern und Butzenscheiben – auch ein paar aus Knochen geschnitzte Würfel, kleine Perlen und einen Silberheller aus dem Jahre 1500.

Was hatte der oben erwähnte Templerorden in der Burghöhle gesucht, wer hatte den kostbaren Silberring versteckt, und – vor allem – warum wurde ausgerechnet dieser Platz vor 3000 Jahren als Sonnentempel genutzt? Fragen über Fragen, auf die wir damals noch keine Antwort wußten ...

Thomas Schulte im Walde erklärte uns, daß nun zunächst eine Abdruckkopie des Sonnensymbols angefertigt und später die ganze Estrichplatte mit Hilfe eines komplizierten Spezialverfahrens geborgen und ins Stuttgarter Landesmuseum gebracht werden sollten. Wir hatten also noch Zeit, in Ruhe das Original zu betrachten und den Boden nach weiteren Spuren abzusuchen. Als ich so auf den Knien herumrutschte, bemerkte ich im Umkreis der »Vogelsonnenbarke« mehrere seltsam regelmäßige Vertiefungen im Estrich. Aus einer unbestimmten Ahnung heraus fragte ich, ob bei der Ausgrabung vielleicht besonders kleine Tongefäße gefunden worden seien.

Der Grabungsleiter dachte kurz nach und erinnerte sich an diverse Tonschälchen, die in der Tat winzig, beinahe klein wie Spielzeug, gewesen seien. Später, unten im Dorf, im kleinen Holzhaus der Bergwacht, das vorübergehend als Archiv des Archäologenteams genutzt wurde, zeigte uns ein Student die in einer Pappschachtel geborgenen Fundstücke. Man hatte ihnen zunächst keine sonderliche Bedeutung zugemessen. Es stellte sich aber heraus, daß die winzigen Tonschalen haargenau in die Mulden rings um das Sonnensymbol paßten. Bloß ein Zufall? Wir diskutierten uns in der Holzhütte und danach im benachbarten Gasthof »Zur Mühle« noch die Köpfe heiß über diese Frage; über das abgezirkelte Sonnensymbol, dessen Lage im östlichen Eingangsbereich (Sonnenaufgang!) wir mit dem Kompaß vermessen und unter astronomische Bezüge gestellt hatten, und über die Sagen und Volkslegenden rund um den alten Dietfurter Sonnentempel, in dem der Templerorden den Sitz des heiligen Grals vermutet hatte. So wurde beispielsweise überliefert, daß es in der Burgruine spuke, seit vor langer, langer Zeit ein namentlich nicht bekannter Raubritter dort sein silbernes Würfelspiel versteckt habe. In Vollmondnächten höre man es im Berginneren rumoren, weil der Geist des Ritters immer noch nach seinem Schatz suche. Man hatte auch Gespenster gesehen, eine weiße Frau von durchschimmernder Gestalt, die nächtens auf der Burg erscheine, um von dort zum Ufer der Donau hinabzuwandern ...

Natürlich spekulierten wir auch über jenen mysteriösen Schädel, der so deutliche Spuren einer Skalpierung aufwies. Auch der kostbare Silberring spielte in unserem Gespräch eine Rolle. Immerhin hatte man etwa 60 Kilometer von Dietfurt entfernt den Schatzfund von Rembrechts entdeckt, der – neben Münzen und anderem Schmuck – ein exaktes Pendant zu jenem Ring aufwies. Er war offenbar im Jahre 233 n. d. Zw. versteckt worden, als alemannische Heerhaufen in Südwestdeutschland die Grenzen des bröckelnden Römischen Weltreichs überrannten. Allerdings konnte der Dietfurter Ring auch ein Opfer gewesen sein, das jemand an heiligem Ort hinterlassen hatte ... Irgendwie spürten wir alle deutlich, daß die ausgegrabenen Objekte der Burghöhle nur eine – die materielle – Seite der Geschichte bildeten, während die andere, verborgene ein tiefes Geheimnis darstellte. Ein Mysterium lag über dem Ort, etwas, das die Menschen von jeher zur Höhle im Felsen gelockt hatte. Doch was war es wirklich, welches Prinzip steckte dahinter? In unseren Köpfen schwirrten nur fragmentarische Gedanken ohne

Zusammenhang herum, zersplittert wie die vielen tausend Mäuseknöchelchen in Plastiktüten, die Scherben in den Kartons, die ungeheure Menge an Einzelfunden unten im Archiv der Grabungshütte. Würden wir in dieser Angelegenheit jemals Klarheit gewinnen?

Nahezu elektrisiert wurden wir durch die Berichte von Wolfgang Taute: In der Burghöhle waren Reste nicht nur von einer, sondern von vielen Feuerstellen gefunden worden. »Zwischen den Estrichen«, so Taute, »haben immer wieder Feuer in der Höhle gebrannt. Es liegen in den Kulturschichten zum Teil kunstvoll verzierte Gefäßscherben, auch Tierknochen, die aber noch nicht bestimmt worden sind. Auffällig ist, daß in dem aschedurchsetzten Sediment an vielen Stellen verkohlte Getreidekörner in großer Zahl gefunden wurden. Es ist nur schwer vorstellbar, daß diese Körner alle während der Lagerung oder Speisezubereitung verlorengegangen und zufällig ins Feuer geraten sein sollten. Eher ist an kultische Rituale zu denken: Getreidekörner könnten als Opfergaben in die Flammen gestreut worden sein.« (6)

Was waren das für Rituale gewesen, und welche Rolle spielte die Herdstelle mit der Sonnenbarke inmitten der vielen Opferfeuer? Wurde hier in vorgeschichtlicher Zeit tatsächlich die alte Erdmutter Ostara verehrt, wie auch später noch zu Beginn unseres Jahrhunderts? Jedenfalls wußten die alten Leute von Dietfurt, wenn auch verworren und in dunklen Andeutungen, davon zu berichten, daß es früher mal einen Ostara-Kult gab und daß dieser im Zusammenhang mit dem Neutemplerorden und dem Osterfest stand …

## Siebte Station: Ostara

### Vorchristliche Osterbräuche, geheimes Wissen um die vier Elemente und der Name einer vergessenen Göttin

Archäologische Forschung ist durchaus vergleichbar mit Detektivarbeit: Am Tatort werden Spuren gesichert, Indizien gesammelt, ausgewertet und nach bestem Wissen und jeweiligem Kenntnisstand zu einer möglichst lückenlosen Beweiskette zusammengefügt. Auch die Methoden, durch die man an genaue Meßdaten gelangt, lassen sich mit jenen der modernen Kriminalistik vergleichen. Elektronische Rastermikroskope, Computertomographien, Blütenpollenanalysen, genetische Fingerabdrücke, die Radiocarbon-C-14-Methode, Dentrochronologie (Altersbestimmung von Holz mittels Baumringschablonen), Luftbild-, Unterwasser- und Infrarotfotografie und viele andere, für den Laien kaum noch nachvollziehbare Spezialtechniken kommen dabei zum Einsatz. Wir wollen alles genau wissen, überprüfen, vergleichen, bestimmen. Daten, Zahlen, Vergleichstabellen beruhigen unser Gewissen bei der Beweisaufnahme. Das alles ist knochenharte Kleinarbeit. Phantasie ist ebenso gefragt wie Fleiß und pedantische Genauigkeit. Das heißt, archäologische Forschung stützt sich vorrangig auf Fakten und materielle Beweise.

Auf all die schönen neuen Überprüfungstechniken

muß man jedoch zwangsläufig verzichten, wenn man die Volkskunde, Mythologien, Märchen, Sagen und Legenden, Religion und Aberglaube wissenschaftlich erforscht. Dann ist endloses Literaturstudium angesagt, dann gilt es, zahllose Bibliotheken zu durchforsten, zwischen den Zeilen zu lesen, nach Grundmustern und logischen Zusammenhängen zu suchen. Dies erfordert vor allem ein geschultes Talent zur Kombination.

Auf der Suche nach jener legendären Göttin Ostara, die im Höhlenheiligtum von Dietfurt verehrt worden sein soll, stießen wir auf höchst interessante Detailangaben, die im folgenden kurz vorgestellt werden sollen:

Die germanische Frühlingsgöttin Ostara, nach der das Osterfest benannt sein soll, stand einst in hohen Ehren. Sie galt als Göttin des Lichts und der Morgenröte. Dem Volksglauben zufolge macht die Sonne am Ostermorgen drei Freudensprünge. Wasser, das zu diesem Zeitpunkt geschöpft wurde, bekam Heilkräfte und machte schön. Als Diener half Ostara der fruchtbare Hase, er legte die Ostereier, die früher rot, in der Farbe des Donners, eingefärbt waren. Auch die Osterfeuer spielten eine magische Rolle: Mit ihnen wurde der vom Frühling besiegte Winter verbrannt, weshalb man vormals Strohpuppen, die den Winterriesen symbolisieren sollten, in die Flammen warf …

Ganz sicher verkörpert Ostara als vorchristliches Symbol die Wiedergeburt und Erneuerung des Lebens zu Beginn der Frühlings-Tagundnachtgleiche. Ihr Name ist in Abwandlungen aus alten Sprachen bekannt: als *Tara, Ostara* beziehungsweise *Oestras* im Germanischen, als *Eostreus* im Angelsächsischen. Ferner muß auf die auffallende Klangähnlichkeit der Worte

*Tara* und *Altar* hingewiesen werden. Im Lateinischen hieß der Altar ›ara‹, womit ein zum Verbrennen von Opfertieren errichteter Herd oder ein Aufsatz für Brandopfer gemeint war, ursprünglich also eine heidnische Brandopferstätte. Merkwürdigerweise heißt die ummauerte Feuerstelle im Inneren eines Hauses in Skandinavien noch immer *aare*. Der Begriff geht auf die archaischen heiligen Feuerstätten zurück, über denen man die neugeborenen Kinder segnete. Im alten Norwegen trug man die Verstorbenen dreimal um die *are*, bevor man sie der Erde übergab. Diese Feuerstellen waren also »Altare« – geweihte Plätze der Großen Göttin Tara oder Ostara ...

Das Ostara zu Ehren begangene Fest wurde vom Christentum in abgewandelter Form übernommen und ab dem Mittelalter mit kirchlichen Osterspielen verbunden. So wurde etwa am Abend des ersten Ostertages das Osterfeuer entzündet, das Osterreiten – ein Flurumritt – sollte der Saat auf den Feldern Schutz und Kraft spenden. Auch das Ostereiersuchen der Kinder entstand aus diesem gedanklichen Zusammenhang.

Gründlich – und auf mannigfaltige Widersprüche hinweisend – beschäftigt sich das *Handwörterbuch des deutschen Aberglaubens* mit der (in Fachkreisen nicht unumstrittenen) Figur der Ostara. Aufgrund von Erkenntnissen der vergleichenden Sprachwissenschaft steht jedenfalls fest, daß das altindische *usra,* das litauische *auzra,* das griechische *eos* und das lateinische *aurora* (Morgenröte) urverwandt sind mit dem germanischen Wort *austra* (Osten), dem althochdeutschen *ostar* (ostwärts) und dem angelsächsischen *eastro* (Ostern). Ebenso dienen zahlreiche von *Ostar* abgeleitete Orts- und Personennamen als Beweise. Sie alle beziehen sich auf eine Lage im Osten bzw. auf eine Herkunft von dort.

»Ganz sichergestellt ist nach der bisherigen Forschung, daß im Althochdeutschen der April ›Ostarmanoth‹ hieß, was mit unserem neuhochdeutschen Ostern zusammenhängt, ferner, daß der heidnische Name eines Frühlingsfestes, wie sie überall auf der Welt gefeiert werden, auf das christliche Fest der Auferstehung, für dessen Feier das Konzil von Nicäa den ersten Sonntag nach der Frühlingstaundnachgleiche als Datum bestimmt hatte, übertragen wurde, nachdem man lange Zeit sich nicht einig war, welchen Namen – Ostern oder Passah – man wählen wollte, sich aber schließlich in Deutschland und England das Wort Ostern, Easter (oastrum, ags. eastron) durchsetzte gegenüber pasca, das das übrige Europa gebraucht« (1).

Wir feiern also zu Ostern noch heute ein Fest, das eindeutig heidnischen Ursprungs ist und der Verehrung der Sonne beziehungsweise einer sie verkörpernden Göttin galt. Wie bei vielen christlichen Feiertagen funktionierte die Kirche als siegreiche Macht einfach ein lange vor ihr bestehendes Ritual um und interpretierte den uralten Kult in ihrem Sinne neu. Auf die heidnische Herkunft deuten aber noch immer solche Volksbräuche, die nicht so recht in das christliche Weltbild passen und dennoch ganz selbstverständlich praktiziert werden, wie das Ostereiersuchen, das Entzünden von Osterfeuern, sodann Requisiten wie Osterbrot und Ostergebäck, Osterkalb, Osterkerzen, Osterkohle, Osterwasser und die Figur des guten alten Osterhasen.

Brauchtumsforscher weisen darauf hin, daß besonders die Osterfeuer und die Handhabung des geheimnisvollen Osterwassers (die in manchen Gegenden noch immer praktiziert wird) auf einen uralten Opferkult hinweisen, möglicherweise auf einen Quellenkult, bei dem geweihtes Wasser, Opfergaben (Eier, Getreide, Jungtiere) und das Entzünden eines heiligen Feuers eine gewisse Rolle spielten.

Über das Osterwasser – von dem ich in ländlichen Gebieten von alten Leuten, die dieses Brauchtum noch immer ausüben, hörte – wird folgendes berichtet:

»Das Osterwasser hat besondere Kraft. Schon am Karsamstag findet es für allerlei Gesundheits- und Schönheitszauber Verwendung. Wenn jemand ein wundes Gesicht hat, soll er es am Ostermorgen vor Sonnenaufgang gegen die Morgensonne stehend an einem Bach waschen, der das ganze Jahr läuft …

Wer sich am Ostersonntag im fließenden Bache wäscht, bleibt immer jung und schön. Viele waschen sich in einer frischen Quelle, um Ausschlag, Augenübel und andere langwierige Krankheiten zu vertreiben …

Ebenso verbreitet ist der Brauch, das Osterwasser in Krügen zu schöpfen und nach mannigfaltiger Verwendung mit nach Hause zu nehmen. Wer zuerst kommt, bekommt das beste. Gewöhnlich holt man es am Ostermorgen vor Sonnenaufgang, oft schon gleich nach Mitternacht. Aber auch schon vor 12 Uhr am Sonnabend vor Ostern, am Karfreitag (Karfreitagwasser), am Gründonnerstag. Auch noch der zweite Ostertag wird benutzt. Man muß vor Sonnenaufgang wieder zu Hause sein, sonst verliert das Wasser seine Kraft, und die schöpfende Person bekommt eine schwarze Hautfarbe …

Überall ist es strenge Vorschrift, daß das Schöpfen des Osterwassers stillschweigend geschehe und auch auf dem Hin- und Rückwege nicht gesprochen werde.

Das ›Plapperwasser‹ verliert jede Kraft und außerdem bringt jedes Wort Unglück. Man redet daher vom ›stillen Wasser …« (2)

Angesichts all dieser seltsamen Sitten und Bräuche, die sich allesamt um den Archetypus des »Wassers des Lebens« drehen, muß man unwillkürlich an den Osterspaziergang im *Faust* denken. Goethe, ein Kenner und Bewunderer alten Volksbrauchtums, hat diese Schlüsselszene (wie übrigens auch den Hexentanz in der Walpurgisnacht) sicher nicht ohne Hintergedanken in sein Werk eingebracht – uraltes, heidnisches und vorchristliches Gedankengut durchzieht sein gesamtes Schaffen, und er hat sich in vielen Schriften damit auseinandergesetzt.

Auch an die okkulten Zusammenkünfte des Templerordens muß man hier wiederum denken. Stand im Mittelpunkt ihrer Zeremonien nicht die Verehrung eines Kelches, den sie den »heiligen Gral« nannten? Womit was war dieser gefüllt? Überlieferungen zufolge mit dem »Wasser des Lebens« …

Mehr noch als all dies aber kamen mir die napfförmigen Vertiefungen im Lehmestrich rings um das Sonnensymbol und die winzigen Tonschälchen der geheimnisumwobenen Burghöhle von Dietfurt in den Sinn. Sollte es möglich sein, daß dort in Ostaras Sonnentempel vor 3000 Jahren ganz ähnliche Zeremonien abgehalten wurden? Unterhalb der Höhle fließen die Wasser der Donau, ein Fußpfad führt hinab, der Eingang der Höhle liegt im Osten, also der aufgehenden Sonne zugewandt … Haben die Priester und Priesterinnen unserer Vorfahren am Festtag der Großen Göttin schweigend Wasser aus der Donau geschöpft und hinauf zum heiligen Platz gebracht? Haben sie die mit

Osterwasser gefüllten Tonschälchen rings um die »Vogelsonnenbarke« deponiert und gewartet, bis das erste Licht der aufgehenden Sonne sie traf und das Wasser in den Schalen heiligte? Wurden danach über dem Sonnensymbol das Osterfeuer entzündet und Opfergaben – vor allem Getreidekörner – ins Feuer geworfen?

Eigentlich spielten alle vier Elemente bei dem magischen Ritual eine Rolle: das Wasser, das sich unter dem Einfluß der aufgehenden Sonne zu »Weihwasser« verwandelte. Das Feuer, in dem geopfert wurde. Die Luft, die mit Sicherheit durch verbrannte Kräuter zu »Weihrauch« wurde. Selbst das Element Erde verwandelte sich bei diesem Akt: Der sonst graue Lehmestrich färbte sich durch den Brand zur heiligen Farbe Rot. Gefeiert wurde die Verwandlung – das Ende des kalten, entbehrungsreichen Winters und der Beginn der hellen, warmen Jahreszeit, die Wiedergeburt allen Lebens. Ostara, das im Osten aufsteigende Sonnenlicht, steht dafür als Symbol, eine weibliche, schöpferische Kraft, die personifiziert zur Frühlings- und Fruchtbarkeitsgöttin wurde. Wahrscheinlich wurde das Ritual auch von Priesterinnen zelebriert.

So oder ähnlich mag es gewesen sein. Wir wissen es nicht mit letzter Sicherheit, da uns keine schriftlichen Zeugnisse aus jener Zeit zur Verfügung stehen. Kult und Brauchtum wurden stets mündlich weitergegeben, und was heute noch an seltsam anmutenden Relikten im Umfeld des Osterfestes übriggeblieben ist, steht isoliert, aus dem Sinnzusammenhang gerissen da, fremdartig und bizarr wie Blüten einer Pflanze aus längst vergangener Zeit, deren Blattwerk verdorrt ist und deren Wurzel tief im Erdreich der Vergangenheit verborgen ruht. Selbst der Name der von den christlichen Missionaren gestürzten Göttin ist keineswegs sicher. Man kann sie auch unter einem anderen Namen oder vielen anderen Bezeichnungen verehrt haben, denn der eigentliche Inhalt des Kultes – dessen »Programm« – wurde nicht nur in Deutschland, sondern in weiten Teilen des vorindoeuropäischen Europa hoch geschätzt. Dort stoßen wir nämlich immer wieder auf eine große Erdmutter und Fruchtbarkeitsgöttin namens Tara. Zumindest also ein Teil ihres Namens überlebte. Grund genug, diesen heißen Spuren nachzugehen und weitere *Tara*-Schauplätze in Augenschein zu nehmen.

## Achte Station: Irland

### Die Tempel der Riesen, der sprechende Stein und die Insel der Druiden

Fünf Wochen lang folgte ich den Spuren der Großen Göttin durch Irland, schlief in Schafställen, Bauernkaten und herrschaftlichen Gutshöfen, fuhr mit dem Auto, wanderte über Bergpässe durch Moore und verzauberte Wiesenauen. Wie William Butler Yeats (1) durchschritt ich das Tor zum Feenreich am Benbulbin, dem zur grünen Woge der Zen-Malerei erstarrten magischen Berg in Donegal. Am nachhaltigsten beeindruckte mich eine stürmische Überfahrt zur Druideninsel Skellig Michael, die früher *Sceilg Danaan* (Felsen der Dana) hieß und der Großen Göttin geweiht war. Impressionen der tiefsten Art, unvergeßlich weite Wege durch Nebelzonen und Regen, stets auf Sagenfiguren, Märchen und Legenden stoßend, an Dolmen, Menhiren, Steinkreisen vorbei zu gigantischen Bauwerken der Megalithkultur. Das Ganze wirkte auf mich wie ein Filmepos mit gewaltiger Naturkulisse, in der sich die Zeitmaschine mühelos durch die Jahrhunderte und Jahrtausende bewegte.

Ich werde erst gar nicht den Versuch unternehmen, chronologisch vorzugehen, weder im geschichtlichen Sinne noch in dem meiner Reise. Beginnen wir an der sanften Ostküste Irlands, in der Grafschaft Meath, etwa

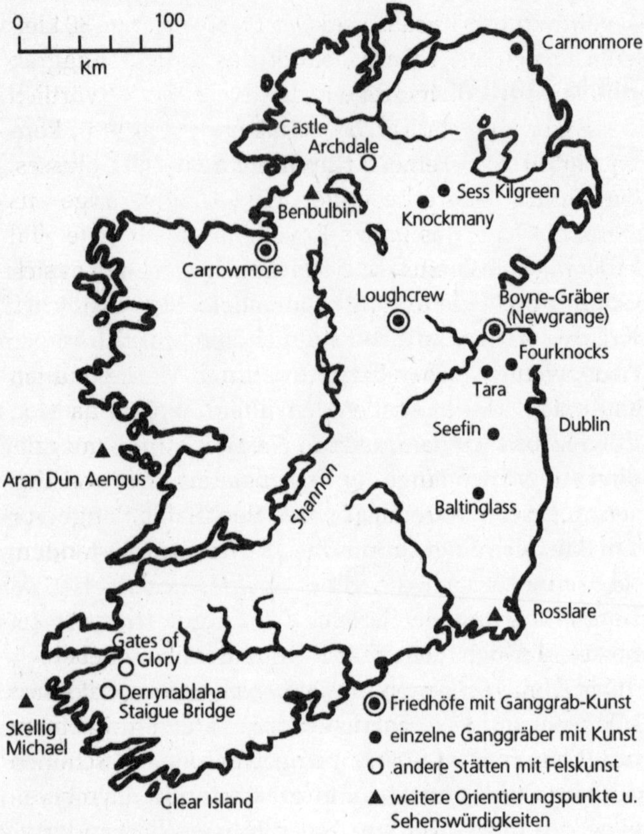


Karte Irlands mit wichtigen Fundstätten

40 Kilometer nördlich von Dublin. Die Zauberworte heißen *Boynevalley* und *Newgrange.*

Zusammen mit zwei anderen Großsteingräbern der Megalithkultur (*Knowth* und *Dowth*) sowie etwa 30 kleineren »Satellitengräbern« bildet das große Ganggrab von Newgrange eine regelrechte Nekropole (wörtlich übersetzt: Totenstadt). Die »Gräber der Riesen« konzentrierten sich in einer Krümmung des Boyne-Flusses. Vom zentral sich erhebenden Hügel Newgrange aus überblickt man das ganze Boyne-Tal, das irische »Tal der Könige«. Experten sind sich ganz sicher, daß es sich bei der Nekropole um die uralte Begräbnisstätte *Brugh na Boinne* handelt, die seit dem 10. Jahrhundert immer wieder in der irischen Literatur auftaucht. Hier ruhten die Könige von Tara neben dem alten Gott Dagda Mor.

Die futuristisch anmutende Architektur des megalithischen Mausoleums Newgrange ist nachweislich mehr als 5000 Jahre alt (2), hat also bereits lange vor dem Bau der ersten ägyptischen Pyramiden bestanden. Die Form, die technische Konstruktion und die Nutzung sind so ungewöhnlich, daß es mir lohnenswert erscheint, darüber ein paar Informationen zu geben.

Der Tumulus (Grabhügel) von Newgrange hat einen Durchmesser von achtzig Metern. Er ist mit einem Kranz aus großen Steinen umgeben, die mit schönen geometrischen Mustern und gravierten Bildsymbolen (vielen Spiralen, konzentrischen Kreisen und anderen, schwer zu deutenden Zeichen) verziert sind. Diese Motive zählen zu den reichsten der megalithischen Kunst. Überraschend war für Forscher die Entdeckung, daß oft nicht nur die Vorderseiten der bis zu 4,5 Meter langen und etwa 1,2 Meter hohen Megalithen mit Augen- und Sonnenzeichen, Rhomben, Zickzack- und

Wellenlinien, Schlangen und anderen Bildern bedeckt, sondern auch die normalerweise unsichtbaren Rückseiten dekoriert sind. Man könnte das als einen Hinweis auf eine magische Funktion der Zeichen auffassen. Die Masse des *Cairns* (bretonischer Ausdruck für den aus Steinen gebauten Hügel eines Megalithgrabes, inzwischen international als Fachterminus benutzt), wird von einer gewaltigen Verkleidungsmauer gehalten, die heute dank der Restaurierungsarbeiten von Michael O'Kelly wiederhergestellt ist. Ein langer, aus Steinplatten gebauter Gang führt zu einer kreuzförmigen Kammer, die von überragenden Steinen bedeckt ist. Nachweislich fanden hier tief im Innern des Hügels Teilkörperbestattungen und Leichenverbrennungen statt. Sibylle von Reden, die große alte Dame der Megalithkultur-Forschung, meint dazu: »Brandbestattung war für die irischen Megalithgräber typisch, sie war vermutlich eine lokale Tradition, die von den Erbauern der Großsteingräber übernommen wurde. Sie schließt die Vorstellung eines auch materiellen Weiterlebens der Verstorbenen keineswegs aus, denn nur diese erklärt die auf ewige Dauer berechneten Häuser, die man ihnen baute. Aus altindischen wie aus spätgermanischen Quellen geht hervor, daß die Verbrennung des Leichnams den Gedanken an einen Neuleib durchaus nicht verneinte. Das Feuer sollte den Abgeschiedenen den langsamen Verwesungsprozeß ersparen und ihnen rascher zur Reintegration in einem unsterblichen Körper verhelfen. Eine solche Auffassung entsprach der Religion des Megalithikums bestimmt mehr als die Idee einer Befreiung der Seele von ihrer irdischen Hülle, die wohl erst viel später mit dem Christentum in den Norden gelangte.« (3)

Über die zusätzliche Nutzung Newgranges als Observatorium und Einweihungstempel ist viel spekuliert worden: Genau bei Sonnenaufgang am kürzesten Tag des Jahres (Sonnenwende, 21. Dezember) fallen, wie der irische Archäologe O'Kelly entdeckte, eine Viertelstunde lang die Sonnenstrahlen durch eine Öffnung über dem Eingang so ins Innere, daß sie den gesamten Gang sowie die Rückwand der Grabkammer ausleuchten. Ein Phänomen, das in seiner Wirkung einem präzisen Kalendersystem gleichkommt und der auch so schon außergewöhnlichen architektonischen Ingenieurleistung eine weitere Dimension verleiht. Wundert es da noch, daß Newgrange nicht nur in esoterischen Kreisen inzwischen zu einer Art Wallfahrtsort wurde?

Jürgen Elvert, Geschichtsprofessor an der Christian-Albrechts-Universität in Kiel und profunder Kenner der Geschichte Irlands, schreibt dazu:

»Doch natürlich gab es auch hier kultische Ausdrucksweisen und Erscheinungsformen. Die Größe der passage graves – Newgrange und Knowth messen beide bei einer äußeren Höhe von etwa 15 Metern etwa 70 Meter Durchmesser – lassen auf eine regionale Bedeutung nicht nur als Begräbnisstätte, sondern auch als Kultort schließen. Für diese Deutung sprechen neben der auffallenden Größe ebenfalls Menge und Art der Grabbeigaben. Damit wären sie zumindest indirekt vergleichbar mit anderen Großsteinbauten wie etwa Stonehenge in England, Carnac in der Bretagne oder den zahlreichen Bauten im südskandinavischen Raum.« (4)

Der Wiener Ethnologe und Anthropologe Hans Biedermann wies als erster darauf hin, daß sich in vielen

Grabkammer des Cairn L., Lough Crew, County Meath, mit Weihwasserschale und Wellenkreis-Symbolen

solcher Megalithtempel große steinerne Wannen befanden. Eine Lithographie aus dem vorigen Jahrhundert zeigt in der Grabkammer des *Cairn L* (Lough Crew, Grafschaft Meath) ein monolithisches Weihwasserbecken, in dem sich einst die Kreisringe der farbig ausgemalten Felsgravuren des großen Steins am Ende des Ganges gespiegelt haben. Von daher steht das Motiv der konzentrischen Kreise in unmittelbarem Zusammenhang mit der rituellen Nutzung geweihten Wassers und des Gedankens an die Wiedergeburt. Die Formensprache der gravierten Symbole weist eine verblüffend deutliche Verwandtschaft zu den megalithischen Tempeln von Malta, der Bretagne und der rätselhaften Guanchenkultur der Kanarischen Inseln auf.

Der nahe Newgrange aufragende Grabhügel von

Dowth wirkt noch geheimnisvoller. Dowth ist noch immer nicht gänzlich erforscht. Einheimische sagten mir, über dem Platz liege ein Tabu, und er wehre sich gegen den Zugriff von Touristen und Forschern. Tatsächlich ist es schon abenteuerlich, über Leitern in das dunkle Innere des Hügels zu klettern. Unterirdisch führt ein steinerner Gang zur eigentlichen Begräbniskammer, die noch bis weit in christliche Zeit hinein als geheimer Kultraum genutzt wurde. Vielleicht liegt es an diesen Vorkenntnissen, daß man als Besucher einen Schauer zu spüren glaubt und den Einstieg in die Unterwelt als besonders mühsam und anstrengend erlebt. Wächter des Hügels von Dowth weisen jeden-

Ringwallanlagen von Tara mit Krönungsstein

falls immer wieder darauf hin, daß man den Abstieg nur wagen solle, wenn man sich in besonders guter körperlicher und seelischer Verfassung befinde …

Im benachbarten Grabhügel von Knowth lagen 4000 Jahre lang Schätze verborgen, die erst durch eine spektakuläre Grabung (durch Eogan 1967) zutage gefördert wurden. Wie in Newgrange war auch der Eingang von Knowth durch einen mit Spiralen verzierten »Bannblock« magisch »versiegelt«. Viele der inzwischen in den Blick der Wissenschaftler gerückten kleineren Grabhügel im Boyne-Tal geben noch immer Rätsel auf. Daher ist es verständlich, daß bestimmte Teile des Ausgrabungsgebietes nur mit Sondergenehmigungen zugänglich sind.

Das »Tal der Könige« an der Boyne ist aber »nur« die Nekropole des einstigen Machtzentrums Irlands. Das eigentliche Herz der grünen Insel schlägt weiter südlich: in Tara. Mehr als 140 Könige haben von hier aus regiert, weshalb die uralte Königsburg den Namen *Teanhair na Riogh* – »Tara der Könige« – erhielt. Von hier aus begannen die Prozessionen zu den Großsteingräbern des Boyne-Tals, hier steht auch einer der beiden irischen Krönungssteine, *Lia Fail* (der zweite – *Rock of Doon* – befindet sich in Donegal), von dem es heißt, daß er sprechen konnte, aber nur Auskunft gab, wenn sich der rechtmäßige Herrscher auf ihn setzte. Der sagenumwobene Krönungsstein von Tara wird viel fotografiert, und es stört die Leute dabei wenig, daß es sich lediglich um eine Nachbildung handelt. Das Original wurde wahrscheinlich von den siegreichen britischen Besatzungstruppen geraubt und als symbolträchtige Kriegsbeute nach England verschleppt, wo der Stein angeblich in den Thron zu Westminster eingearbeitet wurde.

Wolfgang Ziegler beschreibt in seinem ausgezeichneten Kunst-Reiseführer über Irland anschaulich das einstige Leben in Tara:

»Alle drei Jahre veranstaltete der Hochkönig ein großes, sechs Tage dauerndes Fest, zu dem jedermann geladen war. Dann zog die bunte Menge von Bauern und Edelleuten über eine der fünf nach Tara führenden Hauptstraßen. Welch großartiges Bild müssen die Krieger (flatha), die aes däna und die Landleute (bo airig) abgegeben haben. Der Geschichtsschreiber (ard ollamh) verfolgte aufmerksam die Geschehnisse, um später alles getreu niederzuschreiben. Zauberkünstler, Gaukler und Taschendiebe kamen ebenso wie die weisen Seher, Druiden und Barden. Während des Feis Teomhair herrschte Friede, oder zumindest Waffenstillstand. Wehe dem, der es wagte, diesen geheiligten Brauch zu brechen. Beim Fest amüsierte man sich, trank viel und aß sich satt. Abends traf man sich in der großen Banketthalle zu weiterem Vergnügen. Wir wissen nicht genau, wie diese Halle ausgesehen hat, da aus keltischer Zeit jegliche schriftliche Überlieferung fehlt; auch architektonische Skizzen und Pläne, die eine Rekonstruktion ermöglichen würden, fehlen. Trotzdem können wir uns eine Vorstellung von der Banketthalle machen, da im Book of Leinster und dem Book of Lecan Pläne der Tafelordnung gefunden wurden, welche nicht nur die Größe der Halle, sondern auch die soziale Rangordnung veranschaulichen.

Am einen Ende der Tafel saßen die Narren und Possenreißer, die Artisten und Jongleure, ihnen gegenüber der mächtige Clan der Zauberer und danach, in 42 getrennten Abteilungen die Goldschmiede, Geschichtsschreiber, Richter, Lehrer und – direkt neben dem

Königspaar – die Mediziner. Obwohl die Zauberer einen höheren Rang als die Mediziner einnahmen, waren sie ans Ende der Tafel »verbannt«. Trotz aller Hochachtung fürchtete man sie anscheinend ein wenig. Auf der gegenüberliegenden Seite placierten sich Musiker, Trommler und Flötisten neben Wettkämpfern und Wagenlenkern.

Nachdem die Barden das Lob ihrer Herren gesungen und Druiden verschiedene Zaubersprüche gesprochen hatten, kamen die Harfner an die Reihe. Dieses Instrument beherrschten die Iren besonders gut. Ihre Lieder teilte man in Weisen der Trauer, der Freude sowie Schlafweisen ein, eine Einteilung, die auf die irische Volksmusik bis zum heutigen Tag verwendet werden kann. In Tara hat sich, einem Sprichwort zufolge, alles um die Musik bewegt. Wenn man Glück hat, kann man ähnliche Feste in den ländlich abgeschiedenen Gegenden noch heute erleben, freilich in kleinerem Ausmaß.

Die 200 Meter lange und 30 Meter breite Bankethalle mag einem griechischen Tempel geglichen haben. Berichte von großen Holzhallen, Säulen und edelsteinverzierten Eingängen weisen auf den königlichen Reichtum hin. Zu Tara gehört auch, neben vielen anderen Erzählungen, eine der schönsten Liebesgeschichten der Weltliteratur: Dairmaid und Grainne (vergleichbar in der Handlung mit »Tristan und Isolde«).

Die Erzählung ist sowohl mit Tara als auch dem weithin sichtbar aus der Landschaft ragenden Tafelberg Benbulbin nördlich von Sligo (im ehemaligen Königreich Lounacht) verbunden:

Cormac Mac Art, der wohl berühmteste Hochkönig (3. Jh. n. d. Zw.), besaß nicht nur eine sagenumwobene Streitmacht, die Fenier, sondern auch alle Reichtümer dieser Erde. Sein großer Stolz war seine schöne und geistvolle Tochter Grainne, die er dem legendären Helden und Anführer der Fenier, Finn Mac Cool zum Lohn für seine Taten antrauen wollte. Grainne war dem alternden, rauhen Kriegsknecht wenig zugetan. Sie hatte einen jüngeren Krieger, Dairmaid, im Sinn und war auch dessen Zuneigung sicher. Mit einem Zaubertrank versetzte Grainne die Festteilnehmer in tiefen Schlaf, um fliehen zu können. Finn jagte das Paar einige Jahre kreuz und quer durch die Insel, ehe er zur friedlichen Beilegung des Streits bereit war. Nach weiteren glücklichen Jahren riefen Dairmaid und Grainne den Ritter Finn und den Hochkönig zu einem Versöhnungsfest; an der Jagd, die zum Fest gehörte, nahm Dairmaid trotz der Warnungen seiner Gattin teil. Man traf sich am Fuß des großen Benbulbin, eines mächtigen Tafelberges, um einen Eber zu erlegen. Dairmaid besiegte den Eber zwar, wurde aber so verletzt, daß er dringende Hilfe brauchte. Finn Mac Cool hätte ihm helfen können, aber er versagte.

Aber nicht immer verlief das Leben in Tara friedlich. Als im 5. Jahrhundert die Macht der fili (dieser Name war von den Sehern auf die Dichter übergegangen) zu groß wurde, berief der Hochkönig ein »druim ceatt«, eine mehrtägige Versammlung ein. Der heilige Columban verließ seine schottische Insel Iona, um den bedrängten Dichterbrüdern zu Hilfe zu eilen. Es gelang St. Columban schließlich, den Frieden zwischen den tausend Dichtern und dem Hochkönig wieder herzustellen, doch mußten die fili auf einen Großteil ihrer Privilegien verzichten. Wegen ihrer zynischen Spottreden, in denen sie Mißstände kritisierten, achtete das Volk die Dichter noch in christlicher Zeit. Nach der Sage besaßen die fili die Macht, ihre Feinde mit Hilfe der Rede zu verletzen, ja sogar zu töten ...« (5)

Der Ort war im Jahre 222 n. d. Zw. Schauplatz eines fürchterlichen Gemetzels, als der König von Leinster gegen Tara revoltierte. Den Berichten zufolge waren die Truppen des Hochkönigs gerade unterwegs, um andernorts Frieden zu stiften. 3000 Menschen, darunter auch 30 Priesterinnen, fanden den Tod.

Als der letzte Hochkönig der Insel, Roderick O'Connor, sich 1170 zur Entscheidungsschlacht gegen die angreifenden Engländer stellte, ließ er seine Truppen in Tara lagern. Der Anblick der Hochburg irischer Kultur, des geheimen Herzens der Insel, sollte ihnen die Bedeutung des Kampfes vor Augen führen und hierdurch ihren Mut steigern. Doch das half wenig: Irland unterlag, und Taras Gebäude zerfielen. Der ruhmvolle Glanz seines Namens aber verblaßte nicht. Noch im vorigen Jahrhundert – während der großen Hungersnot – pilgerten weit über eine Million Iren nach Tara, um dort auf dem »Platz der Kraft« Gottesdienste zu zelebrieren. Auch heute, da sich mehr und mehr Touristen zu den Einheimischen gesellen, gleicht Tara einem Wallfahrtsort.

Heute sind von Tara im wesentlichen nur noch die beiden aneinander gefügten Ringfestungen als hohe Erdwälle zu sehen. Aus der größeren ragt der zuvor bereits beschriebene *Lia Fail* – der Krönungsstein – auf. Der Raum der Könige wird vom *Rath na Riogh* (Wall der Könige) begrenzt. Den Mittelpunkt der Anlage bildet *Teach Cormaigh* (Cormacs Haus), wo der wohl berühmteste Hochkönig Irlands – Cormac McArt – im 3. Jahrhundert n. d. Zw. residierte. Etwas weiter nördlich davon, aber noch im Inneren des Walles liegt ein über

4000 Jahre altes Ganggrab, das ähnliche Verzierungen wie Newgrange aufweist (*the Mound of the Hostages* – das Grab der Geiseln).

Die Entstehung Taras liegt im Dunkel der Vorzeit verborgen. Der Sage nach soll die milesische Königin Tea (6), deren Grab unter der späteren Residenz der Hochkönige liegt, die Gründerin Taras sein. Es heißt auch, sie habe als erste mit dem Krönungsstein gesprochen, was darauf hindeutet, daß der Ort damals bereits als eine Orakelstätte von außergewöhnlicher Art galt. Wissenschaftler, die die Frühgeschichte Irlands und besonders Taras studieren, geben zu, daß die Anlage der Siedlung sie noch immer vor unlösbare Rätsel stellt.

Ich fragte Einheimische nach der Herkunft des Namens Tara und bekam überraschende Antworten: Tara und Tea, das ist doch im Grunde eines, sagten sie, das sind nur verschiedene Namen für dieselbe historische Person, die im Laufe der Zeit ausgetauscht wurden. Nein, widersprachen andere: Tara, das ist der Name der großen, uralten Göttin, die Irland schuf und unter deren Schutz die ganze Insel bis heute steht. Die milesische Königin Tea war nur die berühmteste ihrer Priesterinnen. Sie kannte das Geheimnis um den Ort und verstand es, und sie habe den Stein *Lia Fail,* vielleicht sogar alle Steine Irlands zum Sprechen gebracht …

Eine Randnotiz, die mit Tara im Zusammenhang steht, sollte nicht unerwähnt bleiben: Von der Königsburg aus blickt man auf den nahe gelegenen Hügel von Slane. Auf ihm soll im Jahre 433 St. Patrick die Missionierung Irlands begonnen haben, indem er das erste Osterfeuer (!) entzündete. Weithin sichtbar sollen die Flammen gewesen sein. Danach rief der Hochkönig *Lao ghaire* (engl. = König Lear) den Heiligen zu sich, erlaubte christliche Missionstätigkeit, blieb aber selbst bis zu seinem Tod aus Überzeugung heidnisch. Auch diese – für die weitere Entwicklung Irlands von einer keltischen Bastion zum Ausgangspunkt der Missionierung ganz Europas – nicht unwichtige Anekdote macht deutlich, welchen Stellenwert die Kirche dem heidnischen Kraftplatz Tara zumaß. Tara ist in der Tat das heimliche Herz Irlands.

Damit war aber meine Spurensuche auf den Pfaden der mächtigen vergessenen Göttin noch keineswegs zu Ende. Ganz im Westen der Insel, vor dem *Ring of Kerry*, etwa zehn Meilen von der Küste von Iveragh entfernt, wurde ich noch einmal fündig: auf der von vielen Sagen und Legenden umwobenen kleinen Insel Skellig Michael.

Ich begann die Reise an einem sonnigen Sommermorgen am Bootssteg von Valentia Island. Zuvor hatte ich mich beim Skipper erkundigt, ob die See auch wirklich ruhig und die Überfahrt möglich sei, was mir mit einigen Wenn und Aber und vieldeutigen Einschränkungen bestätigt wurde. Ist bereits das Wetter in Irland launisch und unberechenbar (es regnet täglich bis zu zehnmal, aber nie lange), so wird dieser instabile Zustand nur noch von den Launen der irischen See übertroffen. Tatsächlich wurde es außerhalb der ruhigen Küstenzone bei strahlendem Himmel schlagartig – von einer Minute zur anderen – stürmisch, was acht der zehn Mitreisenden (mir zum Glück nicht) eine erbärmliche Seekrankheit einbrachte. Das Elend um mich herum auf dem kleinen Kutter ignorierend, genoß ich den herrlichen Blick bei der Überfahrt: die sich mehr und mehr entfernende Küste und die schließlich steil aus dem wild schäumenden Meer aufragenden Klippen der Inseln. Zunächst *Birds Rock*, auch *Little Skellig* genannt, eine Vogelkolonie, die wie der gezackte Rücken eines Drachens aus dem Wasser taucht, in der Grundfärbung schwarz, aber weiß marmoriert durch Tonnen von Vogelkot. Unterhalb der brütenden Vögel kam ich mir vor wie in einer Nußschale bei Schneesturm. Es wurde einem schwindelig, wenn man in den aufgeschreckten Schwarm Zehntausender tanzender, trudelnder weißer Federkörper blickte, der mit ohrenbetäubendem Kreischen aufstob. Dann, noch größer, wuchtiger, majestätisch himmelwärts weisend, der felsige Riesenberg Skellig Michael.

Es stellte sich heraus, daß unser Skipper der Sohn des einsam dort hausenden Leuchtturmwärters war. Außer in diesem Gebäude gibt es auf der Insel keinerlei Übernachtungsmöglichkeit. Nach dem etwas komplizierten Anlegen (einige unserer seekranken Mitreisenden mußten an Land getragen werden) begann auf schmalem, endlos ansteigendem Pfad der Aufstieg, der uns am Leuchtturm vorbei zum Gipfel führte. Die letzten hundert Meter wurden dabei zum Grenzerlebnis: Zwischen den bizarr zu allerlei Untieren und Spukgestalten zerklüfteten Klippen führt eine uralte Steintreppe schwindelerregend steil empor. Vom Rauschen des Meeres, das nun weit unter einem liegt, hört man hier oben im pfeifenden Wind kaum noch etwas. Die ganze Welt scheint entrückt zu sein und wird es mit jedem Schritt mehr. Bunte Papageientaucher fliegen an einem vorbei, der Weg wird immer mehr zu einer Himmelsleiter, zum Erklettern eines Weltenbaumes der Schamanen, bis man plötzlich vor dem riesigen Standbild der Großen Göttin steht. Der zu Körperformen behauene

Menhir wurde zwar durch ein eingraviertes Kreuz christianisiert, aber die Kerbung ist viel zu schwach, um den enormen Eindruck abzumildern, den die große Göttinnenstatue auf den überraschten Wanderer macht. Ein zweite, nicht weniger imposante Steinstatue steht weiter oben zwischen den kugelförmigen »Bienenkorbhäusern« der Mönche. Der Sage zufolge sollen die Figuren die Göttin Dana darstellen, aber hakt man in dieser Frage weiter, so erhält man auch hier bald die Antwort, es könne auch Tara sein. Schließlich habe die Große Göttin vielerlei Namen ...

Die Einsamkeit der sonst nur von Robben und Seevögeln besuchten Insel lockte schon früh Eremiten an. Oben auf dem kleinen Hochplateau stoßen wir auf die Überreste einer frühchristlichen Klosteranlage, die von St. Finnian gegründet wurde. Sie gleicht jener auf Dingle Peninsula. Runde *Clochaus* (Steinhütten) drängen sich auf engstem Raum. Nahe dabei liegen der 200 Meter tiefe Brunnen, ein Oratorium (dem *Gallarus Oratory* auf Dingle ähnlich), etwa zwanzig Gräber von Mönchen und bröcklige Schutzmauern gegen den Sturm. Das Leben der Mönche muß hier enorm hart gewesen sein. Bereits im 12. Jahrhundert wurde das Kloster aufgelöst und zurück aufs Festland (nach Ballinskelligs) verlegt.

Während ich durch die Ruinen der Klosteranlage streife, muß ich immerzu daran denken, daß von hier aus lange vor den Mönchen Druiden den Lauf der Gestirne beobachteten. Auch zu Initiationsriten müssen sie mit ihren ledernen Kanus (die haargenau wie indianische aussahen) unter Lebensgefahr zur heiligen Insel gefahren sein, um junge Adepten in die Geheimnisse ihres Wissens einzuweihen. Hier ist man, unter freiem

Himmel dem Wetter ausgeliefert, wie an sonst keinem Ort der Insel der Großen Göttin nahe. Es ist eine Stätte, wo der Meditierende wirklich etwas von der Kraft der Schöpfung gespürt und begriffen haben mag. Nach einer Weile merke ich, daß auch ich mich ungewollt in tiefer Meditation befinde. Die Zeitmaschine ist wieder einmal zum Einsatz gekommen und entführt mich in unvorstellbar weit zurückliegenden Epochen menschlichen Seins …

Ich begreife allmählich, wie wichtig den frühen Mönchen die Inbesitznahme gerade dieser Insel gewesen sein muß. Schon der Name *Skellig Michael* (Felsen des heiligen Michael) drückt das aus. Den Namen des Erzengels und Töters des heidnischen Drachens finden wir stets an ähnlich brisanten Plätzen – am Mont Saint Michel in Frankreich, San Miguel de La Palma auf den Kanarischen Inseln, Monte Sant 'Angelo in Italien, bei einem weiteren Heiligtum dieser Art in Cornwall und schließlich bei allen deutschen Kirchen auf Hügeln, die St. Michaelis heißen.

Wieder einmal – wie bereits in Delphi oder beim sprechenden Stein von Tara – gelangten wir bei unserer Spurensuche zum Ort einer Zwiesprache mit oder an einem Stein, der mit Wasser in Zusammenhang steht. Diese an sich doch sehr eigentümliche Konstellation, die zum Kontakt mit überirdischen Mächten erforderlich ist, wird uns im weiteren Verlauf der Reise noch öfter begegnen …

Nur mühsam, unter dem Druck des zur Rückfahrt auffordernden Skippers, kann ich mich von der heiligen Insel losreißen. Ich beneide den Leuchtturmwärter, die Robben auf den sonnigen Felsbänken, die Möwen und Papageientaucher und füge mich in mein Schicksal. Beim Abstieg streift mein Blick noch einmal die Statue der Großen Göttin, der so viele Menschen schon so viele unterschiedliche Namen gaben. Vielleicht galt sie bei St. Finnians Mönchen als Mutter Gottes, als Maria, vielleicht haben sie aus diesem Grund ihr Standbild nicht wie all die anderen in Europa gestürzt und zerstört?

Wir streben mit unserem Schiff wieder dem Festland zu. Der Blick zurück zeigt mir, wie die Sonne im Meer nahe der Insel ertrinkt. Jenseits davon, weit im Westen, soll der keltischen Mythologie zufolge *Tir na nogh* – die Insel der ewigen Jugend, des ewigen Lebens – liegen. Ob damit nun Amerika gemeint ist oder ein imaginärer Ort, der als Sinnbild der Wiedergeburt dient, bleibt der Phantasie überlassen. Mir aber klingen die Worte einer alten irischen Sage im Ohr: … Also ließ sich, von einer großen Wolke getragen, der Stamm der Göttin Dana, das Elfenvolk, auf die Erde herab …

Der amerikanische Mythenforscher Joseph Campbell weiß interessante Details über die Göttin zu berichten:

»Dana ist abermals unsere Göttin mit den vielen Namen. Sie ist Anu, eine Göttin der Fülle, nach der zwei Hügel in der Grafschaft Kerry ›the Paps of Anu‹ (die Brustwarzen der Anu) genannt werden, aber der man auch nachsagt, eine wilde Frau gewesen zu sein, die Menschen verschlang. Brigit, die Göttin des Wissens, der Dichtung und der Künste, war ein anderer Aspekt dieser großen ›Mutter der Götter‹, und sie hatte zwei gleichnamige, mit Heilkunde und Schmiedekunst zusammenhängende Schwestern. Ihre Anbetung lebt in der irischen Verehrung der heiligen Brigit fort, in deren Heiligtum in Kildare neunzehn Nonnen in täglichem Wechsel ein heiliges Feuer unterhielten und am zwanzigsten Tag die Heilige selbst. ›Ähnliche heilige Feuer wurden auch in anderen Klöstern unterhalten‹, schreibt J. A. MacCulloch, eine der maßgeblichen Autoritäten auf diesem Gebiet, ›und sie deuten auf den alten Kult der Feuergöttin hin, so daß die Nonnen Nachfolgerinnen jungfräulicher Priesterinnen wie der Vestalinnen, der Priesterinnen der Vesta, waren. Brigit ... muß einer Zeit entstammen, in der die Kelten Göttinnen statt Götter verehrten und in der das Wissen – Heilkunde, Bodenbau, Inspiration – Sache der Frauen und nicht der Männer war. Sie hatte eine weibliche Priesterschaft, und Männer waren vielleicht von ihrem Kult ausgeschlossen, wie das tabuisierte Heiligtum von Kildare vermuten läßt.‹« (7)

Wir haben die Spuren der Großen Göttin an vielen Plätzen des mythen- und sagenträchtigen Irlands gefunden, sogar die zentralen Stätten der alten Religion aufgespürt. Von all ihren Namen scheint uns Tara am deutlichsten mit Ostara verwandt zu sein. Und wir haben unübersehbare Hinweise auf die Kulte, die sich um die Große Göttin ranken, gefunden: die Rundform ihrer Heiligtümer, beseelte »sprechende« Steine, magische Felsbilder und sogar Statuen, die der Göttin zu Ehren errichtet wurden. Nicht zuletzt die von zuverlässigen Chronisten beschriebenen Opferfeuer scheinen in ihrer Funktion mit jenen Roms, Delphis, Dietfurts und anderer europäischer Plätze ihrer Verehrung identisch zu sein. Auch wenn das Christentum sich in Irland eine Hochburg schuf und von hier aus planmäßige Missionierungen des europäischen Festlands stattfanden, sind die Reste der alten Religion gerade in Irland noch deutlich zu sehen. Eine Insel, auf der die Große Göttin noch spürbar zu Hause ist ...

## Neunte Station: Bretagne

Die Pyramide der Inschriften, ein Tintenfisch namens Tara
und das Gesicht der Todesgöttin

Die bisherige Spurensicherung in Sachen vorchristlicher Kulte und Riten sowie Mythen, Sagen, Märchen und Legenden, die um die Verehrung der Großen Göttin kreisen, hatte eine stattliche Reihe von Hinweisen ergeben. Ein wichtiges Indiz waren die in Felsen gravierten konzentrischen Kreise und Wellenringe, ferner Spiralen, Doppelspiralen, Augenmotive, gezackte Wasserbänder, Schlangen, Sonnenzeichen, kurzum: die in der Felsbildkunst der Megalithkultur am häufigsten auftauchenden Symbole. Auffällig waren zudem ihre Präsenz in natürlichen und künstlichen Höhlen (Dolmen, Langgräbern und Tumuli) sowie der offensichtliche Bezug zum Wasser (Weihwasserbecken, Quellen, Flüsse etc.) und zum Licht der Sonne – zumindest an bestimmten, für den Kalender wichtigen Tagen (Ostern, Sonnenwenden), was Gedanken an die Wiedergeburt nahelegte. Die Sonne wurde ja jeden Morgen im Osten »geboren« und »starb« im Westen, um am folgenden Tag »wiedergeboren« zu werden. Diesen natürlichen Zyklus konnte der Mensch der Vorzeit beobachten und sich darüber Gedanken machen, ob der Vorgang nicht auch etwas mit der menschlichen Existenz zu tun hatte. Der Sonnenlauf beschrieb eine Kreisbahn,

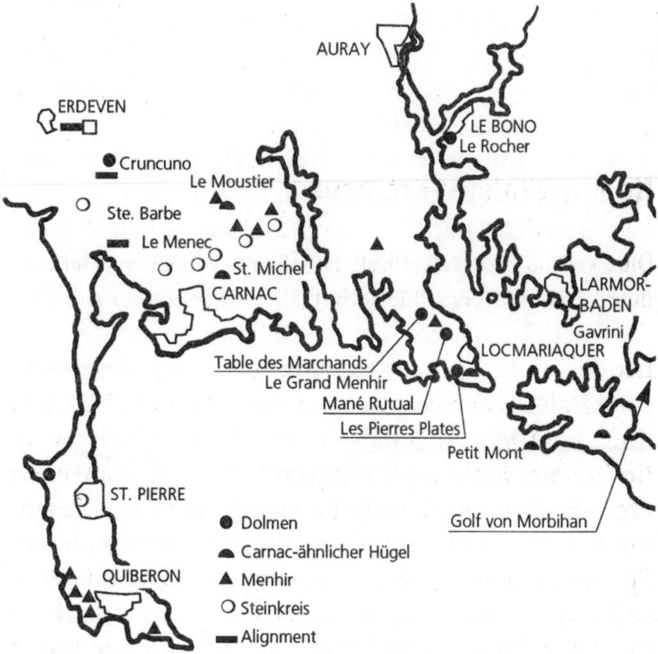


Die wichtigsten Fundstätten in der Umgebung von Carnac, Bretagne

deren eine Hälfte man tagsüber sehen und deren andere man mit etwas Vorstellungskraft ergänzen konnte: Die abendliche Sonne tauchte am westlichen Horizont unter (oft, für Küstenbewohner, »ertrank« sie im Meer, also mußte dort die Jenseitswelt des Totenreiches sein, das Reich des ewigen Lebens), sie wanderte dann offenbar durch die Unterwelt zurück (sozusagen unter unseren Füßen entlang), um zum Ausgangspunkt ihrer Reise im Osten heimzukehren und dort wiedergeboren zu erwachen. Das Denken war also zyklisch.

Die vier Elemente – Wasser und Erde der Unterwelt,

Opferfeuer und Luft des Himmels – spielten eine Rolle beim Kult, entsprechend behandelte man seine Toten, da man für die Menschen einen der Kreislaufbahn der Sonne ähnlichen Zyklus annahm: Geburt, Leben, Tod und Reise durchs dunkle Totenreich bis zur nächsten Wiedergeburt. Daher war es vollkommen klar, daß die Verehrung der todbringenden und neues Leben spendenden Großen Göttin im Inneren der Erde stattfinden mußte. So hatten wohl schon die Höhlenmaler der Eiszeit gedacht, als sie ihre beschwörenden Bilder und Symbolzeichen in den Tiefen der Höhlen anbrachten. Die Große Urmutter – ob sie nun Tara hieß, Ostara, Mara oder Maria, ist dabei eigentlich von untergeordneter Bedeutung – stand zudem stets mit dem »Wasser des Lebens« (das ja auch unterirdisch floß!) in Verbindung, mit Quellen, Brunnen, Seen, Bächen, Flüssen und dem Meer (mare). Orte, an denen man ihre Anwesenheit spürte, wurden mit entsprechenden Symbolen gekennzeichnet und ausgeschmückt, wie das in Irland an so vielen heiligen Plätzen zu sehen ist.

Mit diesem Vorwissen und allerlei Fachliteratur und Hinweisen befreundeter Kollegen ausgestattet, machte ich mich auf die nächste Reise. Diesmal zog es mich in die Bretagne, genauer gesagt, in das Gebiet um Carnac und den Golf von Morbihan, eines der eindrucksvollsten Zentren der westeuropäischen Megalithkultur. Es galt herauszufinden, ob zwischen Irland und der Bretagne tiefgreifende Übereinstimmungen in Bezug auf die verschollene Urreligion des alten Europa bestehen. Würde ich auch dort auf Zeugnisse eines Urmutterkultes treffen? Wie viele archäologische Überreste, die für uns aufschlußreich sein können, gibt es dort noch? In meinem Buch *Das magische Dreieck* habe ich bereits ausführlich die wunderbar konstruierten bretonischen Stufenpyramiden (besonders die fast 7000 Jahre alte Pyramide von Barnenez bei Morlaix, Departement Finisterre), die Alignements (Steinreihen), Dolmen und Menhire bei Carnac, Quiberon und Locmariaquer beschrieben. Diesmal möchte ich mich auf die Dolmentempel der Großen Göttin beschränken.

Zunächst besuchte ich Gavrinis, die bretonische Pyramide der Inschriften. Gavrinis, die »Ziegeninsel«, liegt mitten im Golf von Morbihan. Vom kleinen Hafen des Ortes Larmor-Baden aus holt uns ein kleines Fährboot ab. Ich bin in einem Zustand fieberhafter Erwartung, denn ich habe bereits viel über den wohl schönsten Tempelbau der Megalithkultur gelesen und Fotos von der Innenausstattung gesehen, die jeden Felsbildforscher in Entzücken versetzen. Sie stammen nach gesicherter C-14-Datierung aus dem Jahre 3480 v. d. Zw., die Stufenpyramide von Gavrinis ist damit 730 Jahre älter als das erste ägyptische Großbauwerk, die Stufenpyramide von Sakkara (ca. 2750 v. d. Zw.).

Ich stehe an der Reling und spähe zur Insel hinüber. Vom Pyramidentempel ist nichts zu erkennen, da Gavrinis uns ihre dichtbewaldete Seite zuwendet. Aber die Lage der Insel, die Beschaffenheit der Ufer am Golf von Morbihan stimmen mich nachdenklich. Wissenschaftliche Untersuchungen ergaben nämlich, daß der Meeresspiegel im Golf zur Zeit der Megalithkultur ungefähr sieben Meter tiefer als heute lag. Das Mündungsdelta des Auray-Flusses bildete damals viele Wasserrinnen, die teilweise als schiffbare Kanäle ausgebaut gewesen sein sollen. Wie die geografische Situation in früheren Zeiten wirklich war, sieht man am besten anhand der kleinen, Gavrinis vorgelagerten Insel Er-Lannic: Dort befinden sich zwei große, einander in Form einer Acht berührende Steinkreise, in deren Schnittpunkt ein hoher Menhir aufragt. Heute befinden sich große Teile der Steinkreise unter dem Wasserspiegel, bei Flut logischerweise mehr als bei Ebbe.

Die Form der Kultanlage Er-Lannic gleicht aus der Luft gesehen haargenau den achtförmigen Ringwällen von Tara. Später stellte ich fest, daß die Konstruktion von Doppelkreisen kein Zufall ist, sondern wohl einem in der Megalithkultur weit verbreiteten Gestaltungsprinzip entspricht: Die riesigen Steinkreise von Avebury in Südengland, weitere bei Stonehenge und bis nach Schottland hinauf sowie vergleichbare Kultanlagen in Norddeutschland, Frankreich, Spanien und auf den Kanarischen Inseln folgen dem gleichen Prinzip, das manche Wissenschaftler scherzhaft »die Augen« oder »die Brille der Großen Göttin« nennen.

Auf dem gründlich erforschten Areal von Er-Lannic wurden ein Gräberfeld sowie mehrere Brandopferaltäre mit ungewöhnlich reichhaltigem Fundmaterial entdeckt. Die Inventarliste umfaßt derzeit etwa 800 Kilo Tonscherben von schön verzierten Gefäßen und schalenartigen Vasen aus dem 4. Jahrtausend v. d. Zw., ferner 15 000 Feuersteinsplitter mit Bearbeitungsspuren, 421 Steinklingen, 293 Steinschaber, 152 polierte Beile beziehungsweise Bruchstücke davon, 60 Poliersteine, 150 Mahlsteine und 446 Schlagbolzen. Hinzu kommen auf der lediglich 100 mal 132 Meter großen Insel 59 Feuerstellen mit Resten von Tonwaren, Rinderzähnen und Werkzeugen. Dies alles kann nur bedeuten, daß Er-Lannic nicht nur ein Friedhof war, sondern auch ein Gelände, auf dem einmal sehr intensive Handwerkstätigkeit geherrscht haben muß.

Wir legen bei Gavrinis an und erfahren, daß unser Aufenthalt auf der Insel lediglich eine Stunde betragen soll. Eine einzige Stunde für die Besichtigung des bedeutendsten Megalithtempels der Welt! Ich beschließe sofort, dieses stressende Zeitdiktat einfach zu ignorieren und länger zu bleiben. Irgendwann wird schon wieder ein Schiff kommen und uns abholen …

Nach einem kurzen Fußmarsch erreichen wir den Tumulus. Er erhebt sich rund 28 Meter über den Meeresspiegel und hat einen Durchmesser von 100 Metern. Bereits beim Annähern erkenne ich, daß dies alles andere als ein Grabhügel ist. Das sorgfältig rekonstruierte Eingangsportal im Osten (!) präsentiert sich eindeutig als Stufenpyramide. Gewaltige Steinblöcke stützen den Eingang ab, schräg nach oben zulaufend sind die Steinmauern geführt, und die nach unregelmäßigen Mustern geformte Fassade und die Terrassen geben der Pyramide ein futuristisches Aussehen. Ich fühle mich sofort an die kühne Eleganz der Konstruktion von Newgrange erinnert.

Der Eingang ist genau zur aufgehenden Sonne hin ausgerichtet, die durch den geradlinigen Gang von 15 Metern Länge, 1,2 bis 1,5 Metern Breite und 1,6 Metern Höhe ins Innere einfallen kann. Der Gang mündet in eine rechteckige Kammer von 2,6 mal 2,5 Metern und 1,8 Metern Höhe, die mit einer enormen Steinplatte von 2,7 mal 2,5 Metern abgedeckt ist. Der Boden von Gang und Kammer ist mit großen Granitplatten sorgfältig gepflastert. Am eindrucksvollsten aber wirken auf mich die 23 Granitplatten der Tragsteine sowie die sechs geglätteten und leicht abgerundeten Wandsteine der Kammer. Sie sind über und über mit wundervoll feinen Gravuren verziert, so als hätten ihre Erbauer den gesamten Innenraum des Pyramidentempels »tätowieren« wollen. (1) Wegen der Lichtverhältnisse und der Enge erweist es sich als schwierig, brauchbare Fotos von den gravierten Platten zu machen, aber nach einigen Fehlversuchen bekomme ich doch noch eine stattliche Anzahl guter Aufnahmen zustande. Ich arbeite pausenlos, der Blick tastet sich – überwältigt vom Gesamteindruck und fasziniert von den Details und ihrer erstaunlich ästhetischen Ausführung – langsam vor.

Nach und nach entdecke ich, daß diese sorgfältig komponierten Bildsteine Geschichten erzählen, die sich natürlich, von unserem heutigen Verständnis ausgehend, sehr mühsam und erst nach und nach erschließen. Wir sehen konzentrische Kreise, Halbkreise und Bögen, die an Daumenabdrücke von Riesen erinnern, Steinbeile, Bumerangs, Schildformen, Schlangen und Tannenzweigmuster – die möglicherweise das Motiv des Lebensbaums darstellen – sowie zahllose Wellenlinien, Rippenformen und Strahlenkränze. Am linken großen Tragstein befinden sich drei faustgroße Löcher, die sorgsam mit jeweils zwei Stegen in den Fels gehauen und auspoliert wurden – wahrscheinlich Halterungen für Fackeln. Vorstellbar ist auch, daß in die schalenförmigen Vertiefungen der Löcher Öl eingefüllt wurde und die »Steinlampen« mit Hilfe eines Dochts zum Brennen gebracht wurden. (2)

Inzwischen ist die erste Besuchergruppe verschwunden, und nach einiger Zeit trifft eine neue ein. Jedesmal geschieht das gleiche: Die Menschen tasten sich in leicht gebückter Haltung langsam vor und sind spürbar beeindruckt von der prachtvollen Innenausstattung, die jedem Vergleich mit ägyptischen oder griechischen Tempeln oder einer christlichen Kirche der Neuzeit

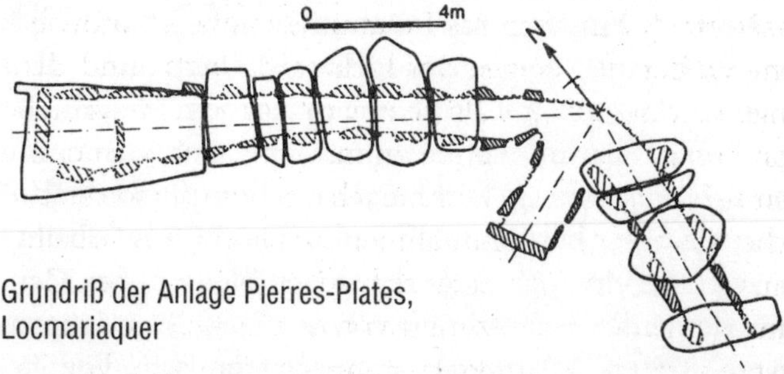


Grundriß der Anlage Pierres-Plates, Locmariaquer

standhält. Staunend halten sie den Atem an und bewegen sich mit ernsten Mienen vorwärts, als beträten sie einen Dom oder eine besonders imposante Kathedrale.

Ja, Gavrinis ist eine Kirche, ein bedeutendes Heiligtum der Megalithkultur, vielleicht ein Tempel der Einweihung in die Geheimnisse der Großen Göttin.

Als Archäologen 1832 den zugeschütteten Hügel öffneten, stießen sie auf keinerlei Spuren von Bestattungen oder Grabbeigaben. Man schrieb diese Tatsache damals Grabräubern zu, die den Wissenschaftlern zuvorgekommen seien, obgleich nichts auf solcherlei Schändung hindeutete. Mich wundert das überhaupt nicht: Gavrinis war nie eine Begräbnisstätte (diese lag ja bekanntlich auf der vorgelagerten Insel Er-Lannic!), sondern der wichtigste Tempel, das zentrale Heiligtum im Golf von Morbihan.

Auch die Astroarchäologen kamen in Scharen an diesen Ort und wurden fündig: Die ganze Anlage von Gavrinis ist ein Observatorium und Kalendersystem. Da ist zunächst einmal die deutliche Himmelsausrichtung des Tempels. Die aufgehende Sonne fällt durch den Gang ins Innere und wandert die einzelnen Motive der Bildsteine entlang. Blickt man in umgekehrter Richtung vom Eingang aus (noch ergiebiger ist der Blick von den Stufen der Pyramide), so sieht man direkt über den Auray-Fluß, auf Er-Lannic mit seinem Menhir, der wie eine Visurmarke (ein »Peilstein« zur astronomischen Beobachtung) wirkt und im Schnittpunkt der beiden einander berührenden Steinkreise aufragt. Früher stand dort ein noch größerer, sieben Meter hoher Menhir, der leider umgestürzt am Boden liegt. Es existieren noch weitere Visurlinien und astronomische Bezüge, vor allem wohl hinsichtlich der jeweiligen Sonnenstände speziell zuzeiten der Sonnenwenden. Bekannt ist auch, daß man vom Visierstein im mittleren Schnittpunkt der *Cromlechs* (Steinkreise) den Höchststand der Sonne im Süden wie auch den Polarstern im Norden exakt fixieren konnte. Ich hatte mich zugegebenermaßen bisher wenig mit Astroarchäologie, dafür aber um so mehr mit Felsbildforschung befaßt. Verständlich also, daß ich mich vorrangig mit den Bildgeschichten auf den gravierten Platten beschäftige.

Hierbei allerdings werde ich nach einiger Zeit mit höchst interessanten Einblicken belohnt: Zwischen all der Ornamentik und den ineinander übergehenden Bildfriesen entdecke ich abstrahierte Darstellungen der Großen Erd- und Totengöttin. Tara sieht mich an, und ihre Jahrtausende alten Augen scheinen durch mich hindurch zu sehen. Ein Schauer erfaßt mich. Ich fühle mich plötzlich klein vor der mächtigen Göttin …

Muß ich noch erwähnen, daß ich auch die nächste und die übernächste Fähre, die uns abholen sollte, versäumte? Die allerletzte endlich nimmt uns an Bord und transportiert uns aus der »Anderswelt« ans Ufer der hinlänglich bekannten zurück. Wieder einmal versinkt die Sonne im westlichen Meer, ein Schauspiel, das sich jeden Abend, doch stets ein wenig anders, immer aber faszinierend und von tiefen Gedanken begleitet vollzieht …

Wenige Tage später konnte ich im Museum von Carnac einen Stein aus dem Dolmen von Lufang betrachten, der in der Nähe gefunden wurde, und ich mußte lächeln, als ich den absurden Deutungsversuch las, daß diese gravierte Darstellung möglicherweise die Abbildung eines Tintenfisches sei. Bei dieser Interpretation hat wieder einmal unser oberflächliches Neuzeitbewußtsein zugeschlagen und der ernsthaften wissenschaftlichen Forschung einen Narrenstreich gespielt, indem man die Brüste für Augen und das Unterteil für das Maul eines Ungeheuers hielt. Natürlich handelt es sich um keinen Oktopus, sondern um das abstrahierte Abbild der Großen Göttin (unter Vernachlässigung des Kopfes) mit Schultern, Halskette, Brüsten und Schoß.

Inzwischen sind der Wissenschaft viele solcher abstrahierten Mutterbilder bekannt, vor allem im Gebiet um Carnac und den Golf von Morbihan herum, aber auch komplett erhaltene, figürlich betonte Menhir-Statuen wie die südfranzösische Göttin von St. Sernin bei Aveyron, eine ähnliche von Mac Capellier, in der Grotte von Coizard, spanische wie die Stele von Granja del Toninuelo (Asturien) und portugiesische Bildwerke (Serra da Boulhosa).

Der Spur der Großen Göttin folgend, besichtigte ich weitere Dolmen und unterirdischen Langgräber im Gebiet des Golfs von Morbihan. Besonders zog mich das eigenartig im Winkel konstruierte Galerie-Grab *Pierres Plates* bei Locmariaquer an, dessen Eingangsbereich von einem großen, verwitterten Menhir markiert wird. Das 22,5 Meter lange Langgrab in Ellenbogenform (*allée couverte coudée*) wurde auf ein Alter von etwa 5200 Jahren datiert.

Meine Reise geht weiter: Ich fahre von Locmariaquer aus in Richtung Pointe de Kerpenhir und besichtige unterwegs im Tumulus *Mané-er-Hroeck* die interessanten Felsbilder auf einer menhirartigen Stele – eine stark abstrahierte Urmuttergestalt mit Schlangen, Stieläxten, geschäfteten Beilen und Jochformen. Ein kurzes Stück weiter, an der Landspitze von Kerpenhir, steige ich aus, um die durch die relativ schmale Eingangspforte in den Golf von Morbihan einströmenden Wassermassen zu betrachten. Genau gegenüber liegt Port-Navalo. Es ist Flut, und das Meer drängt wild durch den Engpaß in den Golf. Bis zum Ziel sind es noch knapp zwei Kilometer in westlicher Richtung. Dort angekommen, parke ich den Wagen und gehe zu Fuß über das Steilufer weiter. Schon von weitem zeigt der aus dem Küstensand aufragende Menhir die Lage von Pierres-Plates an.

An dem Menhir klettere ich vorbei und in das Langgrab hinab. Es ist stockfinster im Innern, nur mühsam gewöhnen sich meine Augen an die Dunkelheit. Aber ich habe – außer dem Fotoblitz – noch eine starke Taschenlampe dabei, mit der ich nun die Umgebung ableuchte. Nun erkenne ich über meinem Kopf insgesamt elf Decksteine. Nach der vierten Deckplatte setzt eine leichte Biegung nach Nordwesten ein, nach der achten erweitert sich der Grabraum. Eine kleinere Kammer am Ende wird durch einen querstehenden Tragstein abgeteilt. Insgesamt ein eher düsterer als anheimelnder Ort. Auf vielen der Tragsteine sind schwache Gravierungen zu erkennen, vor allem verschiedenar-

Gravierungen in bretonischen Megalithgräbern

Menhir-Statue von St. Sernin

tige Schildformen, die ich allesamt zu fotografieren versuche.

Ich hocke gerade am Ende des Grabes auf der Erde, um den Film zu wechseln, als ich an der rechten Seite des Ganges schemenhaft eine Figur zu erkennen glaube. Ich leuchte mit der Taschenlampe hin – und erschrecke: Genau vom Lichtkegel der Taschenlampe angestrahlt, blickt mich fratzenhaft das Gesicht der Großen Göttin an. Sie scheint allgegenwärtig zu sein, besonders hier in der Bretagne, und über die Seelen der Toten zu wachen.

Später lese ich in einem Reiseführer: »In den Sommermonaten bietet der Strand von Locmariaquer ein heiteres Bild jenes unbeschwerten Ferienparadieses, doch in der übrigen Jahreszeit versinkt die Küstenlandschaft in eine schwermütige Einsamkeit, wie sie der Totenstätte der Pierres-Plates gebührt; hier konnten sich die Seelen der Toten in Boote begeben, um ihrer Göttin ins Jenseits zu folgen. Die Halbinsel von Locmariaquer wurde zum bevorzugten Begräbnisplatz großer Herrscher über den Bereich des Golfes von Morbihan, die sich und ihrer Sippe jene gewaltigen Mausoleen errichten ließen, die wir 5000 Jahre später bewundern ...«(3). Das stimmt und läßt sich treffender kaum ausdrücken. Trotz des draußen herrschenden Sonnenscheins fröstelnd, verlasse ich den Ort. Die Große Göttin besitzt nicht nur viele Namen, sondern auch – gemäß ihrer Macht über Geburt und Tod – ganz unterschiedliche Gesichter. Dieses hier, versteckt in der Grabkammer von Pierres Plates, ist eindeutig das Porträt der Todin – der Totengöttin.

Erinnerungen an den Kult der Großen Göttin, der Herrin des Wassers und der Meere, leben aber auch in der Bretagne noch fort. Um nur ein einziges Beispiel zu nennen: Der Mont St. Michel von Carnac, ein 217 Meter langer, 59 Meter breiter und zehn Meter hoher künstlicher Berg, der in Wahrheit eine zum Großtumulus umgestaltete, exakt in Ost-West-Richtung ausgerichtete Stufenpyramide ist, umschließt ein Geheimnis. Das Bauwerk diente nämlich als Totenresidenz eines einstmals mächtigen Fürsten oder Königs, der vor über 6000 Jahren hier in einem labyrinthartig gebauten Kammersystem mit prächtigen Beigaben (Jadeit, Perlen, Elfenbein, Bronze, geschliffene Kultbeile aus Stein sowie Feuerstein) bestattet wurde.

Auf der oberen, planmäßig geglätteten Plattform thront als Christianisierungssymbol eine dem heiligen Michael (jenem besagten Drachentöter und Bezwinger der heidnischen Religion) geweihte Kapelle. Sie wurde 1664 erbaut und wird seltsamerweise nur einmal im Jahr – jeweils am 1. September – geöffnet, wenn die Messe zelebriert wird. Zuvor aber treffen sich Carnacs Fischerfrauen dort zu einer mehr als eigenartigen Tätigkeit: Sie kommen mit Besen bewaffnet an und fegen übertrieben gründlich, fast tänzerisch den Boden der Kapelle. Der sichtbare und unsichtbare Staub wird dabei genau in jene Richtung gefegt, aus der sie sich für ihre Männer günstige Winde erhoffen. Nur ein Volksbrauch, eine Gaudi, gewiß. Doch was hier vor den Augen zahlreicher schaulustiger Besucher geschieht, ist im Grunde nichts anderes als die Ausübung eines uralten, vorchristlichen Rituals: des Besenzaubers der Hexen auf dem Tanzplatz. Genau dies taten die Hexen des Mittelalters, des Altertums und der Vorzeit, um Regen, Wind und Fruchtbarkeit zu beschwören. Natürlich streitet jede der beteiligten Damen solche Absichten heftig ab. Den Reisenden in der Zeitmaschine aber können sie nicht täuschen – er hat genau die gleichen Rituale in verschiedenen Jahrhunderten und an diversen Orten Europas schon unzählige Male gesehen. Der Archetypus in uns ist eben stärker als das menschliche Tagesbewußtsein ...

## Zehnte Station: Gran Canaria

Pyramiden, rätselhafte Schriftzeichen und der Kult der Wassermütter

Seit mehr als zehn Jahren widme ich mein Hauptaugenmerk der Erforschung der Guanchenkultur auf den Kanarischen Inseln, speziell der planmäßigen Dokumentation und Untersuchung der dortigen Felsbilder und noch immer nicht entschlüsselten Schriftzeichen. In früheren Fachartikeln, Büchern und Filmen (1) habe ich über diese Arbeit, die mir bisher einen Aufenthalt auf den Inseln von insgesamt dreieinhalb Jahren ermöglichte, ausführlich berichtet. Es würde den Rahmen dieses Buches sprengen, detailliert darauf einzugehen und so beschränke ich mich auf eine knappe Zusammenfassung, die allerdings – so kommt es mir vor – aufgrund des allgemein geringen Kenntnisstandes über die rätselhafte Kultur der altkanarischen Guanchen dringend erforderlich ist.

Zehntausende deutscher Urlauber haben dort schon – auf Gran Canaria, Teneriffa, Lanzarote, Fuerteventura, La Palma, La Gomera und El Hierro – ihre Ferien verbracht, auf den »Gestaden des ewigen Frühlings«, den »glücklichen Inseln« oder wie auch immer das beliebte Ferienparadies angepriesen wird. Und sie haben so gut wie nichts von den archäologischen Zeugnissen der Altkanarier gesehen, weil sie die Wildnis im

Innern der Insel scheuen. Tatsächlich liegen die eindrucksvollsten Plätze in der wild zerklüfteten Bergeinsamkeit verborgen und sind oft nur nach langen, mühsamen Fußmärschen und Klettertouren zu erreichen.

Die geheimnisumwobenen altkanarischen Ureinwohner – Guanchen genannt – lebten bis zum Eintreffen der Spanier im 15. Jahrhundert noch auf Jungsteinzeitniveau. Die Kanarischen Inseln waren also eine Art »Freilichtmuseum«, eine entwicklungsgeschichtliche Nische. Der Grund dafür dürfte das Golfstromsystem sein: Der südliche Kanarenstrom verläuft mit dem Passatwind von Südspanien aus in Richtung der Inseln und stellte für einfache, vorgeschichtliche Flöße und Boote eine Art »Einbahnstraße« dar. Man konnte sich also (wie Thor Heyerdahl experimentell nachwies) recht gut von Südwesteuropa aus mit der Strömung treiben lassen, allerdings hatten die wagemutigen Auswanderer nicht mehr die Möglichkeit zur Rückkehr. Von der marokkanischen Küste aus gab es aufgrund der Wind- und Strömungsverhältnisse keine Chance, auf die Kanaren zu kommen. Daher und aufgrund einer Reihe anderer Beweise (Felsbilder, Begräbnistechniken, Mumifizierung, Trepanation, Fehlen von Metallwerkzeug und anderes mehr) gerät die alte Theorie, die besagte, daß die Guanchen Nachkommen von Berbern seien, allmählich ins Wanken. Immer mehr Wissenschaftler beginnen sich mit dem Gedanken anzufreunden, daß die ersten Insulaner wohl doch aus dem westeuropäischen (Spanien, Portugal), wenn nicht sogar aus dem nordwesteuropäischen Küstengebiet (Bretagne, Baskenland) stammen.

Für diese Annahme – gesicherte Forschungsergebnisse oder gar relevante C-14-Daten liegen noch immer

Felsbildgravuren der Kanareninsel La Palma

nicht in ausreichender Menge vor – sprechen allerdings viele Fakten: Besonders auf den Westinseln La Palma und El Hierro) herrschen sogenannte »megalithische« Felsbilder vor, die sehr stark an solche Nordspaniens, Frankreichs und Irlands erinnern, ja, teilweise mit diesen völlig identisch sind. So sind etwa viele Gravuren des irischen Newgrange deckungsgleich mit Zeichen auf La Palma (Zarza, Zarzita, Belmaco, Tajodeque u. a.). Konzentrische Kreise, Spiralen, Doppelspiralen, Schlangen, Augen- und Sonnenmotive, Labyrinthe und Wellenkreise (wie in Gavrinis) bestimmen das Repertoire der Guanchen-Symbolik.

Wie in der übrigen westeuropäischen Megalithkultur, gibt es auf den Kanaren Menhire, *Cromlechs* (Steinkreise), Quellenheiligtümer, Stufenpyramiden (mehr als 20 auf Teneriffa, mehrere auf La Palma), ausgemalte Höhlenheiligtümer, vergleichbare Keramik und Steinwerkzeuge. Auch religiöse, musikalische, sportliche und linguistische Bezüge bestehen zum vorindogermanischen Kulturraum Europas.

Es kann sich bei den kanarischen Ureinwohnern also um Randgruppen des alten, megalithisch orientierten Europa handeln, die durch die indoeuropäische Invasion (der südlichen Glockenbecher- bzw. östlichen Streitaxt-Leute) verdrängt worden waren. Als die mit besseren Waffen ausgestatteten und teilweise berittenen indoeuropäischen Völker Alteuropa eroberten, unterdrückten sie nicht nur die soziale Struktur und materielle Kultur der Erbauer von Newgrange, Avebury, Gavrinis und anderer geistiger Zentren, sondern auch deren Religion. Die patriarchalisch ausgerichteten Nomadenkrieger triumphierten über die Große Göttin. In dieser Zeit (ab ca. 2500 v. d. Zw.) begann bereits das

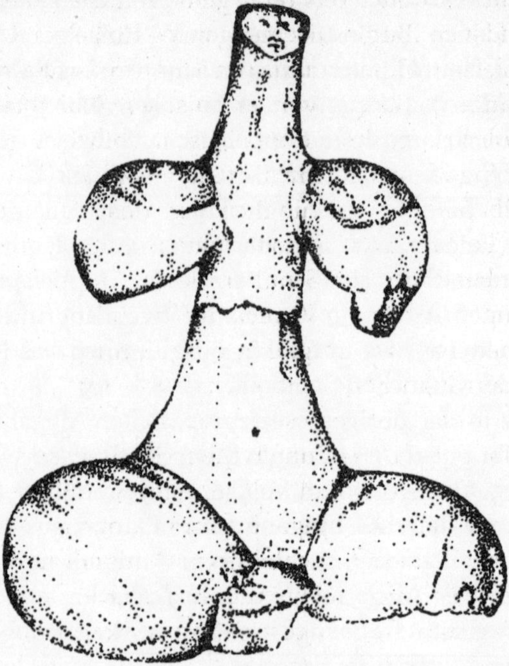

Die große Urmutter von Tara, Gran Canaria

Wissen um die Urmutter in vielen Gebieten unseres Kontinents langsam in Vergessenheit zu geraten.

Um das bisher Gesagte zu untermauern, möchte ich ein paar Beispiele erwähnen, die für sich selbst sprechen:

In einem Vorort des ehemals bedeutenden Guanchen-Siedlungsgebietes Telde auf Gran Canaria gibt es ein Höhlenheiligtum namens Tara (!). Der an das Hypogäum von Malta erinnernde, aber nur etwa 20 Meter große Kulthöhlenbau kann nur noch mit einer Sondergenehmigung betreten werden. Hier wurde die berühmte »Urmutter von Tara« gefunden, die wohl formvollendetste Tonplastik einer ganzen Reihe von Urmutteridolen auf Gran Canaria (im Museum Las Palmas zu besichtigen). Sie ist von archaischer Schönheit und symbolisiert in ihrer doppelgeschlechtlichen Ausformung (phallusartiger Hals, Brüste) wohl die Fruchtbarkeit überhaupt. Ursprünglich war das Idol mit roter Farbe bemalt. Eine Rekonstruktion zeigt ein eckiges Wellenband auf den Schultern sowie die Darstellung von fünf Punkten im Viereck. Auf dem Kopf des Idols befindet sich eine sorgfältig ausgeführte, muldenförmige Vertiefung, die möglicherweise für Öl-, Milch- oder Wasseropfer vorgesehen war.

In Tara und Umgebung wurden noch weitere kleine Idole gefunden, die im Volksmund »Seelenvögel« genannt werden. Der Eingang zum Hypogäum ist heute mit einer Eisentür verschlossen und mit einem riesigen Kreuz christianisiert. Direkt über dieser Stelle befindet sich eine stark frequentierte Wallfahrtskapelle, was die ursprüngliche Bedeutung des Ortes als zentrales Heiligtum der Großen Göttin noch zusätzlich unterstreicht.

Nun ist es interessant zu wissen, was das Wort *Tara* in der Guanchensprache bedeutet. Es meint nämlich sowohl die große Muttergottheit als auch »Erinnerung«, »Bedeutungszeichen in Stein«, »Steinzeichen«. So gesehen, sind alle altkanarischen Felsbilder »Taras«, ebenso die zahlreich aufgefundenen weiblichen Figürchen aus Stein beziehungsweise Ton. Besonders formschön sind die sogenannten »Wassermütter« – ausgesprochene »Handschmeichler«, die besonders angenehm in der Hand liegen –, Steine, die sehr an die »Venus von Willendorf« und andere steinzeitliche Idole erinnern. Diese Figürchen wurden von den Frauen beim Wasserholen mit zu den Quellen getragen, es heißt aber auch, daß sie auf Altarnischen aufgestellt wurden und im Haus als Schutzfetische in Gebrauch waren.

Wasseropfer wurden von den Guanchen in architektonisch ausgebauten Bergheiligtümern zelebriert. Die Opferplätze auf dem heiligen Berg Roque Bentaiga, bei Cuatro Puertas, auf der Bergfestung Fortalezza Grande / Ansite, in Tirma bei San Nicolas und am Lomo de los Letreros sind noch deutlich zu erkennen. Solche Trankopfer werden noch heute in abgelegenen Gegenden Gran Canarias von den Einheimischen dargebracht. Gleiches gilt für die anderen kanarischen Inseln, vor allem La Gomera und La Palma.

Die berühmteste und oft beschriebene (heute allerdings ebenfalls wegen wissenschaftlicher Forschung geschlossene) Kulthöhle, die *Cueva pintada* (bemalte Höhle), befindet sich am Stadtrand von Galdar. Im Museum von Las Palmas findet man eine ausgezeichnete Rekonstruktion. Der eigentliche Kultraum innerhalb des weitläufigen Höhlensystems ist relativ klein, etwa fünf mal 4,5 Meter. Auffallend sind hier Löcher im Fußboden, die geeignet sein können, Vasen oder Schalen aufzunehmen (!). An drei Seiten sowie an der Decke ist die Höhle in Weiß, Rot und Schwarz bemalt. Die abstrakten Motive – Dreiecke, Spiralen und augenförmige Darstellungen – weisen eine starke Ähnlichkeit zu Höhleninnenraumausmalungen in Irland auf, ja, sie entsprechen auf typische Weise dem Gestaltungsempfinden der europäischen Megalithkultur insgesamt.

Nahebei liegt direkt am Meer eine vorzeitliche Wohnanlage und Nekropole mit Großtumulus. Das Gebiet ist heute weiträumig durch einen hohen Eisen-

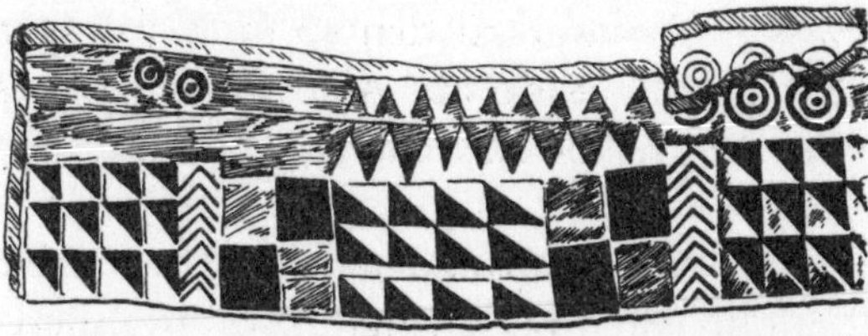

Gemalte Symbole aus der Cueva Pintada, Gran Canaria

zaun abgesperrt. Die zyklopische Kreiskonstruktion, die jedem Vergleich mit westeuropäischen Totentempeln standhalten kann, ähnelt von oben gesehen einem Wagenrad mit zwei Naben. Hier wurden 1935 über 30 Skelette ausgegraben, die sich in mit Steinplatten abgedeckten Steinkammern befanden. Die C-14-Methode ergab eine relativ junge Datierung (1082 n. d. Zw.), was aber wegen der üblichen Mehrfachnutzung über größere Zeiträume hinweg wenig besagt. Der Tumulus war mit Sicherheit erheblich länger in Benutzung.

Neben den Heiligtümern (2) auf Berggipfeln und in Höhlen finden sich zahlreiche (teilweise von der ländlichen Bevölkerung noch heute kultisch genutzte) weitere an Quellen. Die wichtigsten dürften das Doppelheiligtum der *Fuente de la Zarza* und der *Fuente de la Zarzita* im Norden der Insel La Palma sein. Mein häufig eingeschlagener Fußweg zu ihnen führt von der Piste nach Barlovento, etwa drei Kilometer nach dem Weiler Llano Negro und einen Kilometer nach der Abzweigung zum Weiler San Antonio del Monte, durch einen kleinen *Barranco* (Schlucht). Nach einem kurzen und wenig anstrengenden Fußmarsch erreicht man ein betoniertes Wasserdepot. Oberhalb davon folgen die Feuchthöhle und die *Fuenta de la Zarza* (Dornbuschquelle). Die Felswände in der Umgebung sind über und über mit feinen Felsbildern graviert. Wellenkreise, konzentrische Ringe, Spiralen, Labyrinthe herrschen vor (übrigens findet diese Symbolornamentik auf der Keramik ihre Entsprechung). Es gibt aber auch komplizierte Einzelfigurationen und Darstellungen von Lebewesen, etwa einen Mann mit Stechpaddel in einem Boot, das wie die südamerikanischen *Caballitos* aus Binsen geflochten sein dürfte.

Wieder einmal erstaunen die musterbildenden Wellenkreise wegen ihrer deutlichen Verwandtschaft zu Irland (Newgrange) und der Bretagne (Gavrinis). Ich erlaube mir immer wieder Scherze damit, indem ich Detailfotos der zuvor genannten drei Felsbildstationen nebeneinanderlege und Fachexperten raten lasse, welche der Aufnahmen zu welchem Fundort gehört. Um es vorwegzunehmen: Sie können nicht voneinander unterschieden werden, da die Formensprache erstaunlich deckungsgleich ist ...

Hier in Zarza ist auch die sogenannte »Triole« (Dreifachspirale) zu sehen, wie sie gleichfalls in Newgrange vorkommt. Die Universität *La Laguna* auf Teneriffa hat zwar inzwischen versucht, das Inventar an Bildern auf den Felswänden zu katalogisieren und durchzunumerieren, dabei wurde aber leider gut die Hälfte aller Gravuren übersehen.

Im westlich benachbarten kleinen *Barranco*, der nur einen kurzen Fußmarsch von Zarza entfernt liegt, befindet sich ein zweites Quellenheiligtum mit noch schöneren und ungewöhnlicheren Felsbildern. Dort entdeckte ich einen in den Fels gehauenen Altar für Opfergaben, auf dem – wie alte Ziegenhirten berichteten – früher einmal »Taras«, also tönerne Idole und solche aus Stein, gestanden haben sollen. Rechts daneben befindet sich die abstrahierte Darstellung einer Urmutter (Tara?) mit Insektenkopf, Brüsten und weit ausladendem Reifrock. Unmittelbar daneben läßt sich ein (sehr aztekisch anmutender) Männerkopf im Profil – mit Kopf- (Federn?) und Halsschmuck sowie scharf vorspringender Nase – ausmachen. Die ganze Felswand ist weiträumig mit verschlungenen Linien graviert. Man kann deutlich einige Labyrinthe, Mäander und Spiralen erkennen, eine davon sogar konisch zulaufend in den Felsen gebohrt. Im Umkreis des stark überwucherten Geländes sind an den Felshängen noch weitere Petroglyphen (Zeichen im Stein) zu erkennen.

Es war ein großer Tag der Erkenntnis für mich, als ich bei den Dreharbeiten zu meinem ZDF-Film *Terra X – Die Inseln des Drachenbaums. Magische Plätze auf den Kanaren* vor Ort am Quellenheiligtum *Zarzita* eine neue Dokumentationstechnik ausprobierte: Das normale Fotografieren, Abreibungen und das Ausmalen der Gravurlinien mit Kreide befriedigten mich nicht mehr, weil diese Techniken die tatsächlich vorhandenen Felsbilder etwas verfälschen. Also nahm ich, meiner Intuition folgend, feuchte Erde vom Boden auf und schmierte sie in die Rillen, stets darauf bedacht, mit den Fingerkuppen nur den im Fels vorgegebenen Bahnen zu folgen und keinen Millimeter von mir aus hinzuzufügen. Das Kamerateam legte inzwischen im Schatten der rings um die Quelle wachsenden Bäume eine Siesta ein. Ich nahm von der Unterhaltung kaum noch etwas wahr, so vertieft war ich in meine ungewohnte Tätigkeit, die mir in diesem Moment logisch, richtig und vor allem von Zeitlosigkeit geprägt vorkam.

Nach etwa einer Stunde war ich fertig und trat

zurück, um das Werk zu betrachten. Ich war fassungslos, mindestens ebenso überrascht wie das Fernsehteam. Was die Felswände nun, nach der simplen Ausmalung mit rötlicher Erde, darboten, hatte ich in dieser Deutlichkeit noch nirgends gesehen. Alle Bilder traten nun klar zutage, machtvoll und von ästhetischem Reiz. In diesem Moment war ich sicher, daß genau dies vor vielen hundert oder tausend Jahren auch die Priester und Priesterinnen der Ureinwohner getan hatten. Es war die einfachste, simpelste und überzeugendste Technik, die magische Bildsprache der Vorzeit wieder zum Leben zu erwecken ...

Weitere Quellenheiligtümer mit gravierten Felsbildern liegen auf La Palma in der paradiesischen Schlucht von Buraca (wo noch ein ganzer Wald mit urzeitlichen Drachenbäumen wächst), im Lavaaschegebiet des 1971 ausgebrochenen Vulkans Teneguia (die einstige, von vielen Sagen umwobene Heilquelle dort liegt unter der Lava des Ausbruchs von 1677 verschüttet), im Gebiet von Garafia und bei El Paso (Lomo de Fajana). Letztgenannte Felsbildstation scheint einen komplizierten Sonnenkalender darzustellen. Aus vielen Stellen der gravierten Wand blicken uns die Augensymbole der Großen Göttin an. Von besonderen Mysterien und Legenden sind die Quellen am heiligen Baum *Garoe* auf El Hierro umgeben. Gesichert ist allerdings, daß der Baum mit seinem weit ausladenden Astwerk die Feuchtigkeit aus den Nebelwolken »abharkte« und auf diese Weise einen ganzen Stamm mit Trinkwasser versorgte.

Erwähnenswert finde ich noch die Mumifizierungstechnik der Guanchen, bei der das harzige »Blut« des Drachenbaums eine wichtige Rolle spielte, und die vie-

Auf Kiefernholz geschnallte Mumie, Teneriffa

len auf steinzeitliche Weise trepanierten Schädel. Beides ist uns ja nicht nur aus dem alten Ägypten bekannt, sondern auch aus dem megalithischen Raum Westeuropas. Anthropologische Untersuchungen solcher Schädel ergaben, daß zumindest ein hoher Anteil der altkanarischen Urbevölkerung nordcromagnoniden Typus ist, was ungefähr der in Nordwesteuropa verbreiteten sogenannten »fälischen Rasse« entspricht. (3) Neben dem eher kleinwüchsigen mediterranen Typus gab es ausgesprochen hochgewachsene Menschen in der Guanchenbevölkerung, die eine Größe von 1,80 Meter und mehr erreichten. Ich habe selbst Skelette untersucht, die mich um mehr als eine Schulterlänge überragten, zudem Mumien, an deren Resthaut und -haar deutlich zu erkennen war, daß sie weiß und blond bis rotblond behaart waren. Über diesen auch für die spanischen Eroberer ungewöhnlichen Anblick wunderte sich schon im 15. Jahrhundert der als äußerst zuverlässig geltende Chronist Leonardo Torriani. (4)

Dem Prinzip der Doppelheiligtümer entspricht übrigens die Tradition des Doppelkönigstums: Zwei Herrscher – zumeist ein lebender und ein toter, mumifizierter – regierten gleichzeitig nebeneinander, wobei der präparierte Leichnam des Vorgängers mit im Rat saß, als Zeuge berufen wurde und dergleichen seltsame Gepflogenheiten mehr. Das Mitbringen von mumifizierten Zeugen in den Gerichtssaal wird in vielen spanischen Chroniken als »äußerst eigenartige und befremdlich anmutende Sitte der Ureinwohner« erwähnt.

Auf dem wissenschaftlich so erstaunlich wenig untersuchten Archipel würden übrigens auch Astroarchäologen voll auf ihre Kosten kommen: Die Kultplätze, Stufenpyramiden, Höhlenklöster und Quellheiligtümer der Guanchen sind allesamt nach der Sonne und vermutlich auch nach bestimmten Sternenkonstellationen ausgerichtet. Dies – besonders bei den Pyramiden auf Teneriffa und La Palma – mit einer Präzision, die man den »primitiven« Steinzeitmenschen auf Anhieb nicht zutraut. An der Ostküste La Palmas ragen von der obersten Terrasse einer Stufenpyramide noch immer die Ruinenreste eines vorzeitlichen Observatoriums auf. Eine vergleichbare Anlage auf dem 2426 Meter hohen *Roque de los Muchachos* (Freundschaftsberg) fiel den umfangreichen Bauarbeiten des modernen Observatoriumsgeländes zum Opfer. Heute befindet sich hier das bedeutendste Sonnen- und Weltraumbeobachtungszentrum der Erde, das einen wichtigen Baustein im internationalen SDI-Programm darstellt.

Auch wenn die Kanaren zum beliebten Urlaubsparadies und Altersruhesitz insbesondere deutscher Rentner geworden sind, leben viele der uralten Kulte und Rituale der Ureinwohner noch heute in abgelegenen Gebieten der Insel weiter. Noch immer werden auf

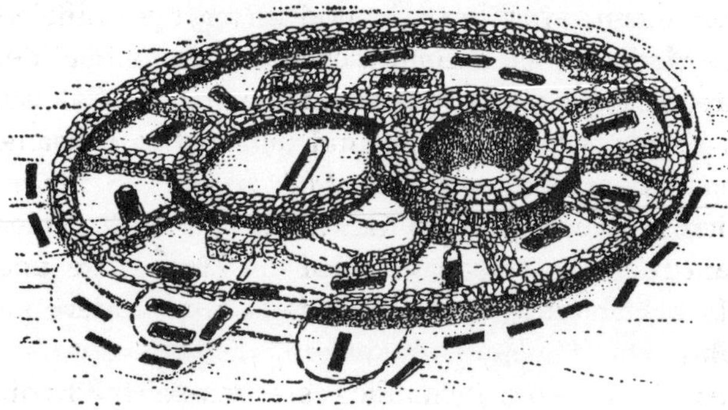

Grundrißzeichnung des Großtumulus La Guancha bei Galdar, Gran Canaria

Gomera seltsame Festumzüge zur *Fortalezza de Chipude* zelebriert, wobei selbst die Einheimischen nicht mehr mit Bestimmtheit Auskunft geben können, woher die Details des Rituals stammen (auf dem Tafelberg liegt immer noch nahezu unberührt eines der größten Kultzentren der Insel mit Gräbern, Brandopferaltären, Steinlabyrinthen und den Grundrissen von mehr als 70 religiösen Gebäuden). Noch immer geben in diesem Gebiet wie im Norden La Palmas die ortsansässigen Hexen den Ton an. (5)

Von der Kirche nur widerstrebend geduldete und mühsam übertünchte Rituale und Feste (etwa das Teufelsfest von Tijarafe auf La Palma) werden nach wie vor gefeiert, und wer – wie ich auf mehreren gefahrvollen Expeditionen – in die Wildnis des Urwaldkraters *Caldera de Taburiente* zum heiligen Berg der Guanchen, dem Idafe, vorstößt (dem Volksglauben zufolge kann er wie der irische *Lia Fail* bei Tara sprechen), findet zu seiner Überraschung dort am Kultplatz noch immer frische Spuren von Opfergaben. Der Glaube an die alten

Inselhelden (wie Tanausu), die Heilfrauen und Hexen, ihre Medizin, an wundersame Quellen und »Berge der Offenbarung«, an die Märchen, Legenden und wahren Begebenheiten der eigenen Chronik ist noch tief im Volk verwurzelt.

Mancherorts scheint wirklich die Zeit stehengeblieben zu sein, was einem Forscher mit Zugang zur Zeitmaschine (sprich: Talent zu Imagination und vorurteilsfreiem Hineinversenken in deutlich spürbare »Kraftfelder«) die Reise zurück sehr erleichtert. Auf den Kanarischen Inseln ist Taras Geist, die Macht der Großen Göttin und ihrer Dienerinnen und Diener, überall spürbar, und die Tarnkappe, mit der sich die Göttin vor den Auswüchsen der modernen, hektischen Welt schützt, weist zahllose Schlupflöcher auf. Das Geheimnis der Inseln beginnt unmittelbar hinter den lauten Touristenstränden ...

## Elfte Station: Malta und Gozo

Kleeblatt, Tempelschlaf und Kümmelrausch. Wo lag Atlantis? Das Rätselvolk der Kykladen

An zentraler Stelle des Mittelmeerraums, als natürlicher Anlaufpunkt für Schiffe den Seeweg zwischen Sizilien und Tunesien beherrschend, liegen Malta, Gozo und Comino, die drei sagenumwobenen heiligen Inseln der Antike mit ihrer uralten, rätselhaften Tempelkultur. Mehrere Wochen lang konnte ich dort archäologisch arbeiten und intensiv forschen. Ich folgte dabei dem ausgezeichneten Werk des britischen Archäologen Dr. David H. Trump, der einige Jahre lang als Kurator der archäologischen Sammlung des Nationalmuseums von Malta wirkte, versuchte aber auch ganz neue Forschungskenntnisse (1) zu berücksichtigen.

In diesem Buch möchte ich vor allem auf die weniger bekannten, teilweise spektakulär anmutenden Fundergebnisse hinweisen, die ein völlig neues Licht auf die geheimnisvolle Tempelkultur Maltas werfen können.

Beginnen wir mit dem ältesten Menschenbildnis der Insel, das als Fragment einer Steinstele in einem Grab bei Zebbug gefunden wurde. Dieses markante Porträt mit der länglich-ovalen Gesichtsform weist als Besonderheit eine weit oberhalb der Augen beginnende Nase und ein kreisrundes Mundloch mit einer Art Kinnrinne

Das älteste Menschenbildnis Maltas, Grabfund von Zebbug

auf. Von stilisierten Tonköpfen, die man im Tempel von *Hal Tarxien* und im Hypogäum fand, weiß man, daß diese Gesichter dem Himmel zugewandt waren: Der Kopf ist jeweils in den Nacken geneigt, was den Eindruck vermittelt, als ob sie nicht die Erde betrachteten, sondern in einer Meditationshaltung verharrten.

Was mir sofort ins Auge sprang, war die verblüffende Ähnlichkeit dieser Figur mit der ebenfalls noch sehr wenig erforschten Kykladenkultur, wo genau diese Kopfhaltung und die eigenartig modern wirkende Auffassung bei der Gestaltung der Porträts überhaupt eine Art Grundmuster darstellt. Die Inselgruppe der Kykladen liegt oberhalb Kretas, östlich von Athen. Man nimmt heute an, daß die Inseln vor etwa 8000 Jahren besiedelt wurden. Vor etwa 5000 Jahren – also ungefähr zeitgleich mit dem besagten Menschenbildnis auf Malta – schufen kykladische Künstler große Mengen formschöner Opferschalen und andere, für religiöse Zwecke bestimmte Gefäße und Statuetten aus Marmor, deren Größe zwischen wenigen Zentimetern und einem Meter variiert. Die zumeist aufrecht stehenden oder sitzenden Figuren dienten vorwiegend als Grabbeigaben. Viele dieser Figuren wurden bis nach Bulgarien exportiert und dort vom einheimischen Kunsthandwerk nachgeahmt. Frauen wurden sehr viel häufiger abgebildet als Männer. Die kykladischen Künstler der Ägäis wagten sich aber auch an sehr viel komplexere Statuetten heran. Als Beispiele dafür mögen der berühmte Harfenspieler von Keros auf Naxos, der Flötenspieler und der in Denkerhaltung mit aufgestütztem Kinn posierende »Philosoph« dienen. Alle diese Figuren weisen das bereits beschriebene ovale, himmelwärts blickende Gesicht auf.

Ich muß aber unwillkürlich auch an die Stelen der Kanarischen Inseln denken, die man dort »Seelensteine« nennt. Auch sie haben flache, ovale Gesichtsscheiben mit starren Augen und anstelle des Mundes ein gebohrtes Loch. Der Seelenstein von Garafia auf der Insel La Palma, der im Zentrum der Ruinen einer einstigen Pyramide steht, weist zudem noch allein durch seine Materialbeschaffenheit eine weitere Besonderheit auf: Er ist der einzige Stein aus rotem Material in der ansonsten durch graue Lavasteinblöcke geprägten Umgebung.

Auch an der französischen Mittelmeerküste wurden Steinstelen mit den »kykladentypischen« Gesichtsformen entdeckt. Das wirft natürlich vielerlei Fragen auf. Ist die Herkunft der Kykladenkultur noch weitgehend unbekannt, so trifft dies ebenso auf den Ursprung der Tempelkultur auf Malta und Gozo zu. Es scheint lediglich festzustehen, daß es sich um ein seefahrendes Volk handeln muß, das ungefähr zeitgleich an verschiedenen Stellen des Mittelmeeres auftauchte, zur höchsten kulturellen Blüte gelangte und auf ungeklärte Weise wieder verschwand oder sang- und klanglos in der einheimischen Bevölkerung – zu der es offenbar nicht gehörte – unterging, ohne den eigenen, typischen Stil weiterzuentwickeln. Die Ähnlichkeiten mit Funden an der südfranzösischen Küste oder gar auf den Kanarischen Inseln (die ja durch das Golfstromsystem selbst mit einfachen Booten von Europa aus zu erreichen waren) werfen neue Fragen auf.

Es ist ja bereits des öfteren die Theorie aufgestellt worden, daß all diese frühen Kulturen des Mittelmeerraumes mit ihrem bereits erstaunlich ausgereiften Stil Nachkommen des untergegangenen Atlantis seien, sozusagen versprengte Siedler des alten Weltreiches, die sich an verschiedenen Küstenstellen niederließen und das jeweils dort vorhandene Brauchtum nachhaltig beeinflußten. Diese Spekulation, die bereits von dem griechischen Philosophen Platon geäußert wurde, ist zweifellos faszinierend, und ich möchte sie nicht völlig ins Reich der Mythen, Sagen und Märchen verbannen. Liest man die Atlantis-Geschichte nämlich anders, so gewinnt sie plötzlich enorm an historischer Glaubwürdigkeit (2).

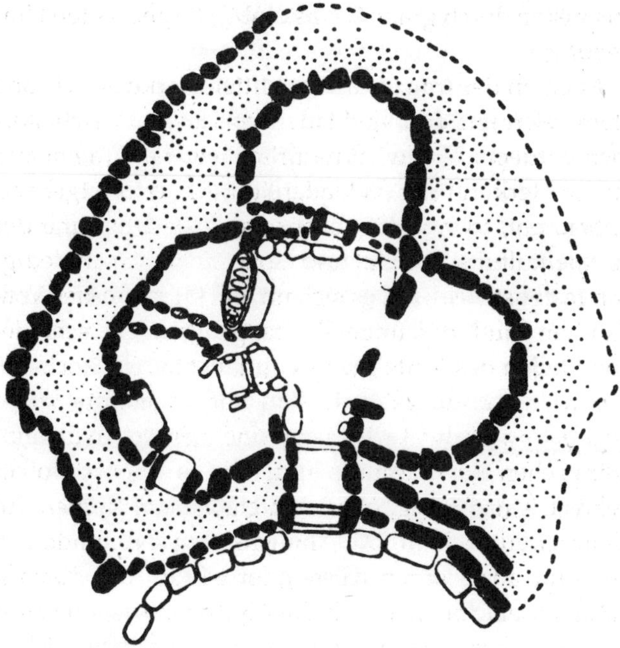

Kleeblattförmiger Grundriß des Tempels Kordin III.

Stützen wir uns ungeachtet all dieser reizvollen Gedanken lieber auf gründlich abgesicherte archäologische Funde und Fakten. Sie haben – was Malta anbelangt – die Kraft, uns ohnehin noch reichlich in Erstaunen zu versetzen ...

Die Gräber von Zebbug und Xemxija haben nämlich eine recht ungewöhnliche Form. Es scheint, als wäre hier um jeden Preis der – technisch durchaus mögliche – rechte Winkel vermieden worden. Sie erinnern im Grundriß an ein Kleeblatt. Jetzt kommt es aber noch besser: Genau diese Formensprache der unterirdischen

Grabanlagen wurde auf den Bau der oberirdischen Tempel übertragen. Der kleine Tempel von Mgarr, der zugleich der älteste Maltas ist, zeigt in seinem Grundriß wieder die Kleeblattform. Dafür kann es nur einen Grund geben: Die mit Sicherheit weibliche Fruchtbarkeits-, Lebens- und Todesgottheit, die unter der Erde verehrt wurde, war die gleiche, der man den religiösen Dienst über der Erde weihte.

Die Forscherin Ingeborg Tetzlaff (3) schreibt dazu: »Die These, daß die eigenartige Tempelform wirklich aus der Nachbildung der Grabhöhlen entwickelt worden ist – die umgekehrte Reihenfolge wäre ja auch denkbar –, erfährt tatsächlich eine Bestätigung durch die massive Steinummantelung des ältesten der großen Tempel auf den Inseln, der Ggantija auf Gozo. Die Räume, die durch die Buchten der Apsiden auf deren Rückseite, also der Außenseite des Tempels, entstanden, ganz und gar mit Steinschotter aus- und aufzufüllen und dann erst die gesamte Rückfront mit einem Halbrund aus senkrecht aufgerichteten Blöcken zu umgeben, das wäre ja überflüssig und sinnlos, wirkte hier nicht die Erinnerung an die unterirdischen Grabanlagen nach, die wie überall in Westeuropa in der Frühzeit zugleich den Toten geweihte Heiligtümer waren.«

Und der Archäologe D. H. Trump ergänzt: »Schon früh bekommt der Grundriß eine unregelmäßige Kleeblattform … dies war die gebräuchlichste Form …«

Das Kleeblatt aber, das weiß jedes Kind, ist das Symbol Irlands! Und wie man dort – und übrigens auch in der Bretagne – sehr gut selbst überprüfen kann, weisen viele der älteren Dolmengräber und Megalithtempel auch dort einen Grundriß in Kleeblattform auf.

Dadurch erhebt sich die dringliche Frage, welche uralten, ursprünglichen Verbindungen (die selbstredend nur Seewege sein konnten) zwischen Malta, Gozo, Irland und der Bretagne bestanden haben. Die C-14-Messungen an all diesen Plätzen jedenfalls kommen zu exakt zeitgleichen Datierungen im 3. Jahrtausend v. d. Zw., der Zeit also vor der großen indoeuropäischen Invasion.

Auch auf den Kanarischen Inseln kommt das Kleeblatt als Grundriß von Begräbnisstätten vor. R. Verneau, ein französischer Archäologe, der Ende des vorigen Jahrhunderts dort forschte, stellte verwundert fest, daß beispielsweise das Kuppelgrab von Tahiche auf Lanzarote mit seinem Innenraum in Form eines dreiblättrigen Kleeblatts und dem »falschen Kuppelgewölbe« aus überkragenden Steinen auffallend an die bretonischen *Cairns* und Megalithbauten des Mittelmeerraums erinnert (4).

An einem heißen Tag im März, bei azurblauem Himmel und sanftem Meer, fahre ich zum ersten Mal von Malta nach Gozo. Im Hafen von Pieta bei La Valetta wartet die Fähre. An zahllosen Gemüsekisten und parkenden Oldtimerbussen vorbei steuere ich den gemieteten Mini Morris in den Bauch des Schiffes. An Bord befindet sich bereits eine riesige Schar sonnenverbrannter britischer Urlauber. Sie trinken Tee und lassen sich vom harten Beat des Schifflautsprechers nicht aus der Ruhe bringen. Wir haben abgelegt und gleiten nun an den wuchtigen Kasematten des Grand Harbour entlang. Die unbezwingbaren Wehrmauern müssen bereits zur Zeit des Türkensturms auf die Belagerer einen mächtigen Eindruck gemacht haben. Der Legende zufolge soll sich ein griechischer Unterhändler bei der

Besichtigung spontan in die Hose gemacht haben. Das Bollwerk Malta, die stolze Festung des Malteserordens, beherrschte jedenfalls über Jahrhunderte das Mittelmeer.

Der Jachthafen von Gzira, Manoel-Island und die Seepromenade von Sliema sind mittlerweile außer Sicht geraten. Bald darauf taucht der kahle Felsrücken von Comino auf. Und die erste Gruppe von Delphinen: Spielerisch, als wollten sie unser Schiff zu einem Wettlauf animieren, durchpflügen sie das Meer. Nachher, im Hafen von Gozo, beeile ich mich, vor den Touristenbussen an Land zu kommen. Ich möchte möglichst ungestört von den Besuchermassen die Gigantentempel erleben.

Das eindrucksvollste der beiden uralten Heiligtümer, die *Ggantija,* thront weithin sichtbar auf einem Plateau im Inselinneren. Die Sage weiß zu berichten, daß eine Riesin diese Anlage aus gewaltigen Großsteinblöcken errichtet habe. Mit einem Säugling an der Brust soll sie die mächtigen Steinquader herangeschafft und in nur einer einzigen Nacht und einem einzigen Tag den Tempel erbaut haben. Solche Berichte von schöpferischen Riesinnen sind im europäischen Sagenschatz, in dem stets männliche Riesen dominieren, äußerst selten. Sie entstammen möglicherweise einer mythischen Schicht, die älter als die späteren Riesensagen ist. Für Malta und Gozo, wo wir immer wieder auf titanische Götterfrauen von ungeheurer Größe und Üppigkeit stoßen, trifft das nicht zu. Im Gegenteil: Wir können sie an vielen Stellen sogar in voller Würde als Kolossalplastiken bewundern. Noch zu Zeiten Homers wird Wundersames vom allmächtig wirksamen weiblichen Prinzip auf Gozo berichtet, dann allerdings bereits aus »griechischem

Blickwinkel« zur Nymphe Kalypso verklärt, die den schiffbrüchigen Helden Odysseus sieben Jahre lang gefangenhält. Kalypso ist wahrscheinlich eine Erinnerung an die Riesin »Ggantija«. Wie diese webt sie mit einer goldenen Spule am Schicksal der Menschen. Auch soll es unter der *Ggantija* noch ein weiträumiges Labyrinth geben – ähnlich dem Hypogäum auf Malta in Hal Slafieni –, dessen Eingang bei einem Erdbeben zugeschüttet wurde. Der ältere und größere Südtempel zeigt in seinem Grundriß noch deutlich die Kleeblattform. In späteren Epochen kamen aber noch zwei weitere, kleinere Apsiden hinzu, so daß aus dem Kleeblatt ein fünfblättriger Zweig wurde. Die ganze Anlage hat einen Durchmesser von nahezu 30 Metern. Wahrscheinlich war sie einstmals mit einer hölzernen Dachkonstruktion versehen, also nach oben abgeschlossen. Zur Zeit der Erbauung waren Malta und Gozo noch mit Wäldern bedeckt. Die rücksichtslose Abholzung, die die Erosion des Bodens einleitete, geschah erst in der schiffsbauwütigen Antike durch die Römer.

Die *Ggantija* wurde aus Globigerinenkalk und Korallenkalk erbaut. Nahtlos wurden die mächtigen Quader ohne jedes Bindemittel zusammengefügt – eine architektonische Großleistung ohne Beispiel, die selbst noch ihre Vorbilder, die Megalithtempel der Bretagne, übertrifft. Da die ältesten ägyptischen Bauwerke, die allerdings erst nahezu eintausend Jahre später bei den Pyramidenkomplexen entstanden, in identischer Weise gebaut sind, nimmt man an, daß Architekten aus Malta dabei Pate standen. Vergleicht man die Baukunst, so läßt sich deutlich eine Entwicklung von West noch Ost erkennen, von den Megalithtempeln und Stufenpyramiden der Bretagne über Malta nach Ägypten und nicht umgekehrt, wie das frühere Forschergenerationen ohne geeignete Meß- und Datierungsmöglichkeiten noch glaubten.

Die Innenwände der Apsiden in der *Ggantija* waren mit Lehm verputzt und rot (mit der heiligen Farbe des Blutes!) ausgemalt. Auffallend sind hier ferner die unübersehbaren Spuren der Großen Göttin: das Augenmotiv, das besonders an den Schwellensteinen zu Doppelspiralen ausgearbeitet ist (am schönsten ist allerdings immer noch der »Bannstein« im Tempel von Hal Tarxien), gravierte Schlangen und die großen steinernen Opferschalen, die möglicherweise einmal »Weihwasser« enthielten. »Der Felsenbau der Ggantija atmet die dunkle Kraft eines Glaubens, der sich den Toten als Hütern und Spendern der Fruchtbarkeit tiefer verbunden fühlte als himmlischen Mächten«, so die Forscherin Ingeborg Tetzlaff.

Diese tiefreligiöse Verbindung zur Urmutter, das Denkschema »wie unten, so oben«, ist am Kraftplatz der Gigantin noch deutlich zu spüren. Ich fühle mich wieder einmal im Banne der Zeitmaschine, während ich die Ruinen durchstreife und das Labyrinth unter meinen Füßen zu erahnen glaube. Ausgeschlossen ist das nicht, schließlich sind Malta und Gozo an vielen Stellen künstlich unterhöhlt, und an manchen Tagen befand ich mich länger unter als über der Erde, um die zahllosen Grabanlagen, Katakomben und unterirdischen Tempel zu besichtigen. Der Zauber wird nur gelegentlich durch eintreffende Touristengruppen unterbrochen, deren Verschwinden ich geduldig abwarte, um weiterarbeiten zu können.

Erst später erfuhr ich, daß man das sagenumwobene Labyrinth von Gozo tatsächlich ausgegraben hat.

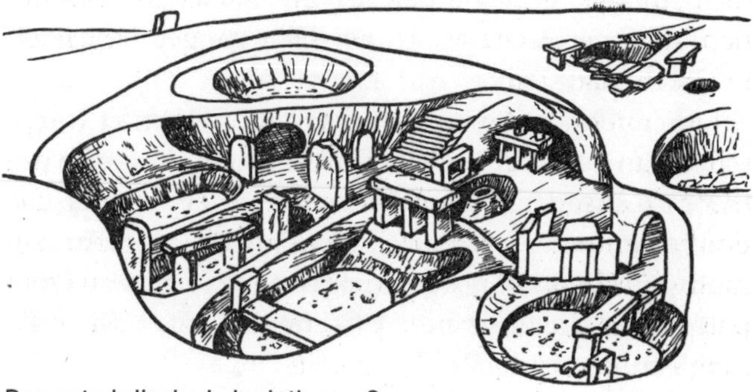

Das unterirdische Labyrinth von Gozo

Der Archäologe David Trump und seine Kollegen entdeckten den Eingang zur unterirdischen Nekropole, in der Tausende von menschlichen Gebeinen unter einer Schicht aus rotem Ocker lagerten, in unmittelbarer Nähe des *Ggantija*-Tempels.

Mehrere Jahre lang hatten sie im sogenannten *Brochtorff*-Steinkreis auf Gozo Ausgrabungen durchgeführt. Die Anlage auf dem höchsten Punkt der Xaghra-Ebene war 1820 vom damaligen Vizegouverneur von Gozo, Otto Bayer, entdeckt worden. Die Ausgrabung muß unter katastrophalen Bedingungen stattgefunden und mehr Schaden als Nutzen gebracht haben: Vieles wurde dabei geplündert, Artefakte verschwanden einfach, andere wurden versehentlich zerstört. Jedenfalls ist heute kein einziges Stück davon mehr aufzufinden, selbst die oberirdischen Spuren wurden nahezu restlos vernichtet.

Zum Glück hielt der maltesische Maler Charles Brochtorff damals einige Szenen der Raubgrabung in Skizzen fest. Die Aquarelle und Stiche zeigen sehr deutlich einen Platz, auf dem Menhire stehen und der von einer Mauer aus Steinquadern eingefaßt ist. In der Mitte sieht man ein riesiges Loch, offenbar die Grabungsstelle der Schatzsucher. Auf einem dieser Bilder steigt gerade ein Mann ans Tageslicht und trägt einen Totenschädel in den Händen. Ohne diese Darstellungen hätte wohl niemand auf dem Plateau eine archäologische Fundstätte von so spektakulärer Bedeutung vermutet. Trump und seine Kollegen nahmen die Hinweise ernst und begannen zu graben. 1987 fanden sie endlich die richtige Einstiegsstelle.

Trump: »An der verschütteten Stätte haben wir seitdem die alten Gänge und Höhlen nach und nach mühsam wieder freigelegt. Auf dem etwa 1000 Quadratmeter großen Gelände mußten wir nicht nur das zum Verfüllen von unseren Vorgängern eingeworfene Material herausholen, sondern auch das Geröll von eingestürzten Deckschichten, das in verschieden tiefen natürlichen Kavernen mehr als vier Meter hoch lag. Erst nach fünf Grabungskampagnen konnten wir uns eine wirkliche Vorstellung von der Anlage machen. Dabei sind trotz der früheren Verwüstung noch mancherlei Artefakte und viele menschliche Knochen zutage gekommen, die von der einstigen besonderen Bedeutung der Stätte zeugen.

Im Unterschied zum großen Hypogäum von Hal Saflieni, dessen Grabkammern aus dem Felsgrund gehauen wurden, besteht die Anlage auf Gozo größtenteils aus natürlichen Höhlen, die man mit zahlreichen Durchbrüchen verband. Erosionsbedingt und vielleicht auch bei Erdbeben stürzten von dem dünnen Felsdach hier und dort immer wieder hängende Schichten nieder, so daß an vielen Stellen Geröll und Kulturrelikte wirr durcheinander lagen.« (5)

An der Grabungsstätte wird noch immer gearbeitet, sie ist abgesperrt und für Touristen nicht zu besichtigen.

Längere Zeit verweilte ich im unterirdischen Labyrinth auf Malta, dem sogenannten *Hypogäum von Hal Slafieni,* das sich nahe des Tempels *Hal Tarxien* bei La Valetta befindet. Wahrscheinlich stand über dem Eingang zum unterirdischen Heiligtum einst ein weiterer Tempel, der als billiger Steinbruch zum Bau der Wohnhäuser benutzt wurde. Von ihm ist jedenfalls nichts mehr erhalten, und auch die Existenz des Hypogäums war lange Zeit unbekannt, bis eines Tages ein Anwohner durch den Boden seines Kellers in die Tiefe stürzte. Heute führt der Eingang durch sein Privathaus über drei Stockwerke ungefähr neun Meter auf einer Wendeltreppe hinab in die 145 begehbaren Quadratmeter des Heiligtums. Das Labyrinth ist insgesamt noch wesentlich größer, doch sind einige Gänge durch Erdrutsch unpassierbar geworden und daher verriegelt. Bei der Entdeckung im Jahre 1902 wurden in den Hallen, Grabkammern und Gängen die Gebeine von mehr als 7000 Menschen gefunden, was darauf hindeutet, daß das Hypogäum als Nekropole für die benachbarten Tempelkomplexe von *Hal Tarxien* und *Kordin* benutzt wurde. Es gab aber auch Funde, die wesentlich älter sind – 5000 bis 6000 Jahre – und noch aus der Bauphase des Heiligtums stammen, unter anderem die Tonfigur einer schlafenden Priesterin mit – im Vergleich zu ihrem ausladenden Körper – winzigem Kopf. Sie ist mit einem glockenförmig auslaufenden Rock bekleidet und ruht auf einer bequemen Liege aus Holz und Schilfgeflecht.

Das Hypogäum wirkt wie ein unheimlicher, von

Menschenhand geschaffener Dachsbau, der vor vielen tausend Jahren mit einfachen Steinbeilen, Rinderhörnern und Hirschgeweihen in den porösen Kalkstein gebohrt und mit Feuersteinklingen geglättet wurde. Sorgfältig wurden die Gänge und Kammern angelegt und mit Pfeilern und allerlei Verzierungen ausgestattet. Sogar ein kleiner, runder Saal, der als formvollendet gelten darf, gehört zu dem Bauwerk.

Verzaubert gehe ich an den glattpolierten Wänden vorbei und betrachte die Reste von roter, schwarzer und ockerfarbener Malerei, die sogar noch die Decke überzieht. Bei genauem Hinsehen kann man außer Spiralen auch Tierfiguren (etwa die Kontur eines Stieres) und ein Schachbrettornament erkennen, an einer Stelle den Abdruck einer menschlichen Hand. Das alles erinnert mich sehr an die Höhlenmalereien Frankreichs und Spaniens, die zwar wesentlich älter, aber doch in ähnlicher Farbpalette und -technik und wohl mit vergleichbarer magischer Bedeutung ausgemalt sind.

Noch weiter unten stoße ich auf eine längliche Halle, in die ein Wandloch mit drei Stufen hinabführt. Man nimmt an, daß es sich dabei um das Allerheiligste handelt. In der Tat birgt der Raum ein Geheimnis. An der linken Wand ist nämlich eine Nische ausgehöhlt, und wenige Meter weiter fällt ein ovales Loch auf, das wie ein Schalltrichter funktioniert, wenn man hineinspricht. Von diesem Raum aus haben wahrscheinlich die Priesterinnen die Fragen der versammelten Gläubigen beantwortet. Ihre durch den Schalltrichter geheimnisvoll verstärkten und verfremdeten Stimmen müssen unheimlich geklungen haben. In der Haupthalle sprach, durch das ganze Labyrinth übertragen, auf unerklärliche Weise plötzlich die Göttin zu den Menschen.

Es gibt im Hypogäum noch ein weiteres Phänomen, das in Verbindung zur Figur der schlafenden Priesterin steht: In den zunächst als Totenkammern gedeuteten Mulden des Orakelraums haben bei den ursprünglichen Zeremonien einstmals wohl ratsuchende Gläubige geruht. Die Zeremonie bestand aus dem Tempelschlaf mit einer nachfolgenden Traumdeutung durch die Priesterinnen. (Es waren nämlich, so viel weiß man inzwischen, Priesterinnen, die in den Tempeln Maltas und Gozos, auch in den unterirdischen, Dienst taten.) Wie die Pythia beim Orakel im griechischen Delphi, saßen sie über Opferschalen gebeugt und atmeten den »heiligen Rauch« ein, der vor allem aus verbranntem Kümmel bestand. Kümmel war die Kultpflanze und Droge der Inseln. Sie wuchs auf der kleinen Insel Comino, deren Name sich von diesem Gewürz ableitet, und besaß eine berauschende Wirkung. Ich habe selbst die Wirkung des Rauches im Experiment ausprobiert und kann daher die einschlägigen Berichte vollauf bestätigen. Die Seherinnen von Malta und Gozo waren aber nicht nur für das Orakel und die Deutung der Träume beim Tempelschlaf zuständig, sie beobachteten vor allem auch den Flug der Falken. Dieser Vogel, vor allem der weibliche, galt ihnen als heilig und ihr Flug als Wahrsagung.

Inzwischen mehren sich die Hinweise, daß das Hypogäum auch als Ausbildungs- und Prüfstätte für junge Priesterinnen diente. Es wurden seltsame Tonfigürchen in den unterirdischen Räumlichkeiten gefunden, die man als Votiv- oder Opfergaben deuten kann, darunter etwa eine kleine Plastik, die eine schwer deformierte Figur ohne Arme, Beine und Kopf darstellt. Der Torso scheint eine an einem Bauchtumor erkrankte

Frau zu zeigen. Es gibt auch einzelne winzige Köpfe, Tonperlen und mehrere stilisierte Vogelfiguren, möglicherweise Tauben. Die wohl seltsamste Plastik stellt einen Fisch dar, der wie die schlafende Priesterin auf einem Ruhebett liegt.

Auf den heiligen Inseln Malta und Gozo gab es weder Kriegs- noch Jagdwaffen, überhaupt keinerlei Metall (6) und nirgends Verteidigungsanlagen. Die Architektur, die Keramik, die Kleinplastiken und vieles mehr zeigen einen unübersehbar femininen Stil, ebenso weisen alle Mythen, Sagen und Legenden in diese Richtung. Schließlich zeigen die Reste von überlebensgroßen weiblichen Statuen, daß in den Tempeln eine Göttin – wahrscheinlich die Große Erdmutter – verehrt wurde. Opferschalen für Weihwasser, konzentrische Kreise, Spiralen und das göttliche Augenmotiv, das für das gesamte westeuropäische Megalithikum kennzeichnend ist, ferner Weihrauch, Opferfeuer und schließlich die Kleeblattform der ober- und unterirdischen Tempel, in denen viele Wissenschaftler die Körperformen der Großen Göttin selbst wiedergegeben sehen (7), ergänzen das feminin-religiöse Muster. Das Augenmotiv hat sich übrigens bis in die heutige Zeit in seiner Bedeutung erhalten: Die meisten der maltesischen Fischerboote sind rechts und links ihres Bugs mit gemalten Augen geschmückt, was gegen die Unbilden des Wetters und Meeres schützen soll.

Augensymbol auf maltesischen Fischerbooten

Reliefsymbol am Tempel von Hagar Qim

»Aus dem Samen sehr alter Kulte, der im sonnenwarmen Schoß der mediterranen Erde, dem Reich der mächtigen Toten, der mystischen Erneuerung durch die große Mutter, der seherischen Träume, gereift war, aus Einsamkeit, Versenkung und visionärer Schau erwuchsen Bauwerke, Formen und Gestalten, deren Bedeutung kein Schriftzeugnis, kein antiker Bericht, nicht einmal eine Legende für uns erhellt«, schreibt Sibylle von Reden, die große Megaltihkultur-Forscherin (8).

Es ist unmöglich, über Malta zu berichten, ohne die rätselhaften »Karrenspuren« zu erwähnen, die an vielen Stellen die Hochebenen und das Hügelland wie ein Netz von Straßenbahnschienen überziehen. Besonders konzentriert findet man sie auf dem Felsengelände vor den Dingli-Klippen im Westen, wo sie stellenweise parallel zueinander verlaufen und regelrechte »Rangierbahnhöfe« bilden. Über dieses prähistorische Phänomen sind schon viele geistreiche, wild spekulative und völlig verrückte Theorien geäußert worden. Von allen Hypothesen scheint mir die von D. H. Trump noch die überzeugendste zu sein. Er weist darauf hin, daß die Zahl der »Gleise« dort zunimmt, wo sich bronzezeitliche Siedlungen befanden, die aus verteidigungstechnischen Gründen auf Anhöhen und in einiger Entfernung zum Meer liegen. Seiner Meinung nach sind es Schleifspuren von Gleitkarren beziehungsweise Gleitschlitten, wie sie in Westeuropa, aber auch in Asien lange Zeit in Gebrauch waren. Die sehr einfachen Konstruktionen bestanden aus zwei hölzernen Stangen, die von Menschen oder Haustieren gezogen wurden. In der Mitte befand sich ein Aufbau aus Flechtwerk oder Netzen, auf denen die Last lag. Die tief ins Erdreich eingekerbten Schleifspuren stammen wohl nicht von den Holzstangen selbst, sondern von an ihrem Ende befestigten Steinen, die als Gleitkufen dienten. Diese Hypothese hat viel für sich und könnte auch den Transport der schweren Kalksteinblöcke zu den Tempelbaustellen erklären. Ich möchte sie aber noch um eine Variante erweitern, die mir ebenso einfach wie äußerst plausibel erscheint:

Die »Schienen« könnten auch als eine Art »Kugellager« gedient haben. Ich stieß nämlich bei den Tempeln immer wieder auf größere Mengen von aufgehäuften Steinkugeln, deren Zweck die Archäologen bisher nicht erklären konnten. Legt man mehrere solcher Kugeln in eine »Schiene« (sie passen genau hinein!), so erhält man ein einfaches Kugellager, auf dem sich sehr leicht selbst größte Steinquader bewegen lassen. Da die »Schienen« in der Nähe der als Steinbruch dienenden Klippen beginnen und in leichtem Gefälle zu den Siedlungen und Tempelanlagen führen (soweit sich das bei der heutigen

Die wichtigsten Fundorte auf Malta und Gozo

Nutzung und Bebauung des Landes noch rekonstruieren läßt), sind die riesigen Steinblöcke über weite Strecken quasi von selbst zu Tale gefahren …

So erstaunlich und nahezu beispiellos sich der Aufstieg der Tempelkultur von Malta und Gozo vollzog, so abrupt und geheimnisumwoben endet diese Blütezeit auch. Die Inseln wurden nicht (wie man lange Zeit aufgrund fehlerhafter Datierungen vermutete) von bronzezeitlichen Volksstämmen aus dem östlichen Mittelmeer, die gefährliche Waffen besaßen, überrannt, die Bevölkerung vernichtet oder versklavt. Nein, als diese Eroberer im zweiten Jahrtausend v. d. Zw. Malta und Gozo als Siedlungsraum für sich entdeckten, waren die Inseln bereits jahrhundertelang verlassen und lagen brach. Die Arbeiten am Hypogäum und an verschiedenen Tempeln waren unvollendet, und nirgends lassen sich Spuren einer gewaltsamen Eroberung ausmachen. Was war also geschehen?

Wissenschaftler vermuten, daß die Pest oder eine andere schreckliche Epidemie die Inselbevölkerung heimgesucht und ausgelöscht hatte. Vielleicht waren die letzten Überlebenden auch nach Sizilien geflohen … Sibylle von Reden hält es auch für möglich, daß nach langer Dürre eine Hungersnot die Bevölkerung zur Auswanderung zwang. Oder gab es eine Revolte gegen die übermächtige Priesterschaft, gegen den Zwang, alle Kräfte für den Bau immer neuer Heiligtümer zu verschwenden? Wir wissen es nicht.

»Schattenhafte Verbindungslinien scheinen vom maltesischen Archipel nach Westen wie nach Osten auszugehen …«, so Sibylle von Reden (9).

Ein weiteres Rätsel, das die ebenso malerischen wie geheimnisvollen »heiligen Inseln« umgibt …

## Zwölfte Station: Magna Mater

### Archetypus der machtvollen Mutter

Was hatte die bisherige Spurensicherung nun eigentlich an Greifbarem gebracht? Zunächst verwirrende Vielfalt an Funden, Fakten und Detailergebnissen, die oft mehr neue Fragen aufwarfen als befriedigende Antworten boten. Ich mußte also, um mich nicht im Labyrinth der archäologischen Einzelforschungen zu verirren, wieder verstärkt nach dem berühmten roten Faden, nach der großen Linie, dem Grundmotiv suchen. Nicht so sehr die Einzelerscheinungen an verschiedenen Schauplätzen und zu durchaus unterschiedlichen Zeiten waren wichtig, sondern vielmehr das Erkennen des allumfassenden Musters: Wo und in welcher Weise wiederholten sich immer wieder typische Strukturen, welche Formen, Symbole, Attribute gehörten zu dem überdimensionalen Bildteppich, den ich aufzurollen gedachte? Wo gab es auffällige Übereinstimmungen, archetypische Module, die eindeutig zum großen Hologramm paßten?

Da war zunächst einmal die Verehrung einer allgewaltigen weiblichen Gottheit, der über Leben und Tod, über Fruchtbarkeit und Wiedergeburt wachenden Magna Mater, der Großen Ur- und Erdmutter. Jede Menge Beweise für ein Matriarchat, die sich nahtlos zu einem ganz anderen Buch als dem beabsichtigten hät-

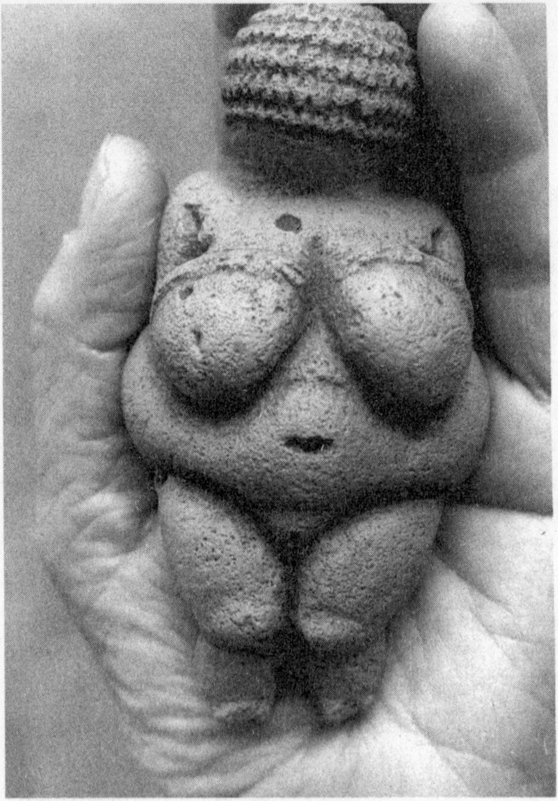

Venus von Willendorf, Niederösterreich

ten zusammenfügen lassen. Darüber sind bereits viele kluge (und einige weniger gescheite) Bücher veröffentlicht worden, und ich wollte diesem Fundus an Wissen eigentlich keine weitere Arbeit hinzufügen. Mein Interesse als Kommunikationswissenschaftler galt vorrangig der Sprache der Vorzeit, auch und vor allem der Formensprache, die sich auf vielfältige Weise in der frü-

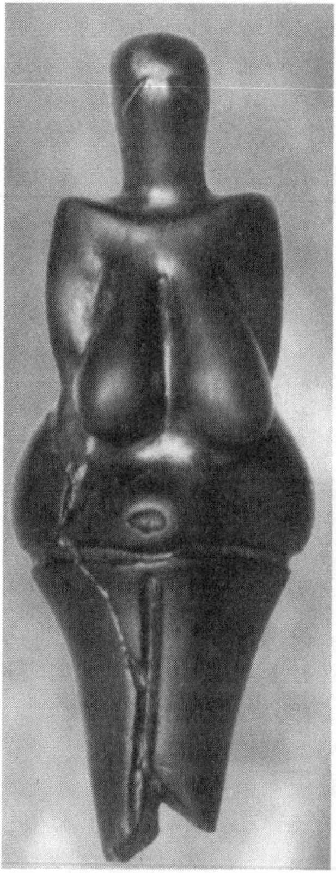

Venus von Vestonice, Mähren

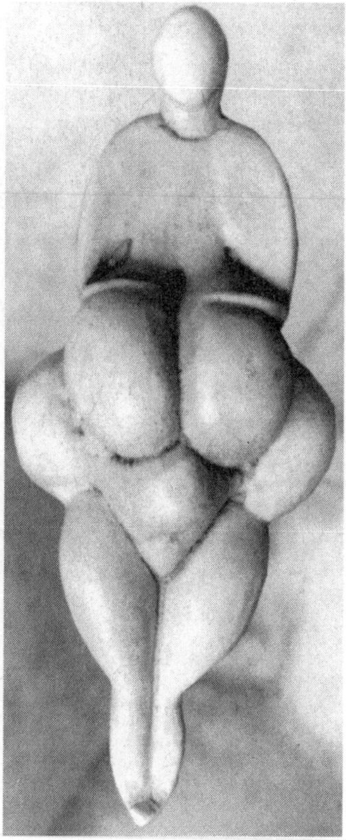

Venus von Lespugue, Dept. Haute-Garonne, Frankreich

hen Kunst, der Malerei und in den gravierten Felsbildern – dem Lexikon aus Stein –, in der Plastik bis hin zur Architektur widerspiegelt. All dies kann man nicht getrennt voneinander betrachten. Kunst und Religion waren und sind untrennbar miteinander verbunden. Magische Kulte und Rituale bestimmten von Anfang an das Leben der Menschen, so auch das, was er mit seinen Händen formte und sich als Abbild einer Wirklichkeit hinter den Dingen und an Imagisierung (1) schuf. Der für diese Art von Verständnis der Welt so wichtige deutsche Vorgeschichtsforscher Herbert Kühn schrieb 1952 in seinem heute, nach mehr als 40 Jahren, unverändert aktuellen Buch *Die Felsbilder Europas* (2) über Sinn und Bedeutung der frühen Kunst:

»Das, was der Mensch dachte, was der Schwerpunkt seines Erlebens war in den Jahrhunderten vor der Schrift, das vertraute er den Felsen an, um seinen Gedanken Dauer und Bestehen zu geben. So sind diese Bilder wertvollste Dokumente des menschlichen Geistes, sie sind von höchster Bedeutung für die Fragen nach der Entwicklung des Denkens, nach der Entstehung aller geistigen Regungen, nach dem Ursprung vom Wissen der inneren Ordnung der Welt ...«

Und an anderer Stelle des gleichen Werkes:

»Als ich im Jahre 1923 die Felsbilder der Valltorta-Schlucht besuchte und in dem Dorfe Albocacer um einen Führer bat, wollten die meisten Einwohner nicht mit mir gehen, weil die Dämonen in jener Schlucht zu Hause sind, weil es dort spukt und weil die Geister schweben zwischen den Felsen und Bildern. Als ich zwei Jahre darauf die Felsbilder von Minateda bei Carthagena besuchte, waren die Bewohner des Ortes nicht dazu zu bringen, mir beim Abzeichnen der Bilder behilflich zu sein. Sie fürchteten sich, die Malereien zu berühren, sie fürchteten die Kraft, die in den Bildern steckt, sie fürchteten die religiöse Gewalt, die von den Bildern ausgeht, und die ihnen schaden könnte. So sind die Bilder bis zur Gegenwart heilig und geladen mit Kraft. Weil sie religiösen Charakter tragen, sind die Bilder auch nicht zerstört und nicht vernichtet worden.

Bei den russischen Felsbildern am Onega-See haben christliche Mönche Kreuze über die Bilder gemalt, um ihnen die dämonische Kraft zu nehmen und um die Geister zu bannen. Niemals und an keiner Stelle ist der religiöse Gehalt dieser Bilder bis zur Gegenwart vergessen worden und regelmäßig habe ich bei den Besuchen der Bilder in Afrika, Spanien, Frankreich, Skandinavien Menschen gefunden, die nicht zu bewegen waren, auch nur in die Nähe der Bilder zu treten. Die religiöse Scheu hat sich erhalten durch die Jahrtausende bis zur Gegenwart, und sie wird nicht weichen nach weiteren Jahrtausenden.«

Diese Sätze scheinen mir geradezu visionär zu sein. Sie berühren exakt den Kern eines Phänomens, das wir heute überall, besonders bei uns in der sogenannten fortschrittsorientierten westlichen Welt, beobachten können: Die Menschen, überfordert und verängstigt von der modernen Technik, die sie mehr und mehr als bedrohlich empfinden, unbefriedigt durch die seltsam leblos klingenden Erklärungsmodelle institutionalisierter Kirchen, sehnen sich nach echtem Erlebnis, nach wahrer Religiosität zurück, nach den eigenen Wurzeln, dem Schlüssel zum Verständnis eines mittlerweile unübersichtlich gewordenen Seins. Viele von ihnen glauben, gerade in der Wiederentdeckung der Vergangenheit, in der faszinierenden Welt der frühen Bilder, der Vorzeitkunst überhaupt, einen solchen Schlüssel gefunden zu haben. Sie knüpfen, einige tausend oder sogar zehntausend Jahre der Menschheitsgeschichte überbrückend, sozusagen wieder am uralten Bildteppich weiter, da sie fühlen, daß wir während unserer rapiden Entwicklung zum computerisierten, digitalisierten Zeitalter wesentliche Bestandteile unserer Existenz übergangen, vergessen, abgekappt haben, die viel zu wertvoll sind, um in verstaubten Museen und Bibliotheken einfach abgelegt zu werden wie ein altes Kostüm. Nein, sie sind auch viel mehr als eine Uniform, eine Tracht, eine Verkleidung, sie sind – um es einmal poetisch auszudrücken – eine Hülle unseres Selbst, eine Haut, auf der wir zwar Wunden zur Schau tragen können, Schminke und Schmuck, die wir aber niemals völlig – wie Schlangen ihre Haut – als überflüssig gewordenes Requisit abstreifen können.

Dieser Gedanke ist zugleich Anlaß für das vorliegende Buch: Wenn wir uns hier mit weit zurückliegenden Zeiten befassen, so geht es dabei nicht so sehr um fremdartige Kulturen, Menschen und ihre Geschichten, sondern letztlich um uns selbst, denn das archetypische Programm der Vorzeit schlummert noch jederzeit abrufbereit in den Tiefen unserer Gedächtnisspeicher.

Versuchen wir also, das bisher Erfahrene zusammenzufassen: Die Spuren der Großen Göttin sind an vielen Plätzen Europas noch gegenwärtig, ebenso ihr Name beziehungsweise ihre regional variierenden Bezeichnungen. Dort überall ist sie in natürlichen oder von Menschenhand geschaffenen künstlichen Höhlen zu Hause. Ihre Verehrung ist mit dem Wasser verbunden, mit Quellen, Flüssen oder dem Meer. Ihr werden Opfer gebracht, vor allem solche, die mit Feuer in Zusammenhang stehen. Es gibt direkte Abbildungen von ihr und solche, die symbolisch für ihre Anwesenheit stehen, wie konzentrische Kreise, Spiralen, Wellenbänder und Schlangen. Ihre gemalten oder gravierten Augen beobachten uns. Die Architektur ihres Hauses ist organisch geformt wie die lebendige Erde selbst: rund, amöbenhaft ausufernd, kleeblattförmig. Die Kulte um sie scheinen, auch wenn sie leicht verfremdet und abgewandelt wurden, nie restlos in Vergessenheit geraten zu sein. Was wir heute für bizarre Folklore, ländliche Tradition oder Aberglauben halten, hat seine Wurzeln in der Religion des alten, »dunklen« Europa. Auch wenn die Göttin selbst von späteren Religionen, vor allem vom patriarchalisch bestimmten Christentum, gestürzt, verdrängt, verhöhnt wurde, auch wenn ihre Anhänger verfolgt und gedemütigt wurden, wirken ihre Attribute, Symbole und Zauberzeichen noch immer nach. Manchmal sogar so stark, daß wir erschüttert wären, wenn uns die Zusammenhänge aufgedeckt würden …

## Dreizehnte Station: Dordogne

### Die Höhlenkunst der Schamanen, geheimnisvolle Initiationsriten und die Geburt der Venus

Im landschaftlich außergewöhnlich reizvollen französischen Departement Dordogne – genauer: dort, wo das Tal der sich in vielen Schleifen durch die Felsufer windenden Vezère in südwestlicher Richtung auf die Dordogne zuführt – findet sich die weltweit größte Ansammlung prähistorischer Höhlen. Nicht ohne Stolz nennt sich der Ort Les Eyzies daher die »Hauptstadt der Prähistorie«.

Tatsächlich befinden wir uns hier im Zentrum eines Gebietes, das in der mittleren Steinzeit (150 000 – 40 000 v. d. Zw.) vom Neandertaler und während der letzten Eiszeit vom Menschentyp des Cromagnon besiedelt wurde. Der Cromagnon (benannt nach einem kleinen Dorf, dem ersten Fundort) entspricht vom Körperbau her dem heutigen Menschen, dem Homo sapiens sapiens. Er löste – was noch immer nicht auf befriedigende Weise erklärt werden konnte – seinen Vorgänger, den Neandertaler, ab, lebte zuvor über längere Zeiträume hinweg mit ihm zusammen, um sich schließlich, vor etwa 40 000 Jahren, endgültig durchzusetzen. So kommt es, daß wir neben den zahlreichen Höhlenmalereien und Felsritzungen des Cromagnon im Gebiet der Dordogne auch vereinzelt solche finden, die dem

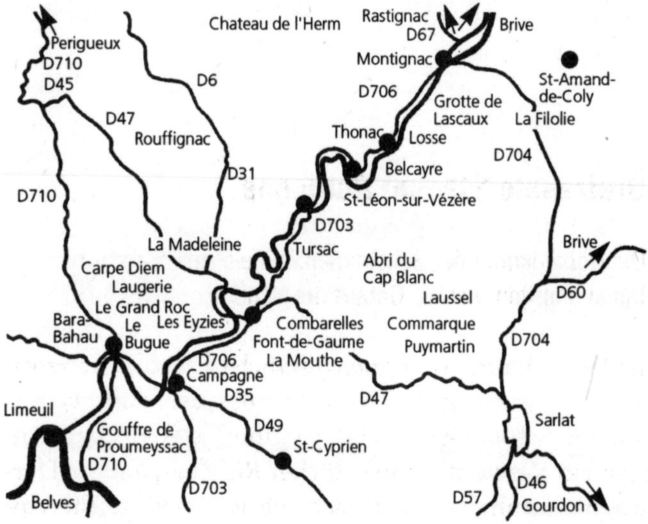


Das Tal der Vezère mit den wichtigsten prähistorischen Fundstellen

wesentlich älteren Neandertaler zuzurechnen sind. Auch er besaß offenbar bereits eine ausgeprägte Religion, legte Kultplätze für seine Riten an und schmückte sie mit magischen Botschaften aus.

Wer eine Zeitreise zu der frühesten Hochkultur Europas unternehmen will, sollte in Les Eyzies beginnen, am besten im dortigen Museum, das neben einer überlebensgroßen, stilisierten Statue eines Neandertalers viele interessante Fundstücke aus den Höhlen zeigt und den an der Kunst der Eiszeit Interessierten bestens auf seine Entdeckungstouren nach Font-de-Gaume, Les Combarelles, dem Abri du Cap-Blanc, Laussel, Rouffignac, St-Cirq, Bara-Bahan, Tayac, Gorge d'Enfer, Laugerie-Basse und Laugerie-Haute, La Mouthe, Le Moustier, La Madeleine und zu dem berühmten Grottenheiligtum von Lascaux vorbereitet.

Etwa vier Kilometer von Les Eyzies und einen Kilometer vom Abri du Cap Blanc entfernt liegt das Château de Laussel, eine kleine, heute noch bewohnte Renaissance-Burg, die leider nicht besichtigt werden kann. Ungefähr 300 Meter hinter dem Schloß zweigt ein kleinerer Weg von der Straße ab. Er führt durch dichten Wald zum Ufer der Beune. Eigentlich ist hier für den Besucher an archäologisch Interessantem nichts mehr zu entdecken, der Zeitreisende kann sich aber dennoch in einen malerisch gelegenen Schauplatz mit ungewöhnlich spannendem Hintergrund hineinversenken. Laussel war nämlich vor etwa 22 000 Jahren eine Freilandsiedlung der Cromagnon und wahrscheinlich viel mehr als das: ein heiliger Ort von höchster kultischer Ausprägung. Ist heute davon noch etwas zu spüren? Ich sage uneingeschränkt ja, aber man muß »Antennen« für so etwas haben …

Laussel wird seit 1894 ausgegraben und gehört damit zu den klassischen Fundstätten der europäischen Vorgeschichte. Bereits die ältesten Schichten von Laussel enthalten vielgestaltige Steinwerkzeuge. Die einzelnen Horizonte sind jeweils durch sterile Schichten von achtzig, hundertzwanzig und neunzig Zentimetern voneinander getrennt. Das bedeutet, daß es zwischen den einzelnen Siedlungs- und Nutzungsphasen immer wieder Zeiten gab, in denen Laussel unbewohnt war und in Vergessenheit geriet. Dennoch kamen die Menschen an den heiligen Ort zurück und entfachten erneut ihre Opferfeuer, so als käme die Erinnerung für die Nachfolgenden stets in Wellen wieder. Ein Phänomen, das an vielen »Orten der Kraft« in Europa Parallelen hat: Wo sich Neandertaler einst magisch angezogen fühlten, erging es den Cromagnon ebenso, später anderen Stämmen und Kulturen, etwa den Kelten, deren Druiden seltsamerweise genau an diesen Plätzen ihre Rituale zelebrierten. Das setzt sich durch das ganze Mittelalter bis in die Neuzeit fort. Frühe Kirchen und Kapellen verfallen, über ihren Ruinen wachsen Moose, Gräser und Wald. Plötzlich tauchen moderne Hexen und esoterische Sekten auf und fühlen sich ausgerechnet von diesen Plätzen kraftvoll angezogen. Alles Zufall? Ich mag an solche »Zufälle« nicht mehr glauben ...

Doch zurück zu Laussel. In der dritten der vier ausgegrabenen Schichten fand der Archäologe Dr. Lalanne 1908 sechs Reliefblöcke, die auf ein Alter von etwa 22 000 Jahren datiert wurden. Sie gehören damit zu den ältesten uns bekannten Reliefs überhaupt. Eines von ihnen zeigt einen nackten jungen Mann ohne Geschlechtsmerkmale, der seltsam androgyn wirkt, die Figuren der übrigen fünf Reliefs sind eindeutig weiblicher Natur.

Der deutsche Forscher Helmut Uhlig schreibt dazu:

»Im Mittelpunkt der ungleichen Gruppe steht die als Venus von Laussel berühmt gewordene, sechsundvierzig Zentimeter hohe nackte Frauenfigur mit einem gekerbten Bisonhorn in der erhobenen rechten Hand. Leicht nach vorn gebeugt liegen die Schwerpunkte der Gestalt, die aus dem Fels wie aus einer Vulva hervortritt, in den Brüsten, dem Bauch und den gewaltigen, das Schamdreieck deutlich hervortretenlassenden Schenkeln. Die linke Hand liegt lässig auf dem Bauch. Das Gesicht wurde nicht ausgeführt oder abgeschlagen, was allerdings unwahrscheinlich ist.

Vieldeutig erscheint uns die Gestalt durch das fein

ausgeführte Bisonhorn mit seinen Einkerbungen, die als Jagdkerben gedeutet worden sind. Entsprechend könnte das mit der Öffnung nach unten gehaltene Horn ein Opfergefäß sein, aus dem die Frau – zweifellos eine Darstellung der Großen Mutter – Blut auf den heiligen Platz unter ihr ausgießt, um das auf der Jagd durch die Männer zerstörte Leben in Form des zum zweitenmal vergossenen Blutes zu opfern und so zu erneuern.

Betrachtet man jedoch das andere in Laussel ausgegrabene Frauenrelief mit einem hornartigen Gegenstand in der Rechten, so kommen einem Bedenken, ob es sich dabei wirklich um ein Bisonhorn handelt. Beim zweiten Relief könnte man darüber hinaus gut an eine Darstellung der Sichel des zunehmenden Mondes denken. Nun würde eine solche Bedeutung die andere als Bisonhorn nicht ausschließen. Man denke nur an die bis ins alte Ägypten fortwirkende frühe Verbindung von Mond und Stier. Auf vielen Skulpturen und Malereien umschließen Stierhörner die Mondscheibe, wobei der Mond in seinen drei Phasen als zunehmender, voller und abnehmender Mond symbolisiert wird. Von daher würden auch die dreizehn Kerben im Horn der zentralen Figur eine sinnvolle Bedeutung erhalten. Sie könnten die dreizehn Nächte anzeigen, in denen der Mond vom ersten Aufscheinen der Mondsichel auf wunderbare Weise – so muß es der Eiszeit-Mensch gesehen haben – zum Vollmond wird. Damit würde sich sogar erklären lassen, weshalb nur eine halbe Mondsichel dargestellt ist. Sie symbolisiert das Wachsen des Mondes, das heißt seine Geburts- und Werdensphase. So wird die Große Mutter von Laussel zum Symbol des kosmischen Zusammenhangs zwischen Mond und Menschenleben, zwischen Gestirnwandel und Daseins-

△ 1 Steinkreis am Loch Roag, Insel Lewis, Äußere Hebriden

▽ 2 Newgrange

△ 4 Urmutter-Menhir auf der Druideninsel Skellig Michael

◁ 3 Der Eingangsbereich von Newgrange

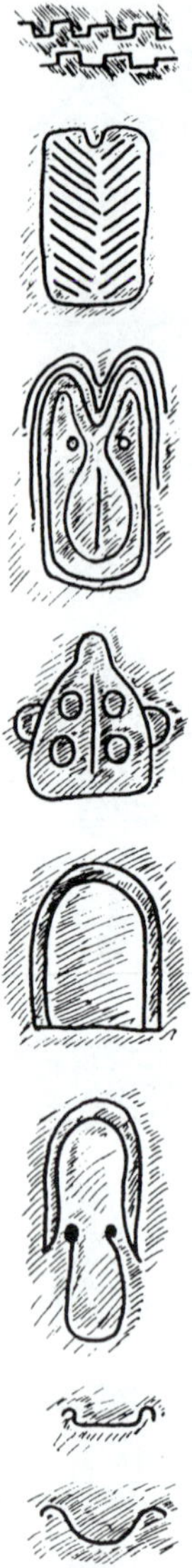

△ 5 Der große Steinkreis von Brogar auf der Insel Mainland (Orkney)

▽ 6 Eingangsbereich zum unterirdischen Galeriegrab Pierres-Plates, Locmariaquer (Golf von Morbihan)

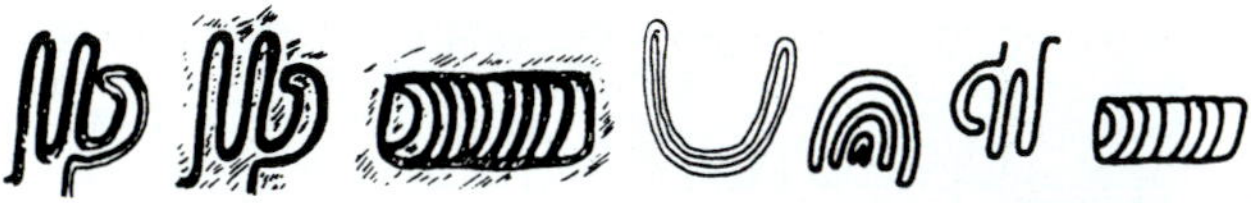

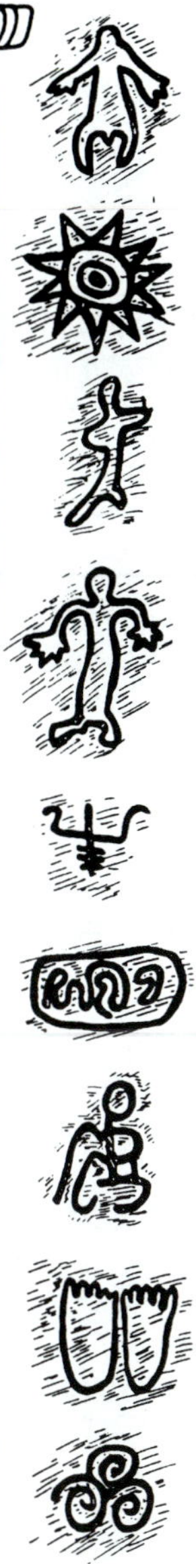

△ 7 Der Tempel von Gavrinis (Golf von Morbihan)

◁ 8 Gravuren an den Innenwänden des Tempels von Gavrinis

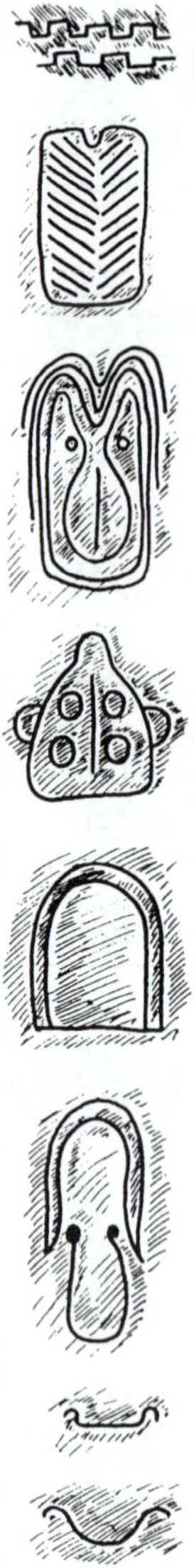

△ 9 Gravierte Innenwand mit Muldenlöchern, in denen Öl brannte – die Lampen des Tempels

▷ 10 Kein Tintenfisch, sondern eine, die Urmutter symbolisierende Schildfigur, Luffang en Crac'h (Morbihan)

△ 12 Gravierter Menhir bei Garafia, La Palma

◁ 11 Felsgravuren der Guanchen am Lomo de la Fajana bei El Paso, La Palma

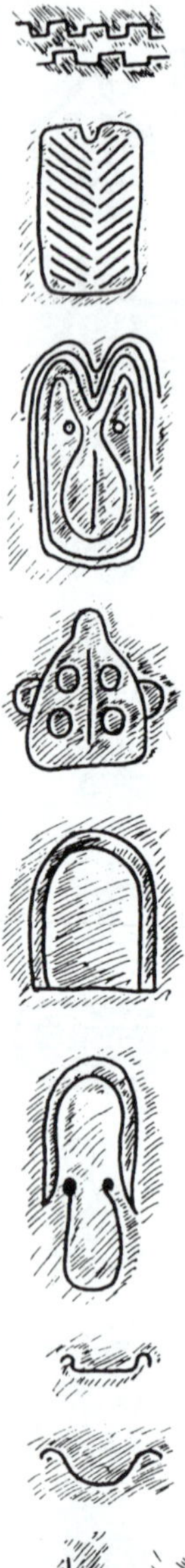

△ 14 Frühe Siedlungsspuren am Abri von Son Matge, Mallorca

◁ 13 Gravur eines aztekenartig anmutenden Männerkopfs, Fuente de la Zarzita, La Palma

△ 15 Die Tholos in der Marmaria bei Delphi

▽ 16 Die Venus von Malta, Hagar Qim

△ 17 Unterteil der großen Statue von Hal Tarxien, Archäologisches Museum La Valetta

▽ 18 Zwillingsgefäß aus der Nekropole von Hal Tarxien

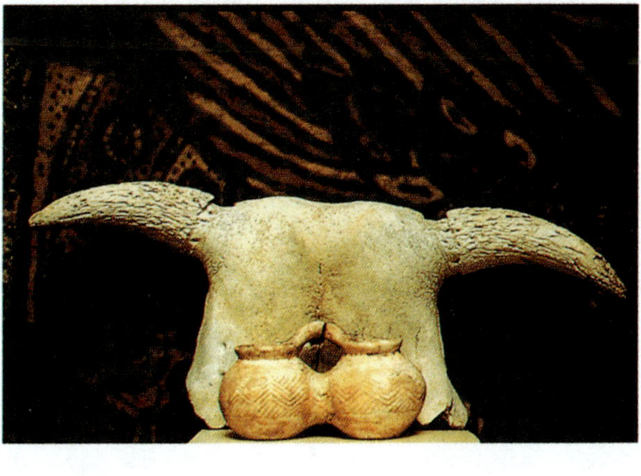

△ 19 Versteinerte Ideologie: ein armer Sünder schmort im Höllenfeuer

△ 20 Steinerne ewige Flamme auf einem Grabmal

▽ 21 Das Zyklopentor von Ses Paises

△ 22 Alter Schöpfbrunnen vor einem Landhaus, Mallorca

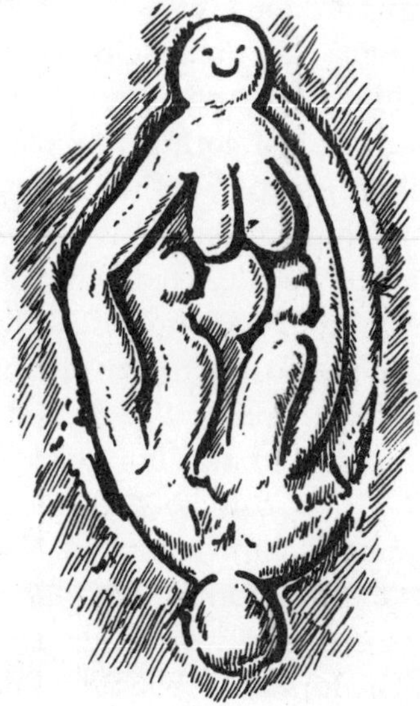

Doppelfigur
von Laussel,
Dordogne

wandel. Es ist die Frau als Mutter, die das repräsentiert und zelebriert.« (1)

Über die interpretierende Verknüpfung »Bisonhörner – Trankopfer (Libation) – Mondsichel – Kalendersystem«‹ usw. ist von wissenschaftlicher Seite aus viel und kontrovers diskutiert worden. Tatsache ist, daß die Reliefplatten unter einem Abri (Felsüberhang) dicht am Ufer des Flusses lagen, daß sie rot ausgemalt waren und zu ihren Füßen Klingen und Pfeilspitzen (Opfergaben?) lagen. Die Reliefplatten waren nicht etwa von der Felswand abgebrochen oder umgestürzt, sie lagen allesamt in einer Position, die eindeutig beweist, daß sie mit voller Absicht vergraben und somit dem Blick und Zugriff späterer Menschen entzogen wurden. Aus welchem Grund? Lag dieser Handlung vielleicht die Absicht zugrunde, die Große Erdmutter in ihrem ureigensten Element – der Erde – einzubetten?

Uhlig fährt fort: »Ein drittes der Reliefs von Laussel gibt uns nicht geringere Rätsel auf; es ist ebenfalls ein Unikat eiszeitlicher Darstellung. Auch hier könnte man beim Umriß an eine Vulva denken. Doch sie umschließt zwei spiegelbildlich zueinander stehende menschliche Gestalten. Die obere ist mit ihren Brüsten und ihrem Leib deutlich als Frau zu erkennen, die untere erscheint eher schemenhaft. Von ihr sieht man nur die Schultern und den Kopf. Das übrige steckt im Körper der Frau.

Der französische Ausgräber Lalanne hat sich wie viele nach ihm Gedanken über die Bedeutung dieser rätselhaften Darstellung gemacht. Koitus oder Geburt war seine Antwort. Der große französische Vorgeschichtsforscher Abbé Breuil hielt beide Deutungen für möglich. Sollte hier vielleicht ein erstes Dokument über das aufbrechende Erkennen des Zusammenhangs zwischen Koitus und Geburt vorliegen?«

Der Vorgeschichtsforscher Biedermann (2) bietet eine andere, ebenfalls einleuchtende Erklärung, wenn er sagt:

»Wenn aber die anderen ›Ahnmütter‹-Reliefs von Laussel aus Hörnern Flüssigkeiten, vermutlich das lebensspendende Element Wasser, auf die Erde gießen ..., dann sollte auch bei der Doppelfigur eine ›aquatische‹ Deutung erwogen werden ... Es ist denkbar, daß die Urmutter in diesem Fall nicht Wasser ausgießt, sondern selbst bis zu den Hüften im Wasser steht, wodurch sich ihr Oberleib im Spiegelbild von dessen Oberfläche abbildet. Wir werden später sehen, daß Wassersymbole in jüngeren Steinzeitkulturen eine bedeutende Rolle spielen, und es ist sicher möglich, daß die Frau als Sammlerin der Pflanzen bereits wesentlich früher dem Lebenselement ihre Aufmerksamkeit zugewendet hat – daß die Urmutter selbst wie ein Lebenskeim aus dem Wasser aufsteigend dargestellt wurde. Die weniger markante Gravierung der unteren Bildhälfte kann sich daraus erklären, daß dort nur das Spiegelbild der oberen Gestalt wiedergegeben wurde.«

Koitus, Zeugung, Geburt, Spiegelung im »Wasser des Lebens«, Wiedergeburt ... warum sollen nicht alle diese Interpretationen zutreffen? Sie widersprechen sich keineswegs, im Gegenteil: Sind es nicht allesamt Aspekte ein und desselben Vorgangs in der Natur, über dessen Gelingen die Große Fruchtbarkeitsgöttin wachte?

Außerdem steht die Doppelfigur von Laussel nicht allein da. Ich habe in verschiedenen Teilen Europas ähnliche Darstellungen angetroffen. Sie sind in der Tat durchaus unterschiedlich interpretierbar. Zum Beispiel die seltsamen altkanarischen Felsbilder vom *Barranco de los Balos* (der Schlucht der Tänzer, so genannt nach einigen Gravuren, die tanzende Menschen darstellen) auf Gran Canaria. Zunächst glaubte ich, Eidechsen vor mir zu haben, auf jeden Fall aber Reptilien. An einer bestimmten Stelle des sonnenüberfluteten Felshangs mitten im ausgetrockneten Flußbett konzentrieren sich Felsbilder dieser Art zu einem eindrucksvollen Ensemble. Ich habe sie fotografiert, abgerieben, lange betrachtet und darüber meditiert. Plötzlich erkannte ich, daß es sich nur um Adoranten – Sonnenanbeter – handeln konnte. Jeweils paarweise zu einem Doppelbild zusammengefügt, ergeben sie eine neue, für den heutigen Betrachter überraschende Form, die wir modernen Menschen aus einem ganz anderen Zusammenhang her kennen: Alle Personenbilder im Kartenspiel, also Dame, Bube und König, sind so angelegt, daß sie wahlweise von beiden Seiten aus erkannt werden können. Für uns eine selbstverständliche Alltagserscheinung, über die nicht weiter nachgedacht wird. Aber schlagartig wurde mir im *Barranco de los Balos* klar, daß sie ja eigentlich in getreuer Tradition zu den Doppelbildern der Altsteinzeit stehen. Unsere Spielkarten stellen also eine rezente Gestaltform mit vergessenem Inhalt dar. Die Erklärung, Spielkarten seien nun einmal so, damit man das Bild jederzeit, egal, wie man die Karte halte, richtig erkennen könne, erscheint mir nun doch etwas zu simpel.

Nun könnten auch die Adoranten von Gran Canaria nach Biedermanns Interpretation im Wasser stehen, sich spiegeln und dadurch ein Symbol »aquatischer« Schöpfung verkörpern. Ich komme aber nicht umhin, gerade diesen Felsbildern eher eine Geburts- und Fruchtbarkeitssymbolik zuzuschreiben. Ich muß nämlich sofort an vorgeschichtliche sabäische Felsbilder aus dem Jemen (dem legendären Reich von Saba) denken, die mir formal sehr verwandt vorkommen. Dort handelt es sich bei der oberen Hälfte des Doppelbildes deutlich erkennbar um eine gebärende Frau, während die untere spiegelbildlich gekontert einen Säugling darstellt. Die amerikanische Mythenforscherin Getty schreibt dazu:

»Zu keiner anderen Zeit ist die sterbliche Frau dem heiligen Weiblichen vielleicht näher als bei der Geburt. Schließlich hat die Große Mutter aufgrund der Abfolge von Geburt und Tod Bestand, und die Geburt trägt den Todeskeim immer schon in sich. Die Macht der Göttin wird in diesen Frauen erlebbar, die aufrecht stehend neues Leben in die Welt aussenden. Das Felsbild zeigt Mutter und Kind, durch die Nabelschnur verbunden, als Spiegelbild. Die Energielinien, die vom Kopf des Kindes ausstrahlen, veranschaulichen den stetigen Strom des Lebens.« (3)

Als Gestalter, der sich seit frühester Studienzeit mit der Kraft von Bildzeichen auseinandersetzt, weiß ich, daß es die Natur des Bildes ist, stets mehrdeutig zu wirken. Dies um so mehr, wenn das Bild Hauptträger der Information ist und der Betrachter – im besonderen Maße ein solcher aus einer magisch orientierten Vorzeit – es gewohnt ist, solche verdichteten Mehrfachbotschaften aufzunehmen und zu dekodieren. Meiner Meinung nach könnten in den alt- und jungsteinzeitlichen Doppelbildern folgende Botschaften stecken: Mutterschaft, Geburt, Fruchtbarkeit, Leben und Tod, Unsterblichkeit. Wenn die Bilder in Wassernähe auftreten, werden diese in einem komplexen Symbol verdichteten Botschaften zusätzlich mit dem Lebenselement Wasser konfrontiert. Eine deutlich sichtbare und durchaus nachvollziehbare Imagisierung!

Der sakrale Charakter der Darstellungen von Laussel und des Ortes selbst steht außer Frage. Die weibliche Präsenz von Laussel als Mutterheiligtum über Jahrtausende hinweg ergibt sich zudem durch zahlreiche Steinfunde mit eingeritzten Vulven. Solche Vulven kommen in der Höhlenkunst sehr häufig vor. Die Prähistorikerin und Höhlenforscherin Marie E.P. König untersuchte sie vorrangig im Zusammenhang mit verschiedenen anderen Hinweisen zum Urmutterkult. Das nach unten weisende Dreieck ist – im Gegensatz zu der mit ihrer Spitze nach oben zielenden »männlichen« Pyramide – ein uralter Archetypus für Weiblichkeit. Es wundert mich daher überhaupt nicht, daß solche Zeichen und Idole, im besonderen Maße aber die sogenannte »Venus von Laussel«, zu einem der am stärksten mit Emotionen aufgeladenen Symbolbilder der Frauenbewegung wurden.

Weitere Orte, an denen die Große Erdmutter verehrt wurde, sind die bemalten Kulthöhlen an den Ufern von Vezère und Dordogne. Sie wurden besonders durch ihre naturalistisch ausgeführten Tierdarstellungen berühmt und stellen heute so etwas wie moderne Wallfahrtsorte dar, zu denen Jahr für Jahr Hunderttausende von Touristen aus aller Welt pilgern. Einige der Höhlen wirken wie Kathedralen. Und in der Tat muß man sie wohl als religiöse Versammlungshallen unserer Vorfahren betrachten. Hier fanden Initiationsriten statt, Beschwörungszeremonien, magische Opferkulte, die wir heute zwar noch immer nicht restlos verstehen, aufgrund der Fundsituation aber dennoch recht gut rekonstruieren können. Es bedarf dazu allerdings wieder einmal des Hilfsmittels Zeitmaschine, um sich der komplizierten Vorstellungswelt der Steinzeit anzunähern. Sie war durch und durch schamanistisch geprägt:

Zunächst existierten im Bewußtsein der Cromagnon nicht eine, sondern gleich drei Welten: die empirisch erfahrbare »Mittelerde«, die Unterwelt (Reich der großen Erd- und Tiermutter, zuständig für Geburt und Tod) und die Welt des Himmels, in denen die Geister der Ahnen zu Hause waren. Diese drei Weltebenen waren durch den Weltenbaum beziehungsweise die Weltensäule (bestimmte Berge) miteinander verbunden. Im Himmel war der Weltenbaum durch den »Nagel« (wie der Polarstern bei allen zirkumpolaren Naturvölkern genannt wurde) befestigt. Dicht daneben gab es ein Loch als Einstieg zur Welt der Ahnen. Ihre flackernden Lagerfeuer waren als Sterne am nächtlichen Firmament sichtbar, das heißt, die Nacht gehörte den Ahnengeistern, und ihre permanente Nähe war jedem Menschen bewußt.

Der Schamane oder die Schamanin war nun aufgrund besonderer Qualifikation als Medizinmann/-frau, seelischer Berater und Mittler zwischen den Menschen und Geistern in der Lage, jederzeit über den Weltenbaum in den Himmel auf- beziehungsweise in die Unterwelt abzusteigen. Dies vollzog sich zunächst einmal ganz konkret: Die Erdhäuser der Schamanen wiesen oft einen höhlenartig ausgehobenen Kellerraum auf (wie wir ihn heute noch bei den Kiwas der Hopi und anderen Indianern, aber auch bei bestimmten sibirischen Völkern beobachten können). Dies symbolisierte die Unterwelt. Der Weltenbaum aber ragte weit aus dem Einstiegsloch im Dach der Schamanenbehausung hinaus. Über die leiterartigen Trittstufen konnte der Schamane also über das Dach in den Himmel aufsteigen. Meistens saß auf der Spitze der den Weltenbaum darstellenden Leiter ein hölzerner Vogel (oder sogar ein lebender Adler wie bei den Hopis). Vogelgleich konnte der Schamane zu den Ahnen emporsteigen. Seine Reisen in der Ober- beziehungsweise Unterwelt geschahen also teilweise ganz real, teilweise imaginär, etwa unter dem Einfluß von Drogen. Bei den sibirischen Schamanen diente etwa das Verzehren von Fliegenpilzen dazu, die imaginären Flugreisen zu erzeugen.

Die Höhlen waren gefahrvolle Einstiege zur Unterwelt der Großen Göttin. Aus dem Erdreich entstand das Leben: Quellen sprudelten hervor, und noch in der Vorstellung des Volksglaubens stammen neugeborene Kinder bekanntlich aus dem Froschteich. In die Erde ging man aber auch beim Tod ein (siehe die vielen Erdbestattungen in der sogenannten »Hockstellung«, die dem Embryonalstadium verblüffend gleicht). Von hier, aus dem Inneren der Erde, kam aber auch das Leben der Tiere. Indem man solche Tiere – genauer: ihre Seelen – malte, rief man also die Große Erdmutter an und bat sie um Fruchtbarkeit. Nur sie konnte die Tierseelen aus ihrem Reich entlassen und wieder auf der Mittelerde lebendig werden lassen. Es handelt sich daher bei den Höhlenmalereien weniger um eine Form von Jagdzauber (obwohl es diesen bei einigen Darstellungen auch gibt) als um eine magische Beschwörung der Wiedergeburt, so wie das Leben insgesamt als ganzheitlich, zyklisch und in großen Kreisbahnen verlaufend vorgestellt wurde. Das Malen der Tierbilder (und anderer Zauberzeichen bis hin zu schriftartigen Symbolen) war daher alles andere als ein bloßes Ausschmücken heiliger Orte, es war der magische Akt der Lebenserschaffung selbst. Auch Knochendepots und die Verehrung von Tierschädeln spielten dabei eine Rolle.

Der Besuch solcher besonderen, prächtig ausgemalten Weihestätten war dem Schamanen oder der Schamanin vorbehalten. Nur sie durften mit der Großen Erdmutter und Göttin Zwiesprache halten. Wenn sie junge Männer und Mädchen mit hinab in die Tiefen der Unterwelt nahmen, so diente das ihrer Initiation (Einweihung) in die geheimen Riten und Praktiken. Die Schamanen übernahmen also auch die Rolle von Lehrern und Erziehern.

Wir wissen heute, daß solche Höhlenheiligtümer – ähnlich den künstlich angelegten unterirdischen Labyrinthen Maltas, Irlands und der Bretagne – stets die

Funktion von Einweihungstempeln besaßen und mit entsprechenden Tabus umgeben waren. Nie dienten sie als normale Behausung, mit Scheu wurden sie gemieden und nur zu besonderen Gelegenheiten kultischer Art aufgesucht. Unsere Vorfahren lebten bekanntlich als frei umherschweifende Jäger und Sammler, die den großen Tierherden folgten, in Freilandsiedlungen, einfachen Unterkünften aus Buschwerk, Tierhäuten, Rundhütten aus Knochen, Zweigen und Laub.

Woher stammen überhaupt unsere Kenntnisse über das schamanistische Weltbild der Vorzeit? Zunächst einmal durch rezent lebende Naturvölker, vor allem solche in Sibirien, Australien und anderen entlegenen Winkeln der Erde, wo der Schamanismus noch bis heute praktiziert wird. Dann durch Rekonstruktionen, wobei wir uns stets davor hüten müssen, mit unserem heutigen Denken und Bewußtsein an die vorgefundenen Faktoren heranzugehen. Das mag zunächst schwer sein, wenn nicht gar als völlig unmöglich erscheinen. Haben wir uns heute nicht bereits zu sehr von der Natur entfernt, um sie auch nur annähernd noch begreifen zu können?

Unsere Wissenschaften haben zwar tausenderlei untersucht, seziert, analysiert und entsprechende Lehrmeinungen aufgestellt. Aber mal ehrlich: Was wissen wir denn nun wirklich über die geheimnisvollen Vorgänge um Geburt und Tod? Die modernen Erklärungsmodelle sind – und das sollten wir getrost eingestehen – zwar sehr wohlklingend, aber im Grunde doch mehr als oberflächlich und spekulativ. Ganz anders dagegen das Weltbild der Vorzeit: In ihm war alles, jede Erscheinung der Natur – selbst das Wasser, der Wind, die Steine und selbstverständlich auch die Tiere – beseelt.

Tiere und Pflanzen waren Brüder und Schwestern des Menschen, und dieser war ein integrierter Bestandteil der gesamten Schöpfung und noch nicht so elend und hilflos isoliert wie die Ichvorstellung des heutigen Menschen, der unter der Abtrennung von der übrigen, ihn umgebenden Natur mehr und mehr zu leiden beginnt. Wer kann da noch allen Ernstes behaupten, daß wir heute als bewußte Individuen besser dran seien? Vielleicht fehlt uns gerade die Nähe zur Schöpfung, zur gesamten belebten Erde überhaupt, die unsere Vorfahren noch spürten …

Dennoch – oder gerade deshalb – beginnen mehr und mehr Menschen heute nach ihren und unseren Wurzeln zu suchen. Genau dies ist der Weg, um sich dem Geheimnis des Seins wieder anzunähern, die Möglichkeit, aus unserer erbärmlichen Einsamkeit auszubrechen und den »großen, uralten und ewig fließenden Strom« wieder zu erreichen, der uns nicht mit toter Schulbuchweisheit abspeist, sondern mit echtem, tief erfahrbarem Wissen erfrischt. Diesen Weg gehen bis zu einem gewissen Grad die experimentellen Archäologen, die neuen Hexen und Schamanen, die allerorten in Europa ihr Handwerk wieder lernen und ihre Aufgaben übernehmen, als wären Tausende von Jahren moderner, forschrittsgläubiger Entwicklung an ihnen vorbeigerauscht wie ein bunter Comic strip ohne nachhaltigen Wert.

Ich will damit nicht einer falsch verstandenen Nostalgie, der Sehnsucht nach einem »Zurück in die Steinzeit«, einer Rückkehr in eingebildete Paradiese, das Wort reden, sondern provokativ einmal die Frage stellen: Ist in den zurückliegenden Epochen der Moderne überhaupt etwas passiert? Sind wir Menschen mit unserem sogenannten aufgeklärten, progressiven Bewußtsein wirklich »up to date« – oder sind vielleicht doch eher jene, die nahtlos an das uralte, ganzheitliche Bewußtsein und Empfinden anknüpfen und dadurch eine dringend notwendige Perspektive für die Bewältigung der Zukunft aufzeigen, auf der Höhe der Zeit und der menschlichen Möglichkeiten? Ich weiß mich bei dieser Frage mit einer wachsenden Zahl »moderner« Natur- und Geisteswissenschaftler einig, welche den zweiten Teil dieser Frage vorbehaltlos bejahen.

In diesem Zusammenhang möchte ich noch einmal auf die Gedanken zurückkommen, die ich bereits weiter oben im Zusammenhang mit den spektakulären Funden in der Burghöhle von Dietfurt geäußert habe. Sie betreffen die vier Elemente Feuer, Wasser, Erde und Luft, genauer gesagt, deren magische Umwandlung im Ritual. Wasser wurde zu Weihwasser, Feuer zum Opferfeuer, die normale Luft wurde mit wohlriechendem Räucherwerk geweiht, die Erde durch Brand verfestigt und verfärbt (bekanntlich wird grauer Lehm durch Brennen rot, ein für den Vorzeitmenschen gewiß beeindruckendes Phänomen, schließlich stellt Rot die Farbe des Blutes der Großen Mutter – des Lebens – dar!).

Mir erscheint es nun so, als ob diese vier Elemente im religiös-kultischen Rahmen der Vorzeit in einem ausgewogenen Gleichgewicht gestanden hätten. Ja, vielleicht kam es beim Opfer gerade auf die Herstellung dieses Gleichgewichtes, auf die »Versöhnung der elementaren Kräfte« an. Heutzutage ist von einem solchen harmonischen Gleichgewicht herzlich wenig festzustellen. Der tägliche gedankenlose Umgang mit der Natur beweist es auf erschreckende Weise: Das Wasser und die Luft werden bloß noch als Transportmittel für Gifte und Abgase betrachtet, als Elemente, die niemandem gehören und von niemandem mehr sonderlich geachtet werden. Überspitzt gesagt: Wir trinken aufbereitete Jauche und atmen Smog. Erde wird von den meisten Menschen als »Schmutz und Dreck« bezeichnet, als etwas, das nichts wert ist und bedenkenlos benutzt und verseucht werden darf. Nur das Feuer nimmt in der Bewertung eine ungewöhnliche Sonderstellung ein: Feuer (für das übrigens als Symbolzeichen die »männliche« Pyramide steht!) ist der gefeierte Ausdruck jeglichen Fortschritts zu Lande, zu Wasser und in der Luft, von Verbrennungsmotoren in Autos, Schiffen und Flugzeugen, in Maschinen, Hausheizungen, Atomkraftwerken und das Symbol für elektronische Technik. Kurzum: Wir verheizen alles, der Feueranteil bei den Elementen ist heute viel zu hoch und lebensbedrohlich geworden.

Ganz anders dagegen die wohlbedachten, kontrolliert verwendeten und bewußt sparsam benutzten Opferfeuer – denken wir nur an die beinahe religiös eingesetzte olympische Flamme!

## Vierzehnte Station: Portugal

Die Augen der Großen Göttin, Steinkreise und Astroarchäologie

Die Iberische Halbinsel ist zwischen Portugal und Spanien aufgeteilt, doch die kulturellen Gemeinsamkeiten beider Länder überwiegen alles Trennende bei weitem. Die Übereinstimmungen in den Ausdrucksformen – angefangen bei der Höhlenmalerei der Eiszeit über die Bauten der Megalithkultur bis hin zu den Volksbräuchen der Moderne – und Stilverwandtschaften sind nur durch einen über Jahrtausende hinweg bestehenden Handel und Kulturaustausch zu erklären.

Dennoch gibt es in unserem Zusammenhang einen bedeutsamen Unterschied: Die Megalithbauten in Portugal sind wesentlich älter als die in Spanien. Die Reise der atlantischen Westkultur gen Osten, so vermuten zahlreiche Wissenschaftler, scheint hier begonnen zu haben, zumindest aber darf Portugal als eines ihrer hauptsächlichen Zentren betrachtet werden. Auch tauchen hier erstmals symbolisierte Reliefs und Statuetten der Großen Erdmutter auf, die seltsamerweise Parallelen im östlichen Mittelmeer und in Mesopotamien haben, ohne daß bis heute klar wäre, ob und wie es zu einer kulturellen Verbindung zwischen diesen so weit voneinander entfernt liegenden Gebieten kommen konnte. Eigentlich ist Portugal von mehr Rätseln als

Karte von Portugal

Antworten geprägt, und das Wenige, das wir als gesicherte Erkenntnis ansehen können, ist noch immer von vielerlei Geheimnissen umgeben. Das sich so sonnig, offen und gastfreundlich gebende Land gehört – was den Ursprung seiner Kultur, seine vorgeschichtliche Religion und seine Sagen und Mythen angeht – zu den dunkelsten und unbekanntesten Regionen Europas.

Die Felsbilder in Höhlen – »Ausdruck des Sprechens mit Gott«, wie Herbert Kühn sie nannte – ähneln sehr denen Frankreichs und Spaniens beiderseits der Pyrenäen, vielleicht mit dem Unterschied, daß sie in Portugal wesentlich seltener sind, dafür aber abstrakter als die frankokantabrischen wirken. Die ältesten (um 18 000 v. d. Zw. datiert) Höhlenbilder – in der 1963 entdeckten Grotte *Escoural bei Montemor* – zeigen noch im typischen Stil des Magdalenien (nach der Kulthöhle Madeleine, Dordogne, benannte Kulturstufe der Altsteinzeit) naturalistisch dargestelltes Jagdwild. Die jüngeren von *Cachao da Rapa, Carlao* und *Nossa Senhora da Esperanca* sind stilisierte, symbolische Zeichen, die anscheinend Sonnenbilder darstellen. Das bedeutet, daß die eiszeitlichen Jäger und Sammler, die in Frankreich und Nordspanien so herrliche Bildwerke hinterließen, selten bis ganz nach Westen zur portugiesischen Atlantikküste vorstießen. Auch die Felsbildkunst der spanischen Levante, die im 6. Jahrtausend v. d. Zw. an der ostspanischen Mittelmeerküste auftauchte und von der eigenwillig expressive Bildwerke zeugen, dürfte mit der portugiesischen Spielart wenig zu tun haben. Jedenfalls treffen wir hier nicht auf die rennenden, tanzenden Bogenschützen der Levante und auch nicht auf jene seltsamen weiblichen Hockerfiguren, die sich nach Meinung von Experten in bequemer Gebärstellung

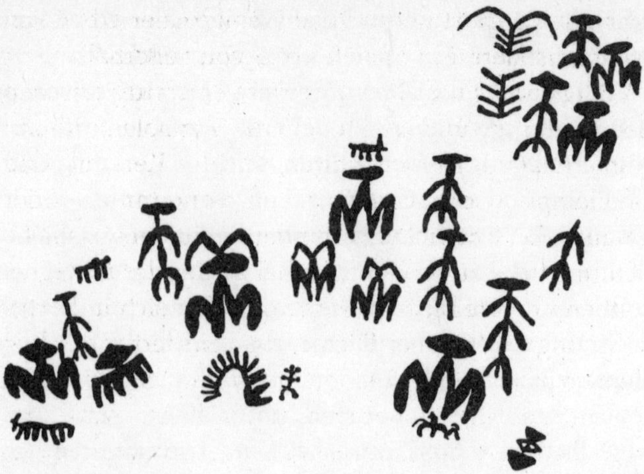

Spanische Felsgravuren: gebärende Frauen?

Felsbilder der spanischen Levante

befinden. Die portugiesischen Felsbildmaler arbeiteten offenbar isoliert und ohne Vorbild von außerhalb.

Völlig anders verhält es sich mit der portugiesischen Megalithkultur und den religiösen Symbolen, die auf Dolmenplatten, Kleinmenhiren, auf der Keramik und als kleinplastische Grabbeigaben vorkommen. Hier verläuft die Entwicklung eindeutig in west-östliche Richtung oder zumindest parallel zu der der Bretagne. Dolmen und Steinkammergräber finden sich in Portugal in ungewöhnlicher Dichte, konzentriert im Gebiet Alentejo um Evora und Montemor herum. Sie stammen allesamt aus dem 4. Jahrtausend v. d. Zw., sind aber möglicherweise (nach neuesten Untersuchungen) noch älter. Das verwundert schon, zumal die portugiesische Megalithkultur so plötzlich, ohne Vorbild und technisch völlig ausgereift auftaucht, als sei sie dem Meer entstiegen. Diese Tatsache gießt natürlich neues Wasser auf die Mühlen derer, die immer schon glaubten, die Megalithkultur sei von versprengten Nachfahren des sagenhaften Volkes von Atlantis importiert worden …

Die Megalithforscherin Sibylle von Reden kann sich das Phänomen nur damit erklären, daß »in dieser Periode die Seeverbindungen zwischen dem Südosten der Iberischen Halbinsel und ihren atlantischen Küsten wesentlich intensiver waren. Die ›Säulen des Herakles‹ (die Straße von Gibraltar) waren damals ohne Zweifel bereits von furchtlosen Navigatoren durchfahren worden, die hinter ihnen keineswegs das Ende der bewohnten Welt vermuteten. Die Entstehung der befestigten städtischen Siedlungen und der Kupferindustrie in Portugal und andererseits die Ausbreitung der westiberischen Megalithkultur nach Osten waren die Folgen. Das hohe Alter der portugiesischen Megalithkultur wird heute immer deutlicher, und damit wird auch die Frage nach Zusammenhängen mit der bretonischen und selbst der irischen wieder aktuell. Spätestens für das 3. Jahrtausend ist Seeverkehr mit dem Norden sicher. Bernstein und Kallait konnten kaum anders als längs der atlantischen Küsten nach Iberien gelangt sein. Das Erscheinen der Glockenbecherleute in der Bretagne und auf den Britischen Inseln, mit denen die Kupferzeit des Westens begann, setzte vermutlich nur eine Seefahrertradition fort, deren Alter wir nur raten können ...« (1)

Das besondere »Markenzeichen« dieser Menschen der portugiesischen Megalithkultur, die offenbar einer matriarchalisch ausgerichteten Religion angehörten, wie wir sie in diesem Buch schon mehrfach kennengelernt haben, sind die »Augen der Großen Göttin«. Diese Augen, die uns starr und ein wenig eulenhaft anschauen, tauchen im gesamten Bereich der westeuropäischen Megalithkultur auf – bis hin zum Bannblick der feingravierten Doppelspiralen an den Tempeln Maltas und noch weiter weg im Bereich des östlichen Mittelmeeres, vereinzelt sogar in Ägypten und im Orient. Doch die Augen – das müssen selbst die hartnäckigsten Vertreter des inzwischen wissenschaftlich überholten Gedankens einer von Ost nach West (vom sogenannten »fruchtbaren Halbmond« aus) erfolgten Kulturentwicklung eingestehen, sind älter!

Sie tauchen auf Steinplatten im Innern von Dolmen auf, gehören zum Repertoire der Keramikverzierung und sind als Statuetten ein so häufiges Grabinventar, daß man sie getrost als portugiesischen Standard und von hier aus bis weit nach Osten verbreitetes Exportgut betrachten kann. Auch nach Norden hin finden wir

Portugiesische Urmutteridole

Urmutteridole von
Los Millares, Spanien

Nordiberische Stele (Kuppelgrab
von Granja del Toninuelo)

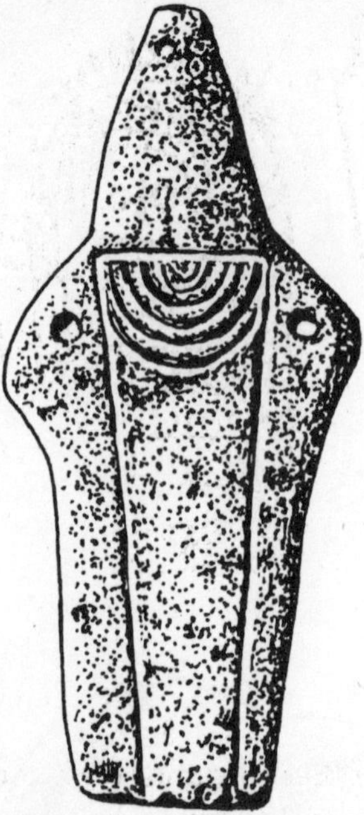

Menhirstatue aus Boulhosa, Portugal

Tonscherbe aus Frankreich

Tongefäß aus England

Tonschale aus Skandinavien

Tongefäß aus Los Millares, Spanien

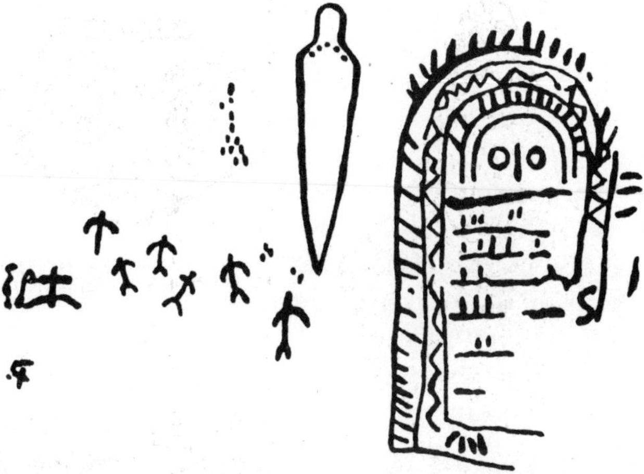

Felsmalerei von Pena Tu, Asturien

ähnliche Augenmotive: in der Bretagne und selbst noch in Irland. In ihrer südlichsten Ausbreitung scheinen sie die Kanarischen Inseln erreicht zu haben, wo uns die Augen der Großen Göttin von zahlreichen gravierten Felsbildern her anblicken.

Das Zentrum ihrer Verehrung, Portugals heimliches Herz, scheint im Gebiet von Evora – bei Almendres – zu liegen, und auch hier wird der maritime Ursprung nur allzu deutlich: Fast alle Menhire, Dolmen und sonstigen Steinmonumente stehen im Bereich der Guadiana, einer der Hauptwasserstraßen, die den atlantischen Ozean mit dem Inland verbindet. Wo dies nicht der Fall ist, fällt auf, daß sich die Monumente zumindest in unmittelbarer Nähe zu Quellen oder tiefen Brunnen befinden, was die auf das Wasser bezogene Idee, die hinter der megalithischen Architektur steht, unterstreicht.

Bei Evora finden sich in größerer Dichte auch Menhire mit symbolischen Zeichen. Am eindrucksvollsten aber dürften dort die vier Steinkreise (*Cromlechs*) sein, deren größter – bei einem elliptischen Grundriß – einen Raum von 60 x 30 Metern einnimmt. 95 Monolithen gehören zu ihm. In der Regel sind sie mit etwa zwei Metern überlebensgroß, der größte von ihnen mißt sogar drei Meter. Da sie so ebenmäßig schön sind und wie geschliffen wirken, werden sie von den Einheimischen liebevoll *pedras talhas* – »geschnitzte Steine« – genannt. Über Sinn und Zweck der Anlage wissen sie wenig zu berichten, nur daß im Innern des Steinkreises hin und wieder getanzt werde, »ungefähr so, wie das früher mal war«. Da stutzt man schon und muß unwillkürlich an die bretonischen, irischen, britischen, schottischen und norddeutschen Steinkreise denken, von denen der Volksmund in vielerlei Sagen und Legenden erzählt, daß sie »versteinerte Tänzer« seien und daß in ihnen Feste stattgefunden hätten, bei denen vor allem junge Mädchen viel getanzt hätten ...

Ganz sicher hatten sie ursprünglich wohl auch eine religiös-astronomische Funktion. Der *Cromleque dos Almendes* ist noch nicht, wie vor allem seine britischen »Kollegen«, in dieser Hinsicht untersucht worden. Es fällt nur auf, daß die Vorderseite des größten und möglicherweise bedeutendsten Steines nach Osten ausgerichtet – also der aufgehenden Sonne zugewandt – ist. Der Ingenieurwissenschaftler Dr. Alexander Thom, der als Ordinarius an der Universität Oxford lehrte, entdeckte bei seinen Untersuchungen an britischen Steinkreisen zweierlei: erstens, daß ihre geometrische Anordnung auf einer mathematischen Figur beruht, die erst wesentlich später von Pythagoras »erfunden«

wurde – dem rechtwinkligen Dreieck mit integralen Schenkeln –, und zweitens, daß der Abstand der Steine untereinander stets eine konstante Maßeinheit, die sogenannte »megalithische Elle«, beträgt. Seine Entdeckung ist allerdings umstritten, da Gegner seiner Theorie megalithische Anlagen anführten, die dieses Grundmuster nicht aufweisen. Befürworter, wie der Geomantie-Experte Nigel Pennick, lassen diesen Einwand jedoch nicht gelten: »Thoms Forschungsergebnisse zeigen, daß die megalithischen Geometer, weit entfernt davon, ungenau zu sein, Präzisionstechniker waren. Die Kreise sind das Ergebnis einer konkreten Anwendung eines bisher verschollenen Systems, das sich logisch von dem pythagoräischen Dreieck ableitet und Jahrhunderte vor der Geburt von Pythagoras entworfen wurde.« (2) Und Frank Teichmann (3) ergänzt: »Die Ungenauigkeit hört sofort auf, wenn man nicht die Steine des Kreises, sondern den Horizont beachtet. Dorthin wandte der megalithische Mensch seinen Blick, um den Bewegungen der Himmelskörper genau folgen zu können. Fast immer sind die Standorte der Steinkreise so ausgewählt, daß dort wichtige Ereignisse

Rekonstruktion eines Kuppelgrabes von Los Millares

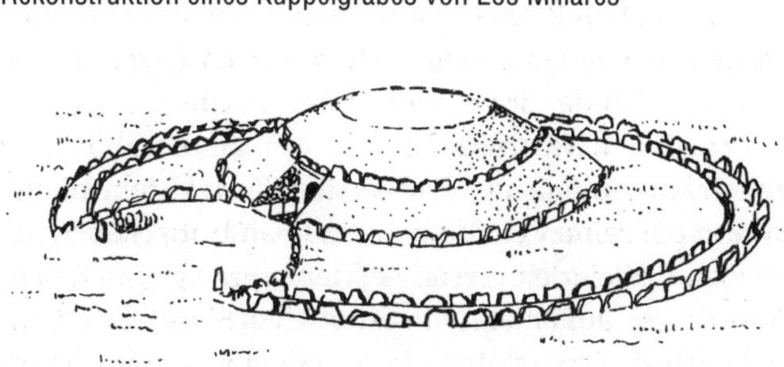

im Jahreslauf der Sonne oder im Verlauf der Mondzyklen besonders auffallen ... Schaut man nur auf den Steinkreis, so schaut man nur auf ein Fragment des Baues, denn zu ihm gehört die Landschaft und der kreisende Sternenhimmel dazu.«

Die Landschaft, die den *Cromlech* von Almendres umgibt, erfüllt genau diesen Anspruch. Während das Kreisinnere fast kahl ist, wachsen ringsum Korkeichen und Strauchwerk wie ein schützender grüner Gürtel. Man fühlt sich einfach geborgen. Diese Empfindung hatte ich stets in Steinkreisen, egal, ob sie in Irland, England, Frankreich, Deutschland oder auf den Kanarischen Inseln stehen. Die Atmosphäre wird zumeist von der anheimelnden Umgebung geprägt, so als hätten ihre Erbauer nicht nur auf astronomische Visurmöglichkeiten, sondern zudem auf die Ästhetik der Landschaft Wert gelegt. Diese Tempel, ohne störende Ecken und Kanten unter freiem Himmel erbaut, engen die Seele nicht ein, sie scheinen die gesamte Natur einzuladen, am kontemplativen Gefühl des Betrachters teilzunehmen. Sie trennen uns nicht, wie geschlossene Gebäude, von der Ganzheit, sondern scheinen diese im Gegenteil erst herzustellen und wohltuend auf Körper und Geist wirken zu lassen.

Mir fallen dazu die Worte des Malers Friedensreich Hundertwasser ein: »Die gerade Linie ist gottlos.« Er hat recht. Der Kreis ist vollkommen ...

Auch zum Feuerkult lassen sich in Portugal noch heute deutliche Hinweise finden: Am Vorabend des Weihnachtsfestes werden vielerorts offene Feuerstellen errichtet. Die Portugiesen nennen sie *lume novo* (»neue Feuer«). Sie gelten als heilig und sind mit allerlei magischen Ritualen verbunden, deren Charakter eindeutig auf vorchristliche Ursprünge deutet. So werden beim Zusammentragen des Holzes Segens- und Zaubersprüche gemurmelt, und in die Flammen werden als kleine Opfergaben Wein, Wasser, Salz oder Öl gegossen oder gestreut. Selbst die Holzkohle und Asche der Feuerstellen gilt noch als segensbringend, heilsam und nützlich für die Fruchtbarkeit der Felder. Von Hirten war zu erfahren, daß die Plätze inmitten von Steinkreisen oder zumindest in der Nähe von uralten Bodendenkmälern, Quellen oder bestimmten Wasserläufen für diese Zeremonien im besonderen Maße geeignet seien.

## Fünfzehnte Station: Avebury

Der größte Cromlech der Welt, magische Fruchtbarkeitsriten und eine Stufenpyramide in England

Oft schon habe ich Stonehenge besucht: im Frühjahr, wenn sich das mächtige graue Steingehege einsam aus dem satten Rasengrün der schier grenzenlosen, welligen Ebene bei Amesbury erhebt, oder im Winter, wenn die Sonne bläuliche Schatten über die Schneedecke zieht. Über das – trotz seines Ruinencharakters – immer noch beeindruckende Monument ist sehr viel berichtet und noch mehr spekuliert worden. Es gab spektakuläre Feste dort mit Zehntausenden von Teilnehmern und solche, die mit Polizeiketten verhindert wurden, stille Messen des neuen Druidenordens und lautstarke Proteste der New-Age-Bewegung. Selbst an einem normalen Wochentag gleicht Stonehenge einer belagerten Festung, einem Wallfahrtsort, zu dem jährlich Millionen neugieriger Touristen pilgern. Nein, ich werde nicht über Stonehenge schreiben. Alles Wissens- und Bedenkenswerte ist bekannt (oder besser: unbekannt), und mir steht nicht der Sinn danach, den zahlreichen Spekulationen noch eine weitere hinzuzufügen.

Fahren wir statt dessen lieber 22 Kilometer weiter in nördlicher Richtung. Dort erwartet uns ein noch imposanteres Geheimnis: der größte Steinkreis der Welt! Als sein Entdecker John Aubrey (jener phantasievolle Wissenschaftler, nach dem die Aubrey-Löcher um das Stonehenge-Monument herum benannt sind) 1648 eher zufällig den kleinen Ort Avebury besuchte, schrieb er »wunderbar überrascht«, daß diese Anlage Stonehenge an Größe übertreffe wie eine Kathedrale eine gewöhnliche Pfarrkirche …

Das ist nicht übertrieben, auch wenn sich dem Betrachter aufgrund der enormen Beschädigungen heute eigentlich nur noch aus der Vogelperspektive der Gesamteindruck erschließt und man Zeit und Kombinationsvermögen braucht, um vom Boden aus die einstigen Ausmaße der Anlage zu rekonstruieren. Fünf Straßen durchschneiden heute den Kreis, der ein ganzes Dorf beherbergt. Auf dem Wall und an den Straßenrändern wachsen hohe Bäume. Im Westbereich, wo sich der Hauptteil des Ortes befindet, wurden Wall und Graben zerstört und eingeebnet. Das Innere wird von Feldern eingenommen. Und schließlich dienten die gewaltigen Menhire – die größten von ihnen vermutlich mit einem Gewicht von 50 bis 60 Tonnen – als billiges Baumaterial für die Häuser. Bereits im 14. Jahrhundert stürmten christliche Eiferer den »schändlichen heidnischen Tempel« und stürzten in blinder Zerstörungswut viele Steine der Anlage um. Im 17. und 18. Jahrhundert ging man noch radikaler ans Werk, indem man viele Monolithen mit Hilfe von Feuer, kaltem Wasser und Werkzeug zu handlichem Abtransport in kleine Stücke zerlegte.

Dennoch konnte das einstige Aussehen der Anlage archäologisch rekonstruiert werden. Wer heute den Platz besucht, sollte dieses »Phantombild aus der Zeitmaschine« vor Augen und eine gute Karte und einen Kompaß zur Hand haben. So ausgestattet, kann man

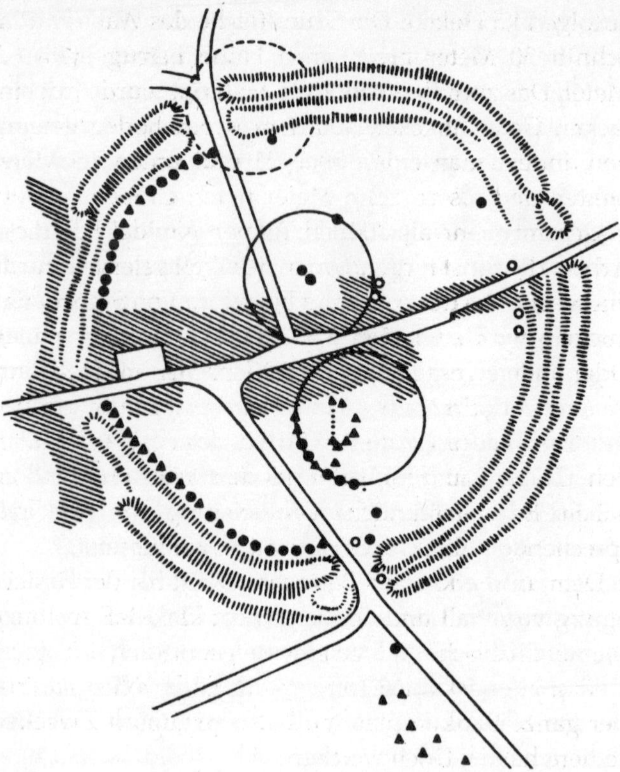

Grundriß von Avebury. Die schraffierten Flächen symbolisieren moderne Bauten.

die Wälle und Gräben abwandern und sich die Konstruktion allmählich erschließen.

Die architektonische Leistung beim Bau von Avebury war ungeheuerlich. Einige Zahlen und Fakten mögen dies verdeutlichen: Der äußere Wall hatte ursprünglich einen Umfang von 1353 und einen Durchmesser von etwa 430 Metern, die umschlossene Fläche beträgt demzufolge 14,5 Hektar. Die Grundfläche des Walls war im Schnitt 30 Meter breit, seine Höhe betrug etwa 6,7 Meter. Das zum Bau benötigte Material wurde mit einfachen Geweihhacken aus dem Kreideboden gewonnen, indem man einen oben 21 und unten 4,5 Meter breiten und bis zu zehn Meter tiefen Graben aushob, insgesamt mehr als 200 000 Tonnen Kreide! Für diese Arbeit, die sonst nirgendwo in der Welt geleistet wurde und gegen die der Aufwand beim Bau von Stonehenge mickrig wirkt, wurden 1 560 000 Stunden berechnet. Oder anders gesagt: Etwa 750 Menschen mußten jährlich nach der Ernte zwei Monate lang täglich zehn Stunden arbeiten, um nach Ablauf von vier Jahren endlich den Graben ausgehoben und den Wall errichtet zu haben. Eine erstaunliche Großleistung, die eine entsprechende politische Organisation voraussetzt.

Dem aufmerksamen Betrachter wird bei der Besichtigung von Wall und Graben sofort klar, daß Avebury keine militärische Anlage gewesen sein kann. Ein tiefer Innengraben ist verteidigungstechnisch völlig sinnlos! Der ganze Baukomplex muß also religiösen Zwecken gedient haben. Doch welchen?

Es gab vier Eingänge im Wall, und zwar im Nordnordwesten, Westsüdwesten, Südsüdosten und Ostnordosten, die mit keinerlei Toren gesichert waren. Vielmehr führten 15 Meter breite Alleen von weit her über bequeme Erdrampen in das Zentrum. Bereits diese Zuwege waren rechts und links mit Steinreihen bildenden Menhiren geschmückt. Die Abstände zwischen den Allee-Menhiren betrugen exakt 24 Meter, wobei mir bemerkenswert zu sein scheint, daß sich stets ein schlanker Menhir mit einem gedrungenen, rhomben- beziehungsweise rautenförmigen Stein abwechselte. In diesem Gestaltungsprinzip läßt sich leicht ein Dualismus von »männlichen« und »weiblichen« Menhiren erkennen. Der Grund dafür kann in einem Fruchtbarkeitskult liegen, dessen Bildsprache eben diese paarweise Anordnung der Menhire darstellt. Archäologen stießen am Fuße mancher dieser Menhire auf menschliche Skelette und schlossen daraus auf Weihe- oder Ritualopfer.

Der Eindruck beim Betreten des Heiligtums muß gewaltig gewesen sein, denn ein Steinkranz aus Hunderten weiterer Menhire begrenzte den inneren Grabenrand. Diese Monolithen stammten – wie auch die von Stonehenge – aus den in einiger Entfernung gelegenen Steinbrüchen von Marlborough. Das Heranschaffen des viele Tonnen schweren Materials mittels einfacher Zugschlitten und Muskelkraft stellte ebenfalls eine erstaunliche Leistung dar, wenn man bedenkt, daß allein für das Aufrichten eines später im Boden verankerten Steines mehr als 200 Menschen erforderlich waren ... Von den Menhiren des äußeren Steinkreises stehen heute in Avebury allerdings nur noch etwa 30 in ihrer ursprünglichen Position.

Mit diesem überdimensionalen *Cromlech* haben sich die Erbauer von Avebury aber keineswegs begnügt! Vielmehr fügten sie im Zentrum noch zwei weitere Steinkreise ein, die jeder für sich ansehnliche Ausmaße besitzen: Der nördliche, aus 27 Monolithen gebildete Kreis hat einen Durchmesser von 97 Metern, der südliche, aus 29 Monolithen gefügte einen Durchmesser von 103 Metern. Jeweils in den Zentren bilden weitere Steinsetzungen offenbar symbolträchtige Formen: Im nördlichen Kreis bilden drei Menhire einen nach Nordosten zu offenen Bogen. Den Mittelpunkt des südlichen

»krönt« ein 6,3 Meter langer Obelisk, der sofort an den »sprechenden Stein von Fal« im irischen Tara erinnert. Zwischen ihm und dem westlichen Kreisbogen waren zusätzlich acht kleinere Steine in Nord-Süd-Richtung aufgereiht. Weitere Menhire im Umfeld bieten Visurmöglichkeiten zur Himmelsbeobachtung, einer von ihnen ist an seinem oberen Ende sogar sorgfältig durchbohrt, so daß man von einer bestimmten Position aus durch ihn hindurchblicken kann.

Betrachtet man die Rekonstruktion der ganzen Anlage nun von der Luft aus, so erlebt man ein erstaunliches Phänomen: Wir blicken genau in die Augen der Großen Göttin! Also einmal mehr das so merkwürdige Augenmotiv, das uns bei der vorigen Station unserer Zeitreise schon beschäftigt hat ... Den Einwand, eine Figuration so riesigen Ausmaßes hätte man in damaliger Zeit nicht schaffen und auch niemals erkennen können, zumal die Umgebung keinerlei Beobachtungsmöglichkeiten von Hügeln aus bietet, lasse ich nicht gelten. Gerade England ist voll von überdimensionierten Erdbildern – Pferden, Fabelwesen, Riesen mit Keulen, Speeren, mit aufgerichtetem Phallus, Schlangenlinien, die an die spektakulären Scharrbilder im peruanischen Nazca erinnern, zum Teil mehr als 100 Meter großen Figurationen –, und kaum eines dieser Erdkunstwerke ist vom Boden aus richtig zu sehen. Es scheint, als wären diese Riesenkunstwerke für himmlische Betrachter geschaffen worden. Warum also nicht auch die Augen der Großen Göttin von Avebury?

Wir können heute vom Flugzeug aus erkennen, daß das Kultzentrum von Avebury keineswegs isoliert in der Landschaft liegt. Vom südlichen Eingang des *Cromlechs* aus verläuft ein 2,5 Kilometer langer Prozes-

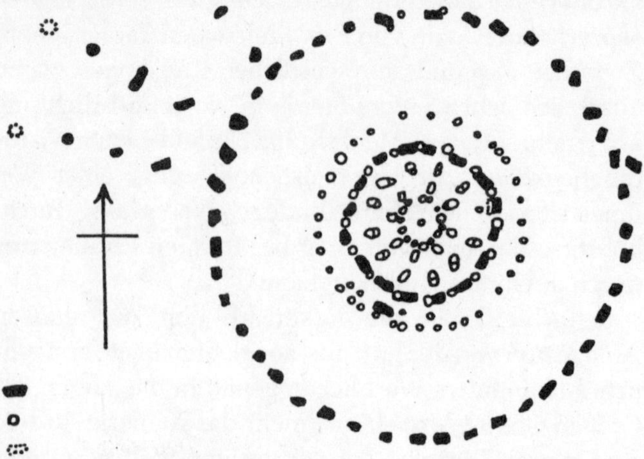

Grundriß des Rundheiligtums auf dem Overton Hill bei Avebury

sionsweg, die sogenannte »Kennet Avenue«, zu einer weiteren, jedoch wesentlich kleineren Anlage, die aus zwei Steinkreisen und den Resten diverser Holzbauten besteht, dem *Sanktuarium* auf dem Overton Hill. Wahrscheinlich befand sich hier ein *Woodhenge*, also eine hölzerne Vorform des steinernen *Stonehenges*. Überreste solcher Holztempel hat man inzwischen an vielen Plätzen Südenglands gefunden. Vom südwestlichen Eingang Aveburys verläuft ein weiterer Prozessionsweg, die Beckhampton Avenue, zu einem anderen Steinkreis, von dessen ursprünglich 200 Menhiren nur noch ein einziger übriggeblieben ist.

Nahe Avebury befindet sich auch eines der eindrucksvollsten Megalithmonumente Europas, das Langgrab von West Kennet, das hinsichtlich seiner Konstruktion mehr einem Einweihungstempel als einer

Gruft ähnelt. Es ist 113 Meter lang und zieht sich als schmaler Damm über einen Höhenrücken. Seit mehr als 100 Jahren wird West Kennet nun schon wissenschaftlich erforscht, doch es scheint hartnäckig seine Geheimnisse bewahren zu wollen. 1955 wurden zufällig vier völlig unberührte Kammern entdeckt, die man bei früheren Untersuchungen übersehen hatte. Sibylle von Reden beschreibt es so: »Der Eingang in der Mitte einer Fassade aus hohen Blöcken öffnet sich hinter zwei riesenhaften freistehenden Platten. Die 13 Meter lange Galerie von 2,5 Metern Höhe führt zu einer Kammer. Davor liegen vier doppelte Seitenzellen, die wie die Querschiffe einer Kirche wirken. Man fand sie bis zur Decke mit den Gebeinen von insgesamt 40 Skeletten gefüllt, über die Schichten von Müll gehäuft worden waren. Merkwürdigerweise gab es weniger Schädel als Unterkiefer. Vielleicht waren die Köpfe als Gegenstände eines besonderen Kultes zurückgehalten worden. Keramikscherben der ersten Windmill-Hill-Kultur in der untersten Lage bezeugen, daß dieses Grab etwa gleichzeitig mit dem großen Camp errichtet wurde, das nur 5 km entfernt liegt ... Nach der letzten Bestattung wurden die Kammern allmählich mit Holzkohle, Erde und Scherben der spätneolithischen Peterborough- und der Rinyo-Clacton-Ware und mit zerschlagenen Bechern aufgefüllt. Die Nachfüllungen erfolgten während eines Zeitraumes, der sich über das ganze Spätneolithikum und bis weit in die Kupfersteinzeit, die gegen 2000 v. Chr. begann, erstreckte. Vielleicht handelt es sich um Reste von Opfergaben aus einem Heiligtum, das noch lange zu Ehren der Toten des West-Kennet-Grabes bestand.« (1)

Zu diesem Grabtempel gibt es ein nahe gelegenes,

noch größeres Pendant: East Kenneth, einen Langhügel, der wie eine Insel aus den weiten Wiesenebenen herausragt. Er ist bis heute nicht untersucht worden, und deshalb wird vielfach wild über die Geheimnisse spekuliert, die in seinen unerforschten Tiefen verborgen ruhen.

In Sichtweite davon ragt der größte künstliche Hügel Europas, Silbury Hill, wie ein Vulkankegel aus der sanft geschwungenen Landschaft auf. Das Rätsel, das ihn umgibt, übertrifft alle anderen prähistorischen Mysterien Englands. Doch davon später ...

Wenden wir uns zuvor noch einmal Avebury und »den Augen der Großen Göttin« zu. Welche religiösen Kulte und Zeremonien wurden hier wohl einst zelebriert? Da es keinerlei schriftliche Aufzeichnungen gibt, ist man auf Vermutungen anhand des Fundmaterials angewiesen. Man fand etwa Äxte aus allen Teilen der britischen Insel, die als Opfergaben angesehen werden. Neben dem Obelisken im südlichen Steinkreis wurde eine Grube entdeckt, die mit Menschenknochen angefüllt war. In kleineren Gruben daneben lagen Depots mit fruchtbarer Erde. Der Zusammenhang von Tod und Fruchtbarkeit, den wir von anderen Anlagen der Megalithkultur her kennen, war also wohl auch in Avebury bestimmend. Man nimmt an, daß zu gewissen Daten des Bauernkalendariums Feierlichkeiten veranstaltet wurden, zu denen Tänze, Prozessionen und die Darbringung von Opfergaben an die Große Erd- und Fruchtbarkeitsgöttin gehörten. Noch im vorigen Jahrhundert sollen die Einwohner des Ortes, allen Drohungen der Kirche zum Trotz, inmitten des *Cromlechs* zu bestimmten Zeiten ausgelassen gefeiert haben. Kinder umtanzten einen riesigen Maibaum, während die erwachsenen Dorfbewohner wie in einem Amphitheater auf dem Wall saßen und zusahen. In der Vorzeit hat es bei solchen Feiern ganz sicher auch Tier- und Menschenopfer gegeben. Weitere Opfergaben waren Tonscherben, Haselnüsse, Zweige von Obstbäumen, Feuersteine, Messer und Getreidekörner. Die Nähe großer Hügelgräber wie der zuvor beschriebenen läßt den Schluß zu, daß die sterblichen Überreste der Ahnen von dort über die Straßen nach Avebury transportiert wurden. Auch sexualmagische Praktiken können Teil der Fruchtbarkeitsrituale gewesen sein. Noch um die Jahrhundertwende herum, so wird berichtet, fanden sich Mädchen aus Avebury am Vorabend zum 1. Mai, also in der Walpurgisnacht, zu hexenähnlichen Geheimtreffen zusammen. Der *Devil's Chair* (Teufelsstuhl) genannte, vier Meter hohe und 4,30 Meter breite Monolith am Beginn der West Kennet Avenue spielte dabei eine besondere Rolle. Eine natürliche Höhlung in ihm bietet sich als bequemer Sitzplatz an. Wer darin saß und sich etwas wünschte, dessen Sehnsucht sollte angeblich Erfüllung finden. Solche »Projektionssteine« oder »Liebes- und Brautsteine« für naive Erotik-, Partner- und Kinderwünsche sind auch aus anderen Teilen Englands, Irlands, der Bretagne und Norddeutschland bekannt. Maibäume werden allerorten errichtet (ihre Sexualsymbolik ist offenkundig), und der Brauch, die Walpurgisnacht mit ausgelassenen Tänzen zu feiern, nimmt bekanntlich wieder sprunghaft zu. Dies alles sind Relikte eines uralten Fruchtbarkeitskultes zu Ehren der Großen Göttin …

Viele glauben auch an die Heilkraft der Steine, deren besondere energetische Strahlung und Schwingung und daran, daß sie sich heimlich bewegen oder sprechen können und dergleichen mehr. Frank Teichmann (2) weist auf eine Besonderheit hin: »... die weitaus meisten Steinkreise liegen nahe an Flüssen, Bächen oder anderen Gewässern. Und nicht wenige Legenden berichten davon, daß einmal im Jahr die Steine lebendig würden und zum Wasser gingen, um zu trinken. Wegen dieser auffälligen Nähe zum Wasser hat man sogar an Quellenkulte gedacht. Das ist sicher zu einseitig interpretiert, besonders wenn noch ein anderes Phänomen beachtet wird, das bei den Ausgrabungen zutage kam. Viele der Steinkreise zeigen nämlich Brandspuren von heftigen Feuern in ihrem Innern (etwa in fast allen Recumbet-Stone-Circles, in Fernworthy und Brisworthy im Dartmoor, in vielen späten Ringen im nördlichen England u. v. a.). Feuer und Wasser müssen also bei den Kulten, die in den Steinkreisen stattfanden, eine Rolle gespielt haben.«

Feuer und Wasser – sowie Erde und Luft, möchte ich ergänzen, indem ich mich an die vorgefundene Situation in der Burghöhle Ditfurt und meine damaligen Gedanken über den Ausgleich der Elemente erinnere ...

Nun also Silbury Hill: Der 40 Meter hohe und einen Durchmesser von 180 Metern aufweisende gewaltigste Tumulus, der jemals im vorgeschichtlichen Europa angehäuft wurde, liegt direkt an der A 4 südlich von Avebury. Seine rund 350 000 Kubikmeter Schotter und Erde wurden erstaunlich gleichmäßig geformt. Aus der Luft sieht er aus wie ein Topfkuchen oder ein uralter, verwitterter Vulkankegel, dessen Spitze zu einer begehbaren Plattform abgeflacht wurde. Der Sage nach soll in seinem Inneren ein König namens Sil aufrecht auf seinem Streitroß sitzend begraben worden sein. Das hat natürlich schon früh Abenteurer und Forscher angelockt. Schächte und Stollen wurden hineingetrieben, doch keine der Grabungen führte zum Erfolg. 1967/68 begann eine von der britischen Fernsehanstalt BBC finanzierte umfangreiche Sondierung. Um es gleich vorwegzunehmen: Auch dabei wurden weder Schätze noch ein Begräbnisplatz entdeckt. Einzig über das Alter, die Beschaffenheit und den Verlauf der einzelnen Bauabschnitte erbrachte die Untersuchung neue Einzelheiten:

Silbury Hill wurde nach dem Schema einer Stufenpyramide in vier Phasen errichtet. Die erste begann vor etwa 4600 Jahren, also kurz nach der Fertigstellung von Stonehenge. Auf einem natürlich ansteigenden Kreidesporn schüttete man einen fünf Meter hohen, im Durchmesser 36 Meter breiten Hügel an. Sein Kern besteht aus organischem Material, vor allem Torf, in dem sich noch viele Pflanzen- und Insektenreste befanden. Im nächsten Bauabschnitt folgte der Aushub eines Grabens rings um den Hügel, mit dessen Material man aufstockte. Zur Stabilisierung der Außenwand wurde eine Mauer aus Kreidesteinen angefügt, der Zwischenraum mit Schutt, Erde und Kies aufgefüllt. Die zweite Phase der Bauarbeiten zeigt deutlich alle Merkmale des Baues einer runden Stufenpyramide, worauf in der nächsten Phase durch weitere Erdanhäufungen die Außenflächen rundum geglättet wurden. Die Sonden spürten im oberen Bereich eine bis dahin völlig unbekannte hölzerne Befestigung aus dem frühen Mittelalter auf. Auf dem Plateau selbst fanden sich konzentrische Mauern aus Kreideblöcken, ähnlich denen im Inneren des Hügels.

Was sollte nun dieser künstliche, in Form einer Stufenpyramide errichtete Berg, wenn er kein Grabmal war? Diente er als Aussichtspunkt für die Himmelsbeobachtung, als eine Art monumentaler Sonnenuhr oder Steinzeitkalender? Stellt er symbolisch den Weltenberg dar, oder diente die den Göttern nahe Plattform für besondere Zeremonien und Feste? War das Bauwerk am Ende gar ein mystischer Drachenhügel, wie ich sie bei den Arbeiten an meinem Buch *Das magische Dreieck* an diversen Plätzen in England und Frankreich aufgespürt und beschrieben habe?

Wahrscheinlich handelt es sich beim Silbury Hill um das Heiligtum einer paneuropäischen Göttin, zumal sich um ihn herum eine ins Auge fallende Anhäufung weiterer Kultstätten befindet. Keine von ihnen liegt aber so exponiert, gibt sich architektonisch so eindrucksvoll wie dieser künstliche Hügel, den man getrost zu den Weltwundern der Vorzeit rechnen darf …

## Sechzehnte Station: Cromlech

### Tanzende Steine, ein verblüffendes Maßsystem und das geheime Wissen unserer Ahnen

Die bei den uralten Megalithbauten immer wiederkehrende Grundform des Kreises brachte mich auf die Idee, mich näher mit *Cromlechs* – so das keltische Wort für Steinkreise – zu beschäftigen. Allein in Großbritannien sind mehr als tausend solcher Anlagen bekannt, es gibt sie in Irland, Norddeutschland, Frankreich, in der Schweiz, auf manchen Mittelmeerinseln und selbst auf den Kanaren. Sie gehören wohl zu den typischsten und eindrucksvollsten Monumenten der Megalithkultur.

Frank Teichmann (1), der viele von ihnen untersucht hat, weist zunächst einmal auf die unglaubliche Formenfülle beim Grundriß – der nicht immer perfekten Kreisformen entspricht, es gibt auch »eirig« ovale, und viele, die an eine liegende Acht erinnern – und auf die Vielfalt verwendeter Steinmaterialien hin. Die großen *Cromlechs* mit 50, 60 oder noch mehr Monolithen wie in Avebury sind relativ selten. In der Regel wurden die Kreise aus wenigen Steinen gebildet. Obwohl die großen Monolithen sorgfältig im Boden verankert sind und in dieser Position bereits viele Jahrtausende überdauert haben, sollte man nicht mit den heutigen architektonischen Maßstäben an sie herangehen. Ästhetisch sind sie auf jeden Fall, aber mehr im Sinne von Kunst-

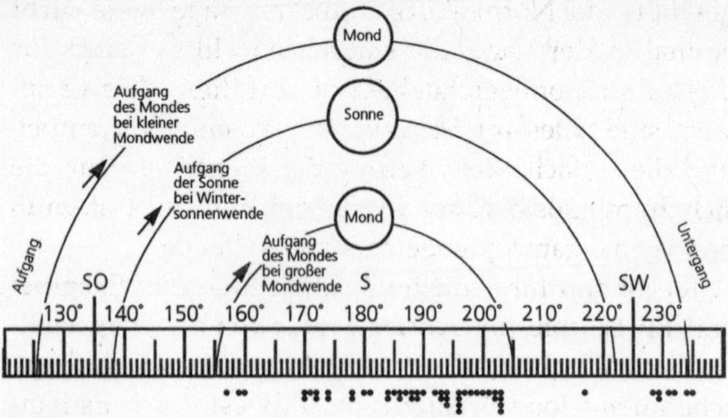


Steinkreise mit liegendem Stein, Lage der »Altarsteine«

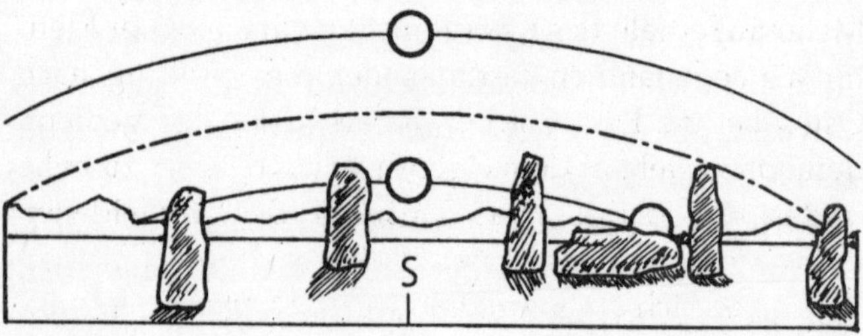


Steinkreise mit liegendem Stein, Rekonstruktion mit Mondbahn

werken in freier Landschaft. Ihre wahre Funktion und die Präzision ihrer Setzung offenbaren sich jedoch erst, wenn man sie zu astronomischen Vorgängen in Bezug setzt. Wichtige Ereignisse im Jahreslauf der Sonne und bei den Mondzyklen werden dann deutlich. Als Meßpunkte für Fernvisuren wirken sie geradezu sensationell. Es kommt einem vor, als hätten ihre Erbauer sehr viel mehr als wir Heutigen über diese Zusammenhänge gewußt. Ein Normalbürger unserer Tage wäre nicht einmal in der Lage, die simpelsten Hilfsarbeiten für diese Astronomiearchitekten auszuführen. Die *Cromlechs* sind allesamt Sternwarten, kosmische Tempel, und die einfache Bevölkerung der Megalithkultur, die sich zu religiösen Riten und Feiern in ihnen traf, muß davon eine ganze Menge verstanden haben.

Teichmann führt dazu ein überzeugendes Exempel an: »Ein Beispiel einfachster Art für den hier dargestellten Sachverhalt existiert in dem kleinen Steinkreis zwischen den Cloonee Loughs in Südwestirland. Es handelt sich dabei um einen für diese Gegend typischen Kreis aus fünf Steinen, wobei der fünfte im Westen befindliche Stein wie ein Altarstein querliegt. Etwa drei Meter außerhalb des Kreises steht noch ein hoher Menhir als sogenannter Outliner, der die Richtung nach Osten betont. Er hat sicher nie als Visierstein gedient, denn dazu steht er dem eigentlichen Kreis viel zu nahe und ist viel zu groß. Dem Geheimnis des bescheidenen Bauwerks kommt man erst auf die Spur, wenn man entdeckt, daß sich quer zur Ost-West-Richtung, jeweils im Abstand von etwa 50 Metern nach Norden und nach Süden, zwei weitere Menhire befinden. Sie bilden die andere Achse des Kreuzes, dessen beide Arme sich im Steinkreis schneiden. Nun ist es naheliegend, auch im Osten von dieser Anlage nach einem Menhir zu suchen. Aber dort steht keiner! Statt dessen ist der Ost-Horizont so gestaltet, daß dort, genau an dem Ort, an dem zu den Tag- und Nachtgleichen die Sonne aufgeht, eine kleine Einbuchtung im Bergprofil zu sehen ist, so daß dieser Tag vom Steinkreis aus genau beobachtet werden kann. Statt des fehlenden Outliners im Osten haben wir hier eine natürliche Markierung am Horizont und damit eine Fernvisierlinie. Die beiden Achsen des Kreuzes sind also durch diesen Punkt in den Jahreskreislauf der Sonne einbezogen.« (2)

Dieses Prinzip liegt wohl allen Steinkreisen zugrunde, und von daher wird klar, welche Bedeutung im Kalender der Megalithkultur die Sonnenwenden beziehungsweise die Tagundnachtgleichen besaßen. Auffallend ist, daß viele der querliegenden »Altarsteine« Gravuren wie Näpfchen, Schälchen oder konzentrische Kreise aufweisen. Diese Markierungen, die auch in den Alpen – etwa in der Schweiz – sehr zahlreich vorkommen, müssen also stets als astronomische Markierungsvermerke betrachtet werden. Möglicherweise stellen sie »Sternenkarten« dar, »graphische Notizbücher« für besondere Konstellationen am nächtlichen Firmament. Denkbar ist auch, daß man sie wie Kalender benutzte.

Stonehenge, das von allen *Cromlechs* wohl am längsten und intensivsten untersucht wurde, stellt, wenn man all diese Merkmale entschlüsselt, ein besonders gut funktionierendes Observatorium dar, eine Art Uhr oder »Steinzeitcomputer« (wie es der britische Ingenieurwissenschaftler und Oxford-Professor Alexander Thom formulierte), mit dem sich die unterschiedlichsten und kompliziertesten Berechnungen anstellen lassen.

Mit anderen Worten: Die Wissenschaftler, die nur nach archäologischen, kulturhistorischen, architektonischen, geographischen und ähnlichen Gesichtspunkten an die Betrachtung von Steinkreisen herangehen, gleichen einem Kunstkritiker, der den Wert des Bildes etwa nur nach der Menge des aufgetragenen Farbmaterials, den Preisen von Pigmenten oder der Zahl der Pinselstriche einzuschätzen versucht.

Nein, die *Cromlechs* bergen gehäuft uraltes Wissen in

sich, von dem wir teilweise bis heute noch nichts ahnen. Und sie sind Gesamtkunstwerke, die den spezifischen Charakter einer Landschaft und damit auch die aus ihr erwachsene Kultur mit all ihren Besonderheiten repräsentieren.

Im Gebiet von Dartmoor existieren etwa die *Grey Wethers*, zwei fast gleich große Steinkreise, die sich auf den ersten Blick verblüffend ähneln. Bei genauerer Untersuchung stellt man allerdings konstruktive Unterschiede fest. Die beiden *Cromlechs* liegen dicht beieinander auf dem Sattel eines Hügels, der von beiden Seiten aus erreichbar ist. Da beide Gebiete besiedelt waren, haben sich hier auf dem Hügel wohl zwei verschiedene Menschengruppen zum gemeinsamen (und doch getrennten) Gottesdienst getroffen.

Solche Doppelheiligtümer findet man des öfteren in England (etwa in Penmaenmawr/Wales, Stanton Drew, Hurlers im Bodmin Moor), wir erinnern uns aber auch an Erlannic bei Gavrinis im bretonischen Golf von Morbihan. Teichmann schreibt ihnen verschiedene denkbare Funktionen zu: Sie können als Kalenderstätte gedient haben, als Kultplatz, an dem die Götter, aber auch die Ahnen verehrt wurden, als Versammlungsort für größere Feste und Feiern und schließlich als Platz zum Handel.

Ich möchte, um den Charakter der *Cromlechs* ein wenig deutlicher werden zu lassen, einige Impressionen hinzufügen:

Ein besonders schöner und von vielerlei Sagen umwobener Steinkreis liegt etwa 30 Kilometer nordwestlich von Oxford. Die einen Durchmesser von 30 Metern aufweisende und noch recht gut erhaltene Anlage wird als *Rollright Stones* beziehungsweise *The*

*King's Men* bezeichnet. In diesem *Cromlech* sollen noch bis vor kurzem seltsame Rituale stattgefunden haben, über die nur hinter vorgehaltener Hand gemunkelt wird. Geomanten und Esoteriker sprechen von ungewöhnlichen Erdströmen und spürbar aufgeladener energetischer Strahlung in *Rollright Stones*. Es soll auch ungewöhnliche akustische Phänomene geben. Der Legende nach soll es unmöglich sein, die Steine zu zählen. Tatsächlich widersprechen sich die diesbezüglichen Angaben in den Fachbüchern erheblich. Einige hundert Meter vom Kreis entfernt ragt ein hoher Monolith aus der Landschaft auf, der sogenannte »Königsstein«. 400 Meter weiter liegt der Dolmen *Whispering Knights* (Flüsternde Ritter). Der Sage nach sollen sich beide in manchen Nächten aus ihren Positionen erheben und gemeinsam zum nahe gelegenen Fluß gehen, um zu trinken. Verständlich, daß ein so magisch aufgeladener Platz von weit her Neugierige anzieht, auch mancherlei Sekten, die sich hier zu verschwiegenen Zusammenkünften treffen ...

In Cornwall bei Boleigh bilden 19 Monolithen einen Kreis von etwa 23 Metern Durchmesser. Der Platz heißt *Merry Maidens* (Glückliche Jungfrauen). Der Sage nach sollen sie zur Musik der beiden nördlich vom *Cromlech* stehenden Menhire »Pfeifer« und »Fiedler« tanzen.

Die eingestürzte Steinsetzung von Arbor Low im englischen Derbyshire umgibt mit einem Erdwall kreisförmig ein großes Hügelgrab an einem südlichen Hang über dem Hochmoor. Die stark verwitterten 50 Steinblöcke sehen aus der Luft aus wie das Zifferblatt einer Uhr.

Der *Cromlech* von Castle Rigg in Cumberland östlich von Keswick besteht aus 38 Steinen und hat einen

Durchmesser von etwa 33 Metern. Am Ende der Setzung erkennt man auf Anhieb eine Abweichung, die dem Grundriß ein eiförmiges Aussehen verleiht. Hier hat der bereits erwähnte Alexander Thom nachgemessen und entdeckt, daß die Unregelmäßigkeit keinen Zufall oder Konstruktionsfehler darstellt, sondern bewußt eingefügt wurde, um für den Durchmesser und den Umfang ganzzahlige Vielfache einer megalithischen Elle zu bekommen. Diese Maßeinheit entspricht ungefähr 83 Zentimetern. Das Zweieinhalbfache dieser Elle nennt Thom eine »megalithische Rute«. Nach Thom kündet diese überall im megalithischen Raum anzutreffende Maßeinheit von einem standardisierten Maßsystem. Auf dem Höhepunkt des daraufhin in Wissenschaftskreisen entbrannten Streites mischte sich ein unabhängiger Mathematiker – Professor David Kendall vom Institut für Statistik an der Universität Cambridge – in die Debatte ein. Mit einer ungeheuren Anzahl von Computertests überprüfte er Thoms Angaben genau und fand heraus, daß die Ausmaße der *Cromlechs* nur mit einprozentiger Wahrscheinlichkeit ohne die gemeinsame Maßeinheit der megalithischen Elle hätten realisiert werden können. Bald nach dieser wissenschaftlichen Rechtfertigung verstummte die Kritik an Thoms Theorie.

In der offenen, von den Gezeiten regelmäßig überfluteten Landschaft der Insel Mainland auf den schottischen Orkneys wirkt der große *Cromlech* von Brogar bei Stennes besonders imposant. Wie Zeugnisse einer anderen, längst versunkenen Welt ragen die dunklen Menhire vor dem bleigrauen Himmel auf. Von dem Zentrum des Steinkreises aus reicht der Blick weit bis zum endlos wirkenden Horizont.

Völlig anders und doch vergleichbar ist der Eindruck im Hochland von Schottland und Wales. Auf dem Plateau einer einsamen Gebirgslandschaft, über das der Wind heftig die Wolkenmassen dahintreibt und zu sonnigen Lichtflecken zerteilt, stößt der Wanderer plötzlich auf einen verlassen daliegenden *Cromlech*. Man legt gern eine Rast ein und lehnt sich an einen der hohen Steine, während der Blick träumerisch in die Dimensionen der Zeitmaschine gleitet und man im Brausen des Windes seltsame Laute wahrzunehmen glaubt.

Man hat die zu einem solchen Versammlungs- und Kultplatz gehörige Einwohnerzahl der damaligen Bevölkerung recht gut rekonstruieren können (jedenfalls für Südengland): In einem Umkreis von gut einhundert Kilometern verstreut liegende Siedlungen gehörten wahrscheinlich zum Territorium eines Klans, der 3000 bis 8000 Menschen umfaßte. Bestimmte Familien müssen jeweils die Führerschaft übernommen haben, sie ließen die großen Grabmonumente errichten und waren für die geordnete Durchführung der Kulte und Feste zuständig. Wahrscheinlich schlossen sich mehrere Klans zur Gefolgschaft eines Großkönigs zusammen, dem dann – wie bei Stonehenge – im Zentrum der Macht gewaltige Grabhügel erbaut wurden und deren Ahnenverehrung noch lange danach anhielt.

Besonders eindrucksvoll finde ich *Cromlechs,* in deren Mittelpunkt ein hoher Menhir steht. Bei Glenquickan in Schottland hat man den Innenbereich des Steinkreises ausgegraben und machte dabei eine erstaunliche Entdeckung: Die gesamte innere Fläche des Kreises war – unter der Erdschicht – sorgfältig mit Kieselsteinen ausgelegt. Die Archäologen halten diese Sonderform für ein Pseudo-Grab, was bedeutet, daß der *Cromlech* – obgleich keine eigentliche Begräbnisstelle vorhanden war – wie eine solche mit »Fußboden« versehen wurde. Der Menhir erfüllt hier also offensichtlich die Funktion einer Gedenkstelle.

Bei anderen *Cromlechs* liegt quer im Zentrum ein Altarstein. Natürlich fragt man sich, welche Art von Gottesdienst und Opfer an solchen Stellen wohl zelebriert wurde. Ich möchte die Frage aber noch ein wenig erweitern und nochmals auf das Wort »Altar« selbst hinweisen. Das lateinische Wort bedeutet bekanntlich »Opferherd«, und Opferfeuer mögen an einer solchen Stelle auch wirklich gebrannt haben. Die indoeuropäische Wortwurzel »-tar« ist jedoch unbekannten Urprungs. Hat sie vielleicht etwas mit der Großen Erdmutter Tara zu tun? Von der Guanchensprache der Kanarischen Inseln her wissen wir, daß *Tara* »Stein, Steinzeichen, steinerne Erinnerung« bedeutet. Der zusammengesetzte Name *Os-tara* bedeutet im germanischen »Gott oder Göttin Tara«, also womöglich »Gott-Stein« oder »Stein-Gott«. Und symbolisiert der steinerne Al-tar nicht sehr genau diese Wortbedeutung?

Auf den Kanarischen Inseln ist die Präsenz von Steinkreisen übrigens unübersehbar. Sie werden dort *Tagoror* genannt und dienten vornehmlich als Versammlungsplätze. Die Verbindung von Stein und Kreis zum Steinkreis, also das Erkennungszeichen der westeuropäischen Megalithkultur schlechthin, findet sich auf allen sieben kanarischen Inseln an besonderen »Plätzen der Macht«. Im *Tagoror*, so berichten die Chronisten, trafen sich die Guanchen zum *Thing*, sie nutzten ihn für die Rechtsprechung und für Opferkulte, zur Himmelsbeobachtung, für Spiele, Zweikämpfe, Fest und gemeinsame Eßgelage. Die Formensprache hat sich bis in die heutige Zeit hinein erhalten: Der Kampfplatz beim *Lucha Canaria,* dem alten kanarischen Ringkampf, ist kreisrund, ebenso die schon lange nicht mehr benutzten Dreschplätze, und sogar die familiären Palaverplätze nahe alten Häusern bestehen aus Steinkreisen. Nach dem spanischen Historiker Espinosa besaß jede Guanchenhöhle eine solche »Empfangshalle«, nur der *Tagoror* des Königs diente speziell als Versammlungs-

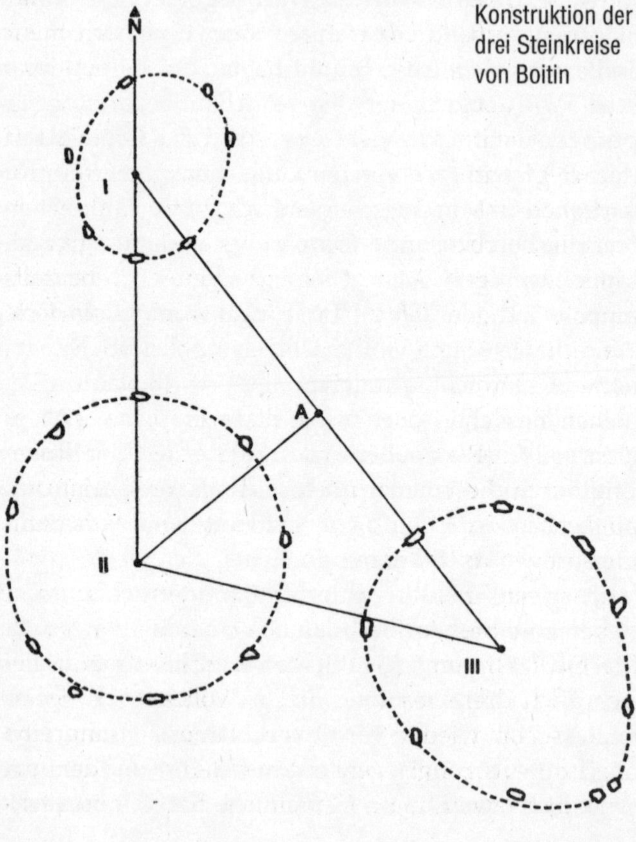


Konstruktion der drei Steinkreise von Boitin

platz des Ältestenrats. Auch Menhire kommen auf den Kanarischen Inseln vor, möglicherweise in einem ganz ähnlichen Nutzungszusammenhang wie in Irland, England und der Bretagne.

Ich habe auf den Kanaren recht gut erhaltene Anlagen gesehen, bei deren Anblick ich mich sofort in den Nordwesten Europas zurückversetzt fühlte – zum Beispiel die *Era de los Antiguas* (Zone der Vorfahren) auf La Gomera, ein wunderschöner Platz mit *Cromlech* und im Boden verankertem Menhir. Das Bergheiligtum ist nur auf einem äußerst schwierigen Weg, eigentlich mehr einem schmalen, rutschigen Trittpfad am Rande eines Steilhangs, über den schroffen Cerro de Bejira zu erreichen. Die nicht sehr große Zone, die windgeschützt am Meer liegt, enthält einen etwa zehn mal 14 Meter großen *Conchero* (Muschelscherbenhaufen) mit zahlreichen Keramikscherben und Werkzeugresten, einen großen, doppelwandigen *Tagoror*, einen kleineren, ebenfalls doppelwandigen *Tagoror* sowie zwei auffällig plazierte Menhire. Dem größeren von ihnen kommt mit Sicherheit eine astronomische Visurfunktion zu, die ich bei meinen Besuchen dort nicht überprüft habe. Wie es heißt, soll der Platz selbst in den Zeiten nach der Eroberung durch die Spanier noch als Rückzugsgebiet und möglicherweise noch lange als Kult- und Versammlungsort genutzt worden sein.

Aber man braucht gar nicht so weit zu reisen, um interessante Steinkreise besichtigen zu können. Nahe dem Ort Boitin im Kreis Bützow (Bezirk Schwerin) liegen gleich drei *Cromlechs*, die im Volksmund »Steintanz« (schon wieder verrät die Namensgebung eine mögliche Nutzung!) genannt werden. Von den ursprünglich jeweils neun Monolithen eines Kreises fehlen in einem von ihnen heute zwei Steine. Die Durchmesser betragen 9,14 und 16 Meter. Diese Anlage wurde – wie viele andere *Cromlechs* – von dem äußerst gründlich arbeitenden deutschen Astronomen Prof. Dr. Müller (3) untersucht. Auch der Sachbuchautor Rudolf Drößler bezieht sich auf dessen Ergebnisse und führt weitere interessante archäoastronomische Fundstellen an (4). Offenbar gab es früher in Deutschland noch viel mehr solcher *Cromlechs*, doch sie wurden im Zuge der Christianisierung und später durch rücksichtslose Landverbauung bis zur Unkenntlichkeit zerstört.

Um so mehr Aufsehen erregte ein 1980 nach 15 Jahre dauernder Grabungskampagne gemachter archäologischer Fund: Auf der Schalkenburg bei Quenstedt am Rande des Ostharzes wurden die Überreste eines 4200 Jahre alten Heiligtums entdeckt, das ganz in der Tradition der englischen *Woodhenges* aus fünf konzentrischen Palisadenringen errichtet war. Der Durchmesser der Anlage beträgt 90 Meter. Drei nicht nach den Himmelsrichtungen orientierte Durchgänge führen zu einem großen, kreisrunden Innenhof. Die Archäologen Behrens und Schröter erkannten nach astronomischen Messungen an den eigenartigen Tordurchgängen sofort Übereinstimmungen mit den jährlichen Durchlaufzeiten von Sonne und Mond, speziell zu den Sommer- und Wintersonnenwenden. In einer Opfergrube wurden neben einem auffällig durchbohrten Stein mehrere Gefäße gefunden, die an Trankopfer denken lassen. Wie aus der Anzahl der Pfostenlöcher zu schließen, müssen beim Bau der – bisher für Mitteleuropa beispiellosen – hölzernen Kultanlage etwa 5000 Baumstämme verarbeitet worden sein. Der Grundriß entspricht im übrigen nicht nur dem bereits so häufig genannten Symbol der konzentrischen Ringe, sondern auch und – wenn man es genau nimmt – sogar mehr noch dem des Labyrinths.

Vor kurzem erst stießen Archäologen bei Vavan in der Nähe der nordirischen Stadt Armagh auf ein sehr seltsames keltisches Gebäude aus dem 3. Jahrhundert v. d. Zw. Der ausgegrabene Komplex umfaßt einen Wohnplatz, an dem sich auch mystische Dinge abgespielt haben müssen. Dort wurde etwa der Schädel eines geopferten Affen geborgen. Die Architektur bestand aus einem riesigen runden Holzgebäude aus 275 dicken Eichenpfählen, die in konzentrischen Kreisen aufgestellt waren. Die irischen Wissenschaftler interpretieren den Fundort als Heiligtum für einen Gewitter- und Himmelsgott. Diese Gottheit wurde von den gallischen Kelten häufig mit einem Rad dargestellt. Der 2,5 Meter hohe Steinhügel im Zentrum des Rundbaues weist deutlich Spuren von Radspeichen auf, die allerdings nur aus der Luft erkennbar sind. Die zwischen den Steinen geborgenen Menschenknochen weisen auf Menschenopfer hin.

Genau solche Radspeichen befinden sich aber auch am Großtumulus von La Guancha, im Nordwesten der Insel Gran Canaria. Auch sie sind vom Boden aus nicht, dafür aber vom Hubschrauber aus deutlich erkennbar.

## Siebzehnte Station: Sardinien

### Nuraghen, Brunnentempel und ein rätselhafter Gott in Stiergestalt

Sardinien war bereits von frühester Vorzeit an besiedelt. Funde aus dem Paläolithikum weisen ein Alter von 150 000 Jahren auf; nach anderen, bislang noch nicht abgesicherten Messungen sind sogar noch wesentlich ältere Datierungen denkbar. Im 7. Jahrtausend v. d. Zw. gelangten Menschen auf dem Seeweg von Korsika und Italien aus zur Insel. Sie lebten in Grotteneingängen und unter überdachten Felsnischen (*Abris*). Die aus dieser Zeit stammende Keramik weist mit ihrer reichen Verzierung (farbige Bemalung, Muschelabdrucke und gravierte menschliche Figuren) und der Formenvielfalt (Tassen, Töpfe, bauchige Vasen, Vasen mit Henkel, kugel- und birnenförmige Flaschen und Trinkgefäße) bereits auf eine bestehende Hochkultur hin. Im 4. Jahrtausend v. d. Zw. tauchen die ersten Urmutteridole auf: kleine Statuetten, die einen fettleibigen nackten Körper in verschiedenen Positionen zeigen, wobei die Weiblichkeit vorwiegend durch Darstellung der Brüste und nicht durch ein Schamdreieck symbolisiert wird. Einige dieser Idole sehen den bereits beschriebenen Statuetten der Kykladen verblüffend ähnlich. Sie sind aus dem heimischen Sandstein gefertigt und sollen – so erklärte mir ein sardischer Archäologe – einst bemalt gewesen sein und sogar »richtige« Gesichter besessen haben. Das würde die rätselhafte Starrheit erklären, die den Porträts heute zueigen ist. Die formschönsten Kleinplastiken dieser Art wurden in den Gräbern und Kultplätzen von Sa Turriga und Porto Ferro gefunden. Heute kann man sie im Nationalmuseum von Cagliari bewundern. Und in den oft kunstvoll ausgestatteten Grabkammern treffen wir wieder auf das Motiv der Doppelspirale: Die Große Ur- und Erdmutter starrt uns mit ihrem Bannblick an ...

Meine Spurensuche im Gelände beginnt im Norden Sardiniens in der Region Gallura. Die hohe Limbara-Bergkette trennt das Gebiet von der übrigen Insel ab. Dies mag auch der Grund dafür sein, daß sich hier die alte steinzeitliche Kultur am längsten und unbeeinflußt von Invasoren aus dem Süden hielt. Das Gebiet um Arzachena (nach dem die Kultur benannt wurde) ist eine wild malerische Landschaft, die einen – auch ohne Zeitmaschine – leicht in vergangene Epochen zurückversetzt. Ich kann mir gut vorstellen, wie aus den hochgelegenen Felsüberhängen erste einfache Verteidigungsstützpunkte und später winzige Dörfer entstanden. Diese noch völlig in und mit der Natur in Einklang lebende Hirtenkultur kannte keine großartigen architektonischen Monumente. Dafür aber Steinkreise. Runde, mit senkrecht aufgestellten Steinen ummauerte Plätze von einigen Metern Durchmesser (*Cromlechs, Tagorors)* dienten als Versammlungs- und Kultplätze. Die Eingänge zu diesen Kreisen befinden sich stets im Südosten, ihnen gegenüber ragen einfache Stelen auf, die als göttliche Symbole, aber auch zu Visurzwecken gedient haben mögen. Nach allem, was man bisher über die sardischen Steinkreise weiß, wurden auf diesen geweihten Plätzen auch die Toten bis zu ihrer Skelettierung aufbewahrt und teilweise verbrannt.

Rainer Pauli (1) schreibt dazu: »Die Sekundärbestattung erfolgte anschließend in Felshöhlungen oder in anderen Steinkreisen, die unter einem Erdhügel (Tumulus) eine geräumige Steinkiste einschlossen. In der Nekropole von Li Muri sehen wir am Rand der ehemaligen Tumuli weiter kleine Steinkisten für Opfergaben und mehrere umgestürzte Steinpfeiler (Bätylen), teilweise innerhalb eines kleinen Steinkranzes – wie vor den Kuppelgräbern der kupferzeitlichen ›Kolonie‹ von Los Millares auf der iberischen Halbinsel ... Im übrigen wissen wir über die Kultur von Arzachena noch viel zu wenig, um irgendwelche Aussagen über ihren Ursprung machen zu können, denn das ›Markenzeichen‹, die Steinkisten im Grabhügel, waren von der Ägäis bis zu den Pyrenäen verbreitet ...«

... und weiter noch, ergänze ich in Gedanken, während ich meditierend auf einer kleinen, das Gelände überragenden Felskante sitze. Bis hin zu den Kanarischen Inseln! Die Ähnlichkeit mit der Nekropole *La Guancha* auf Gran Canaria und anderen Plätzen ist offenkundig. Wie damals die Menschen dort, kannte auch die Arzachena-Kultur noch nicht den Gebrauch von Metallen. Unter den Grabbeigaben findet man vor allem polierte Steinbeile, Keulen, Feuersteinmesser und Steinperlenketten. Das Metallaufkommen beendete durch gewaltsamen Einfall überlegen bewaffneter Invasoren das Leben der Hirtenstämme im Norden Sardiniens. Als Zeitraum für dieses Ereignis wird die Spanne zwischen 2500 und 1800 v. d. Zw. angesehen. Völlig ungeklärt ist noch, wie die vielen Menhire, Steinreihen und Dolmen auf Sardinien zeitlich einzuordnen sind, die allesamt deutliche Verwandtschaft zur Megalithkultur Frankreichs, Spaniens und Korsikas aufweisen. Nach Einschätzung führender Wissenschaftler dürften diese Bauwerke ebenfalls lange vor der »Metallzeit« entstanden sein …

So gut die sardische Vorzeit bereits erforscht wurde – die ungelösten Rätsel überwiegen bei weitem! Noch immer sind nicht alle der Tausende natürlicher Höhlen im Landesinneren untersucht worden. Sagen, Märchen und wilde Banditengeschichten umranken sie. Da ist von »Feengrotten« die Rede, von ausgedehnten unterirdischen Labyrinthen, ähnlich denen auf Malta und Gozo. An diese erinnert das sogenannte »Häuptlingsgrab« der Nekropole von S. Andria Priu (bei Bonorva, Campeda) in der Tat. Dort fielen mir vor allem die vielen in die Vorräume der Gräber eingesenkten Näpfe für Speisen- und Trankopfer auf: Sorgfältig (wie in der Burghöhle Dietfurt) in den Boden gekerbt, bilden sie vielerorts einen Ring. Wo solche Näpfe fehlen, stoßen wir auf Steinringe, die Opferherde und sorgsam abgegrenzte Feuerstellen markieren. Dies alles deutet darauf hin, daß die verstorbenen Ahnen als übermenschliche Wesen verehrt wurden, denen man Gebete und Opfergaben darbrachte. Auch soll es (wie auf Malta und Gozo und vielleicht auch im deutschen Dietfurt) Sitte gewesen sein, an den Gräbern der Vorfahren den heiligen Kultschlaf abzuhalten. Im Traum spendeten die Ahnen auf wundersame Weise Rat und Heilung.

Als besonders merkwürdig erscheint mir die Beschaffenheit des Plateaus oberhalb der Nekropole: Dort ragt ein Gebilde aus Trachyt auf, das eindeutig Spuren menschlicher Nachbearbeitung aufweist. Vier Beine sind zu erkennen. Wenn die Monumentalplastik einen

Stier beziehungsweise eine tiergestaltige Gottheit darstellen soll, so ist ihr irgendwann einmal der Kopf abhanden gekommen. Um diese Großplastik ranken sich vielerlei Sagen, deren widersprüchliche Botschaften nichts über den einstigen Sinn und Zweck verraten. In der Fachliteratur wird die Existenz des Kunstwerks aus grauer Vorzeit mangels irgendwelcher Erklärungen einfach verschwiegen …

Nun wird es aber unbedingt Zeit, sich dem eigentlichen »Wahrzeichen« Sardiniens zuzuwenden, den Nuraghen-Festungen, von denen es einst über 7000 auf der Insel gegeben haben soll. Es ist eine Sysiphosarbeit, sie alle aufzusuchen und ihre Unterschiede zu beschreiben. Ich beschränke mich daher – getreu der Vogelperspektive des vorigen Kapitels – auf das ihnen allen gemeinsame Muster und greife nur eine (die eindrucksvollste!) Festung heraus, um die Typik der Architektur beispielhaft vorzustellen.

Zunächst gilt es festzuhalten, daß die Rundform die Architektur der sardischen Frühzeit bestimmte: Die Grundrisse der Hütten waren rund, ebenso die Kult- und Versammlungsplätze, die Brunnen und später die wehrhaften Nuraghenfestungen. Erst die aus dem östlichen Mittelmeerraum stammenden Punier führten nach ihrer siegreichen Invasion im 6. Jh. v. d. Zw. das Rechteck ein.

Die Rundbauten waren früher von einem schilfgedeckten Balkengerüst mit Mittelstütze überdacht. In den Versammlungshäusern lief eine Sitzbank um die freie Mitte. Oft stand in einer Nische gegenüber dem Eingang ein *Bätyl* (Kleinmenhir), dem im Kult besondere Bedeutung zukam. Man nimmt an, daß die altsardische Bevölkerung hierarchisch strukturiert war: Das

Die Nuraghe Su Nuraxi, Blick von der Festung auf das Dorf

»Dorfparlament« bestand aus einer Art Ältestenrat unter Vorsitz eines Hirtenkönigs.

Diesen Profanbauten waren die großen Nuraghenfestungen nachempfunden. Als stolze Burgen ragen sie aus der Landschaft heraus, wehrhafte Wächter über die sie umgebenden Dorfgemeinden. Die Festung *Su Nuraxi* thront bei Barumini am nördlichen Rand der weiten Hügellandschaft Marmila auf einer kleinen Anhöhe. Der älteste Teil umfaßt den großen Mittelturm.

Ebenerdig führt ein Korridor an einer Postennische vorbei in den Kuppelraum. Aus der Wand des fast acht Meter hohen Gewölbes ragt der Rest einer Balkenkonstruktion aus Olivenholz. Über eine Holztreppe geht es zum nächsten Stockwerk hinauf und weiter bis zur obersten Plattform, die sich einstmals in 18 bis 19 Meter Höhe befunden haben muß. In weiteren Bauabschnitten wurde das Gebiet um den Mittelturm zu einer runden Bastion mit weiteren vier Verteidigungstürmen ausgebaut. Das so geschützte Areal umfaßt den Innenhof mit seinem tiefen Brunnen und Kammern für die Bewohner. In einer weiteren Anbauphase wurde später eine Mauer mit sieben zusätzlichen Türmen um die Bastion errichtet. Immer mehr wurde die *Nuraghe* zur durchkonstruierten Burganlage mit mehreren Verteidigungsebenen. Es müssen kriegerische Zeiten gewesen sein, die solche Maßnahmen erforderten, und es ist anzunehmen, daß bei Ausbruch von Kämpfen die gesamte Dorfbevölkerung mit Vieh und allem Besitz ins Innere der Festungen floh. Schließlich aber unterlagen die Einheimischen doch den mit vergleichsweise viel »moderneren« Waffen ausgestatteten Puniern.

Am eindrucksvollsten wirken die Nuraghenfestungen und die sie umgebenden Dörfer von der Luft aus. Die Rundform bestimmt das Bild, und nirgendwo taucht ein rechter Winkel auf. Man kann hier von einer religiös determinierten Architektur sprechen. Diese Einschätzung wird auch durch Funde gestützt, die Aufschluß über die rituelle Gründung des Dorfes geben. In ummauerten Bezirken liegen Gruben im Kalkmergelboden, in denen sich allerlei Votivgaben und Reste von Gründungsopfern befanden: Knochen von Kleintieren, Hirsch- und Ziegenhörner, aber auch Keramik.

Bei den Dreharbeiten zur ZDF-Serie *Terra X – Rätsel alter Weltkulturen* wurde ein interessantes Experiment durchgeführt: Man stellte auf den Türmen der *Nuraghen* einfache Spiegel auf, mit denen sich durch die Reflexe der Sonne Lichtsignale zu weiter entfernt liegenden anderen *Nuraghen* senden ließen. Noch eindrucksvoller funktionierte dieses »Fernmeldesystem« mit Signalfeuern in der Nacht. In relativ kurzer Zeit ließen sich auf diese Weise Informationen quer über die gesamte Insel verbreiten. Die *Nuraghen* erfüllten also die Funktion eines frühen Telegraphennetzes.

Von Türmen und Feuer zu Brunnen und Wasser:

Besonders beeindrucken die vielen Brunnentempel auf Sardinien, die bis heute im Ruf stehen, als heilende Quellen gegen allerlei Krankheiten und Beschwerden wirksam zu sein. Hier, an den in Trockensteinbauweise ummauerten Brunnen, wurde zu allen Zeiten gebetet und geopfert. Auch der Besucher dieser Tage kann noch Einheimische beobachten, die sich vor dem Trinken von Quellwasser hastig bekreuzigen, und es gibt besondere Wasserstellen, an denen kein Wort gesprochen werden darf. Schweigend nähert man sich, murmelt ein lautloses Gebet, schlägt scheu das Kreuzzeichen, als habe man Angst, daß bei einem einzigen überflüssigen Laut das kostbare Heilwasser zu nutzlosem »Quasselwasser« wird. Ich muß wieder an das auch in manchen Gegenden Deutschlands noch immer praktizierte Brauchtum rund um das »Osterwasser« denken. Der Archetypus der rituellen Handlung scheint im gesamten alten Europa verbreitet gewesen zu sein. Der römische Schriftsteller Solinus berichtet im Jahre 200 n. d. Zw. von einem eigenartigen »Gottesurteil« auf Sardinien: Ein Beklagter wurde zum heiligen Brunnen geführt, und seine Augen wurden mit Quellwasser benetzt. War er schuldig, so erblindete er angeblich auf der Stelle …

Übrigens scheint auch auf Sardinien die Vereinigung der Gegensätze höchstes Ideal gewesen zu sein. An manchen Brunnenheiligtümern, etwa dem von S. Vittoria bei Serri, stehen Doppelbätyle – zwei Kleinmenhire, von denen einer als männlich, einer als weiblich aufzufassen ist. Ebenso wurden Kultfiguren in der Nähe von heiligen Brunnen gefunden: Stierköpfe, die das männliche Prinzip verkörperten, und in der Mauer eingearbeitete steinerne Brüste.

Es gibt auch zentrale Heiligtümer, denen in der Nuraghenzeit wohl überregionale kultische Bedeutung zukam. Auf der *Giara* von Serri, einer ebenen Hochfläche, befinden sich keinerlei Verteidigungsanlagen, dafür aber Tempelbezirke und Reste von Pilgerunterkünften. Es wird vermutet, daß dies ein Wallfahrtsort war, an dem tagelange gemeinsame Festlichkeiten und sportliche Wettkämpfe stattfanden – eine Art »sardisches Olympia«. Die Quelle, die einst eine große Ausstrahlung besaß, ist heute versiegt. Dennoch wird das Kirchlein von S. Vittoria, das sich wie die meisten Kapellen der Insel auf uraltem heiligen Boden befindet, noch heute von der ländlichen Bevölkerung zu fröhlichen Festen aufgesucht. Im Volkstum lebt die Erinnerung an die vorchristlichen Kulte noch in vielen Märchen um die *mamma de sa funtana* (die »Brunnenmutter«) fort – eine Art Frau Holle auf sardisch. Und daß die Quellenheiligtümer etwas mit Fruchtbarkeit der Felder, der Tiere und Menschen zu tun hatten (und immer noch haben), weiß auf Sardinien jedes Kind.

Da gibt es zum Beispiel die vielen Wundergeschichten, die sich um den umgestürzten Menhir bei Siliqua ranken: Frauen mit Kinderwunsch pilgern bis heute zu ihm, um dort Fruchtbarkeitsrituale zu vollziehen. Es heißt, wenn eine Frau sich nackt auf den Stein setze und dabei die Brunnenmutter der nahen Quelle anrufe, werde sie bald darauf schwanger. Solche Menhire sind von vielen Stellen der Insel bekannt. Ihre glattgewetzten Längsseiten legen beredtes Zeugnis davon ab, daß sie noch immer verschwiegenen Kulten dienen. Offenbar hilft man bei solchen Handlungen der Gleitfähigkeit des Gesteins mit etwas Öl nach. Bei Ortueri heißt ein solcher Kultstein etwa *sa frissa* (der Geölte).

In den fünfziger Jahren grub der sardische Archäologe Ercole Contu aus dem Schütthügel Monte d'Accodi einen riesigen kupferzeitlichen Terrassentempel aus, der in die zweite Hälfte des 3. Jahrhunderts v. d. Zw. datiert wird. Die etwa 1100 Quadratmeter große Altarterrasse hat die Form eines Pyramidenstumpfes und ist über eine 40 Meter lange Rampe erreichbar. Das megalithische Bauwerk ist von mehreren Menhiren und dolmenartigen Steintischen umgeben. Ganz in der Nähe fand man gewaltige Berge aus Muschelschalen, die offenbar Reste von Opfermahlzeiten darstellen, sowie mehrere zerbrochene Idole. Sie erinnern stark an die bereits beschriebenen frühkykladischen Frauenstatuetten. Die Wissenschaftler nehmen an, daß an diesem Platz über einen langen Zeitraum hinweg religiöse Handlungen zu Ehren der Großen Erdmutter stattfanden. Und die Volksmärchen wissen noch einiges mehr darüber:

Als die Erde noch jung war, pilgerten viele Gläubige zu diesem Ort, der für den Norden Sardiniens von zentraler Bedeutung war. Sie brachten der großen Brunnenmutter Geschenke mit, die diese wohlgefällig annahm, woraufhin sie fruchtbaren Regen schickte und die Saat prächtig gedeihen ließ …

Wie sich die Menschen der Vorzeit die Große Göttin vorstellten, kann man bei der Betrachtung der erst kürzlich entdeckten zehn Menhire von Laconi, die nun im *Museo Civico* in Nuoro ausgestellt sind, nachvollziehen: Sie sind allesamt mit eindeutig weiblichen Geschlechtsmerkmalen ausgestattet und zeigen in sorgfältiger Gravur das typische »Eulengesicht«, das wir bereits von der Bretagne her kennen. Auch sie sollen – so erzählen die Märchen – in Zusammenhang mit Quellen und Fruchtbarkeitskulten stehen.

## Achtzehnte Station: Mallorca

### Talayots, Nekropolen und das »Missing link« im westlichen Mittelmeer

Es gilt als wahrscheinlich, daß Menschen bereits vor 100 000 Jahren oder noch früher den Boden von Mallorca, Menorca, Ibiza und Formentera betraten, doch kann man in diesem Zusammenhang nicht von einer planmäßigen Besiedlung sprechen. Vielmehr muß es sich um umherstreifende Jägergruppen des Neandertaler-Typus gehandelt haben, die, dem Wild folgend, nicht seßhaft wurden und daher keine Spuren von Behausungen hinterließen. Nicht einmal Skelett-, Knochen- oder Werkzeugreste aus dieser Zeit sind bisher bekannt geworden, und doch müssen die Neandertaler hier gewesen sein, wie die nachvollziehbaren Wanderwege aus den angrenzenden Kulturräumen Südwesteuropas und Nordafrikas beweisen.

Um die Problematik besser zu verstehen, müssen wir einen kurzen Blick auf die Gestalt der Erde werfen, wie sie sich im Lichte der heutigen Geologie und Paläontologie darstellt. Es hat, wie wir wissen, mehrere eiszeitliche Kälteperioden gegeben (etwa zwischen 90 000 und 100 000, 50 000 und 60 000, zuletzt um 18 000 v. d. Zw.), in denen wegen der Bindung des Wassers an die Polkappen und riesiger Gletscherzonen in Nordeuropa der Meeresspiegel jeweils beträchtlich niedriger lag als in den Zwischenzeiten. Man kann den Küstenverlauf dieser Phasen rekonstruieren und hat festgestellt, daß zu bestimmten Zeiten Landbrücken zwischen Afrika und Europa bestanden. Pollenanalysen von Wildpflanzen, Fossilien ausgestorbener und die Verbreitung heute noch vorkommender Tierarten beweisen, daß etwa Korsika und Sardinien mit dem italienischen Festland verbunden waren, Malta und Sizilien mit Tunesien, Ibiza mit Formentera, Mallorca mit Menorca usw. In jener Zeit lebte auf den Balearen der *Myotragus balearicus,* eine kleine Ziegenantilopenart, die bei unserer frühgeschichtlichen Untersuchung noch eine gewisse Rolle spielen wird. Diese Tierart dürfte vor etwa 3,5 Millionen Jahren gelebt und im für sie günstigen Weidegebiet der Balearen lange Zeit eine ökologische Nische gefunden haben, bevor sie – wahrscheinlich aufgrund von Klimaveränderungen – etwa im 2. Jahrtausend v. d. Zw. – endgültig ausstarb. Das Verbreitungsgebiet verwandter Arten (etwa des *Rupicapra rupicapra)* umfaßte die Alpen, die Pyrenäen und die Hochalmen entlang der vorderasiatischen Bergrücken. Nur etwa 14 Kilo wog diese zierliche Ziegenantilope, von der in zahlreichen Höhlen auf Mallorca und Menorca regelrechte Friedhöfe gefunden und mit der Radiocarbon-C-14-Methode exakte Altersbestimmungen vorgenommen werden konnten. Man nimmt heute an, daß sich altersschwache und verletzte Tiere in diese Höhlen zurückzogen und in Kamine stürzten, die für sie natürliche, unentrinnbare Fallen bildeten. Die Häufung der Funde (es sind über 500 bekannt) und die Tatsache, daß es sich um jagdbares Wild handelt, hat in der Vergangenheit zu mancherlei Spekulationen Anlaß geboten. So glauben verschiedene Forscher, uralte,

Felsgravuren der Cova de Betlem

nicht datierbare Felsgravuren entdeckt zu haben, die den *Myotragus balearicus,* tanzende Jäger usw. darstellen. Dies würde auf Jagdmagie hinweisen, wie sie ähnlich in den bekannten Höhlenmalereien des frankokantabrischen beziehungsweise des spanischen Levante-Kulturkreises vorkommt.

Wir wissen heute, daß die teilweise erstaunlich gekonnt ausgeführten und ästhetischen Felsbilder etwa von Altamira, Lascaux oder Niaux von Jägern des Cromagnon-Menschentypus und aus dem Zeitraum von etwa 30000 bis 12000 v. d. Zw. stammen. Genau auf diese Menschenrasse stoßen wir aber bei den Ursprüngen der balearischen Geschichte, auch wenn als frühester belegbarer Zeitpunkt für eine planmäßige Besiedlung der Inseln heute der Beginn des 6. Jahrtausends angesetzt wird.

Im Zuge nacheiszeitlicher Klimaveränderungen gegen 10000 v. d. Zw. beginnen in Europa größere Menschengruppen zu wandern, die etwas gleichzeitig Zypern, Kreta, Korfu, Sizilien, Sardinien, Korsika und schließlich auch die Balearen über den Seeweg erreichen. Es dürfen verschiedene Ausgangspunkte dieser Wanderzüge angenommen werden. Ein Zentrum stellt mit Sicherheit die stark angewachsene Menschengruppe der Cromagnon dar, die als »Erfinder« der Höhlenmalerei, aber auch als kulturexpansive Tierzüchter und besonders experimentierfreudige Werkzeugmacher gelten.

Was geschah damals in Frankreich? Die offenbar weniger anpassungsfähige Menschenrasse der Neandertaler hatte nicht überlebt oder war in Zonen mit lebensfeindlichen Bedingungen abgedrängt worden. Jagdbares Wild blieb immer mehr aus, die großen Rentierherden waren, der Kälte folgend, nach Skandinavien beziehungsweise in die zirkumpolaren Tundragebiete Sibiriens gezogen. Anstelle der Jagd wurden immer mehr das Sammeln, Viehzucht und schließlich der Ackerbau zur Nahrungsgrundlage. Menschengruppen der sogenannten Chasseen-Kultur ziehen im Mesolithikum (mittlere Steinzeit, 8000 bis 4000 v. d. Zw.) aus dem alten Lebensraum des Pyrenäenrandes und der mittelfranzösischen Schluchten (Tarn, Dordogne usw.) in die Provence ab und werden durch Nahrungsnot in den Golf von Lyon gedrängt, der sich immer mehr als Ausgangspunkt der ersten Zivilisation des westlichen Mittelmeerraums erweist.

Verbreitung der Cromagnon- bzw. Chasseen-Kultur und benachbarter Kulturen

Während andere Gruppen nach Nordfrankreich ziehen, wenig später nach England, Irland und Schottland übersetzen beziehungsweise als Küstenwanderer Holland, Deutschland, Dänemark, Norwegen und Schweden erreichen, sind weitere Besiedlungsströme nach Nordspanien bis Portugal, an der südspanischen Küste und am Rande der ligurischen Alpen bis Italien (etwa Valcamonica) feststellbar. Im 5., vielleicht schon im 6. Jahrtausend v. d. Zw. werden schließlich mit einfachen Holz- und Fellbooten, getrieben vom Tramontana-Wind, die balearischen Inseln erreicht. Es kann sich dabei nicht um zufällig vom Sturm verschlagene

Küstenfischer handeln, denn es wurden Knochenreste von Männern, Frauen und Kindern gefunden, was auf eine planmäßige und gezielte Landnahme hinweist.

Lange Zeit wurde angenommen, daß der Ausgangspunkt der wagemutigen Seefahrten an der gegenüberliegenden ostspanischen Küste lag, doch mußte sich die Wissenschaft aufgrund eindeutiger Beweise inzwischen eines Besseren belehren lassen. Die Kulturparallelen zur Provence sind überzeugend. Da gibt es zunächst die Keramik, deren Herstellungsart und Dekor identisch sind. Wichtiger noch als dies sind allerdings die religiösen Übereinstimmungen, die sich in der Form der Felsengräber und Grabbeigaben zeigen. Das sogenannte »Feengrab« bei Arles weist die gleiche Innenkonstruktion auf wie viele Grabhöhlen mit ihren tonnenförmig gewölbten Decken und Seitenkammern auf Mallorca und Menorca, beispielsweise das älteste der sechs Kammergräber von *Los Encinares* bei San Vincente im Norden Mallorcas. Allerdings ist es sicher, daß die provencalischen Höhlen älter sind.

Stets liegen diese prähistorischen Begräbnisplätze in Seenähe beziehungsweise nahe mutmaßlicher Landeplätze der Ureinwohner. Auch wurden geheimnisvolle Ritzzeichen auf Meereskieseln entdeckt (*Naveta d'es Tudons),* ein Mausoleum aus riesigen Trockensteinquadern mit schiffsförmigem Grundriß und durchbohrte Knöpfe und Plättchen aus Horn, die den südfranzösischen Grabbeigaben ähneln. Eine weitere verblüffende Übereinstimmung findet sich zwischen den balearischen und ligurischen Gefäßen (Grotte *Arene Candide*). Schließlich sei in diesem Zusammenhang noch auf die zeitgleiche Parallelform bei den provencalischen Hirtenhütten (Borie, la Claparedes) und den balearischen

Trockenstein-Hausbauten verwiesen. Sogar die späteren *Torres* auf Korsika, die *Nuraghen* auf Sardinien und die *Talayots* (arabisch: Wachposten) auf den Balearen gleichen sich in Konstruktion und Formensprache. Die jüngste, heute noch immer gültige Übereinstimmung liegt in der Sprache: Die Mallorquiner, Menorquiner und Ibizengos, die sich selbst nicht als »Spanier« verstehen, sprechen einen Dialekt, der sehr viel mit dem Französischen zu tun hat, Spanisch ist »nur« Amts- und sozusagen erste Fremdsprache.

Die *Talayots* von Mallorca ähneln in der Tat auf verblüffende Weise den *Nuraghen* Sardiniens. Der Grundriß der ältesten Türme aus gewaltigen, am Sockel oft tonnenschweren, sorgsam zusammengefügten Steinen ist stets rund. Manche ragen acht Meter oder mehr auf, viele haben einen Durchmesser von über 15 Metern. Sie sind ohne Mörtel zusammengefügt, wobei sich die behauenen Steinquader leicht konisch verjüngen.

Mit Sicherheit dienten sie als burgähnliche Wachtürme zum Schutz der sie umgebenden Dörfer. Aber es gibt auch einige, die eindeutig sakralen Charakter besitzen. Als ich den äußeren Hauptturm der Wohnanlage *Capicorp Vell* bei Cala Pi an der Südküste von Mallorca betrat, erregte dort eine Öffnung in Höhe des Bodenniveaus sofort meine Aufmerksamkeit. Von dort führt ein enger, spiralförmiger Kriechgang in eine Art Kultraum. Die schmale, dunkle Klause könnte sehr wohl für religiöse Rituale gedient haben. Der *Talayot* im Zentrum der Anlage von *Ses Paises* weist ebenfalls schmale Kriechgänge auf, die in winzigen Zellen enden. Man hat ferner Knochen und Grabbeigaben gefunden, und es wird von Leichenverbrennungen auf den Plattformen der Türme berichtet. Es muß also auch ein

Bezug zum Totenkult vorhanden gewesen sein. Wahrscheinlich handelt es sich bei den *Talayots* um eine – in der gesamten westeuropäischen Megalithkultur übliche – Kombination aus verschiedenen Nutzungsmöglichkeiten: Die *Talayots* können Wehrturm, Grabbau, Kultraum, Station zur Himmelsbeobachtung, Wohntürme für Häuptlinge, klosterähnliche Priestersitze und Stationen für Feuersignale gewesen sein.

Die etwa 1000 heute noch auf Mallorca – zumindest als Ruinen – erhaltenen *Talayots* werden zeitlich zwischen 1400 und 800 v. d. Zw. eingeordnet. Damit sind sie jünger als ihre Vorbilder auf Korsika. Schweres Kopfzerbrechen bereitet den Wissenschaftlern allerdings ein Fund, der dort 1959 vom Flugzeug aus gemacht wurde: die von dichtem Gestrüpp überdeckte gewaltige *Torre*-Festung von *Currachiaghiu*. Sie scheint der Prototyp aller *Torres, Nuraghen* und *Talayots* zu sein. Erstaunlicherweise erbrachten C-14-Messungen gesicherte Datierungen, die das gesamte geschichtliche Weltbild auf den Kopf zu stellen scheinen: *Currachiaghiu* wurde vor 8350 Jahren erbaut! Das bedeutet abermals Wasser auf die Mühlen all jener, die gern mit der Atlantis-Theorie spekulieren …

Aber auch Mallorca, die völlig zu Unrecht als »überlaufene Urlaubsinsel« bezeichnete Perle im westlichen Mittelmeer, birgt noch so manches Geheimnis. Bei einem längeren Forschungsaufenthalt lernte ich dort Sir William Waldren, den »Papst der balearischen Archäologie«, kennen und schätzen. Der lebhafte und aufgeschlossene, sympathische Forscher leitet das DAMARC (*Deya Archaelogical Museum and Research Centre)* in Deya, einem malerischen Künstlerort mit vielen alten wehrhaften Häusern, Mauern, Türmen und

Treppen aus dem 16. Jahrhundert. Er zeigte und erklärte mir nicht nur die zahlreichen Schätze seiner Sammlung, sondern führte mich auch zu den ältesten Siedlungsplätzen der Insel und zu den rätselhaften Felsbildern in der Höhle *Sa Cova de Betlem*, die versteckt im Torrente de Deya liegt. Wochenlang waren wir im Inneren Mallorcas unterwegs.

Eines Tages machten Christof Heil, Mitbegründer unseres Instituts, der Märchen und Mythen Mallorcas sammelt, übersetzt und nacherzählt, und ich eine erstaunliche Entdeckung. Wir untersuchten längere Zeit schon die direkt am Golf von Alcudia liegenden Nekropole *Son Real* mit ihren vielen Mini-*Talayots*, Rundbauten, pyramidenförmigen Gebilden und solchen, die an Schiffe mit Heck und Bug, Ruder und Bordwänden erinnern. In der Nähe liegen die dazugehörenden Steinbrüche, aus denen die verwendeten Quader stammen. Überall im Fels fanden wir Bearbeitungsspuren, es führen gehauene Treppen hinab, Gänge durchziehen das Gelände, und unter bewachsenen Hügeln liegen Häuser mit Kragkuppeln und Erdabdeckungen verborgen. Eines dieser Häuser ist bereits ausgegraben.

Es muß sich um eine Steinmetzwerkstatt handeln. Wir erkennen eine gebaute Wandnische, die Feuerstelle mit schrägem Rauchabzug, auf dem Boden liegt eine unfertige Plastik mit Mund- und Augenlöchern. Die Rückwand des Hauses besteht aus Fels, der die gleichen Schlagspuren aufweist wie einige Platten der Nekropole. In der Nähe der Tür sind seltsame Zeichen in die Wand eingekerbt. Eine unbekannte Schrift, Handwerkerzeichen?

Dicht neben den Erdhügeln, die in ihrem Innern mit hoher Wahrscheinlichkeit weitere unterirdische Häuser dieser Art verbergen, verläuft eine uralte, tief in den felsigen Grund eingeschnittene Karrenspur mit einer Spurbreite von 1,60 Metern. Sie gleicht exakt den *car tracks* auf Malta und Gozo und verläuft parallel zum Strand. Wir folgen ihr und stoßen nach einigen hundert Metern auf eine größere Kulthöhle im Küstenfelsen.

Neugierig treten wir ein und halten überrascht den Atem an: Sie weist im Eingangsbereich zwei Seitenapsiden und an den Längsseiten Nischen und Wandlöcher für hölzerne Tragbalken auf. Damit gleicht sie aufs Haar der ältesten Grabanlage Mallorcas – *Los Encinares*. Wir hatten diesen Ort zuvor schon eingehend untersucht, weil er in Fachkreisen als »Missing link«, als lange gesuchtes Bindeglied zwischen der Kultur der Balearen und der noch älteren Südfrankreichs gilt. *Los Encinares* ist das Pendant zum berühmten »Feengrab« von Arles. Wir sind also an einer uralten Nekropole angekommen.

Schweigend führen wir unsere Messungen durch, auch astronomische, die auf Anhieb interessante Ergebnisse liefern. Die Kulthöhle verläuft exakt in Ost-West-Richtung, ihr Eingang ist der aufgehenden Sonne zugewandt. Wir stehen davor und starren auf das Meer hinaus. Eine kleine, flache Insel (von der wir später erfahren, daß sie d'Porros heißt) direkt auf der Visurlinie erregt meine Aufmerksamkeit. Ich spähe durch das Teleobjektiv und versuche, dort Einzelheiten auszumachen. Vergeblich, sie ist zu weit weg. Christof Heil erklärt sich spontan bereit, hinüberzuschwimmen. Ein ganzes Stück kann er durch flaches Wasser waten. Die Vermutung liegt daher nahe, daß die Insel in früherer Zeit trockenen Fußes zu erreichen war und möglicherweise eine Landzunge bildete. Ich erinnere mich, daß

Sir William Waldren von Brandplätzen für Feuerbestattungen, die noch bis etwa 480 v. d. Zw. in Benutzung waren, sprach. Sollten sie dort auf diesem Eiland liegen? Ungeduldig warte ich auf die Rückkehr meines Begleiters.

Endlich kommt Christof Heil zurück und berichtet atemlos über das, was er dort persönlich in Augenschein nehmen konnte: Im Zentrum der Insel befinden sich drei große Kreise mit jeweils etwa vier Metern im Durchmesser, die etwa 1,5 Meter tief in den felsigen Untergrund geschlagen wurden. Die Plätze sind nochmals mit einer runden Ummauerung erhöht, so daß sich eine Raumhöhe von etwa zwei Metern ergibt. In den Fels geschlagene Treppen führen hinunter. Gegliedert sind diese Kreise durch Seitenkammern, die bis zu fünf Nischen bilden. Im Mittelpunkt eines jeden Kreises liegt ein mächtiger Stein. Der größte von ihnen weist eine beckenartige Mulde auf. Links davon befinden sich etwa 15 kleinere, in den Fels geschlagene Vertiefungen, einen Meter im Durchmesser und zusätzlich ummauert. Sind es Begräbnisplätze?

Wir gehen zum Eingang der Kulthöhle zurück, stehen mit dem Rücken davor, blicken zur kleinen Insel und versuchen wieder einmal mit der Zeitmaschine zu reisen und uns vorzustellen, welcherart Schauspiel sich einstmals dort geboten haben muß ...

Genau an der Stelle, wo morgens die aus dem Meer aufsteigende Sonne der Insel ihr Licht sendet, steigt bei nächtlichen Totenfeiern eine Feuersäule auf. Feuer und Wasser, Erde und Luft – läßt sich für ein solches Ritual ein besserer Verschmelzungspunkt der Elemente finden? Auch Sir William Waldren, dem wir später von unserer Vision berichten, zeigt sich beeindruckt. Er ist

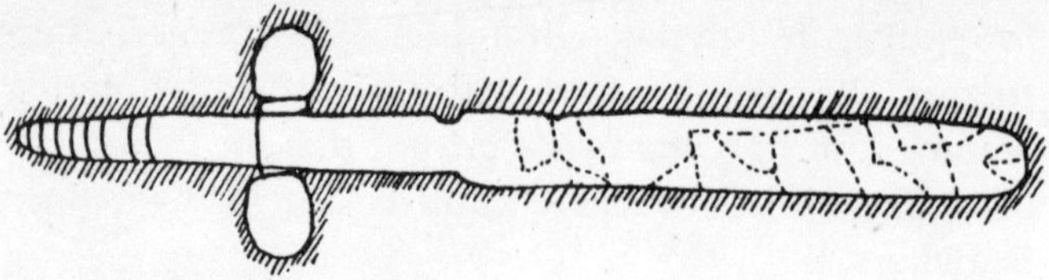

Grundriß des »Feengrabes« von Arles

alles andere als ein phantasieloser Wissenschaftler. Mit geschlossenen Augen (um sich das Bild besser vorstellen zu können) sitzt er da und nickt lebhaft. »Well«, ist sein Kommentar, »genauso könnte es gewesen sein. Es entspricht voll dem magischen Weltbild der frühen Menschen hier. Bewußtsein und Denken waren kosmologisch orientiert. Es gibt zahlreiche Hinweise dafür ...«

Christof Heil stöberte übrigens bei seinen Forschungen ein uraltes mallorquinisches Märchen auf, das bezeichnenderweise *Die Hüterin des Feuers* heißt. Darin wird erzählt, daß früher, »am Tag, bevor es auf dem Felsen schneite« (also zu Zeiten wesentlich wärmeren Klimas als heute), am Rande eines undurchdringlichen Dickichts ein Köhler und seine Tochter lebten. Sie waren die einzigen, die es wagten, den Urwald zu betreten. Ein dort hausender Geist schenkte dem Mädchen eines Tages ein Gefäß mit Wasser, das Wunderkräfte besaß und das Gesicht so schön »wie einen Granatapfel« machte. Solchermaßen verwandelt, eroberte sie das Herz des Königs, und »die Hüterin des Feuers« wurde seine Gemahlin.

Unschwer sind die Attribute der Großen Göttin – heilendes Wasser, ewiges Feuer – auch noch in diesem Volksmärchen zu erkennen ...

## Neunzehnte Station: Schweiz

### Elfenmühlen, Schalensteine und das »Stonehenge von Falera«

Im schweizerischen Kanton Graubünden stoßen wir wieder auf das Symbol des »Sonnenschiffs«, das wir bereits von der Burghöhle Dietfurt her kennen. Und auf andere Merkwürdigkeiten ...

Von Thusis aus wandern wir in Richtung Via Mala (»schlechte Straße«). In eindrucksvoller Naturkulisse zwängt sich der Rhein zwischen beiderseits steil aufragenden Felswänden hindurch. Dies ist das durch Roman und Film bekannt gewordene wildromantische Tal nach Süden, die Transitroute über den Bernadino- und Schlügenpaß. An der engen Eingangstelle wird es von der Burgruine Hohenrätien bewacht – unserem ersten Ziel. Die genaue Geschichte der Burg und die Entstehung des Namens sind noch nicht restlos geklärt. Der Volksmund berichtet von einem Etruskerfürsten namens Rätus, der im 6. Jh. v. d. Zw. die Festung errichtet haben soll. Aber das muß nicht stimmen, die geschichtlichen Anfänge reichen viel weiter zurück, wie Funde von Beilen und Fibeln aus der Bronzezeit beweisen. Der steile Hügel mit seinen nach drei Seiten hin senkrecht abfallenden Flanken und dem geräumigen Plateau hat wohl sehr früh schon als ideales Refugium gedient, auf das sich die Bevölkerung in Notzeiten mit allem Hab und Gut zurückziehen konnte.

Andere Sagen berichten von einer legendären Göttin namens Rätia, die an Quellen verehrt wurde. Die in grauer Vorzeit noch ganzheitlich gedachte »Mutter aller Dinge« wurde von den Rätern und Rätoromanen – ähnlich wie bei den Nordgermanen und Kelten, die drei schicksalsbestimmende »Nornen« beziehungsweise drei »Matronen« kannten – in das Bild einer dreigestaltigen Gottheit aufgeteilt. Angeblich hausten die »drei saligen Frauen« in einem unterirdischen Palast. Im Volksglauben des Alpenraums, besonders in Südtirol, brachten die Hirten den drei mächtigen Frauen Ambeth, Gwerbeth und Wilbeth Opfergaben. Die »drei Saligen« galten als Nothelferinnen, zugleich aber auch als gefährliche Berggeister, die allerlei Naturkatastrophen auslösen konnten. Ihre Kultplätze wurden später von Kapellen und Kirchen überbaut, um sie ins Christliche einzubinden. So findet man gemalte Darstellungen der »saligen Frauen« noch vielfach im Inneren alter Kirchen. Eine Variante des gleichen Themas stellt wohl die heilige Anna – die Mutter Marias – dar, die etwa im Ötztal besondere Verehrung genießt. Es hat die Menschen dort wohl schon immer eigenartig berührt, daß ihr Name – von vorn oder von hinten gelesen – stets das gleiche bedeutet. Auch Anna wacht über Quellen und spendet Fruchtbarkeit …

Heute sind von der weitläufigen Anlage Hohenrätien nur noch Teilstücke erkennbar: die St.-Johannes-Kirche, die nach zahlreichen Umbauten in romanischer und gotischer Zeit auf den Grundmauern eines frühmittelalterlichen Gebäudes steht, Reste der alten Ringmauer, Wehrtürme und Wohngebäude sowie ein rechteckiger Turm, der über einem zweigeschossigen Steinhaus aus dem 11. Jahrhundert errichtet wurde.

»Auch die Römer erkannten natürlich die strategisch wichtige Lage des Platzes«, erklärt unser Schweizer Wegführer Johannes Ludin, der die Exkursion bestens vorbereitet hat. »Es wurden römische Münzen aus dem 4. Jahrhundert nach Christus gefunden. Als das römische Reich zerfiel, geriet Rätien oder ›Churwalchen‹, wie es damals genannt wurde, unter die Herrschaft der Franken. Hier auf der Burg regierten dann die Ritter von Rialt.«

Nach längerer Rast wandern wir weiter über die Felsflanke, von der aus man zum Ort Sils im Domleschg hinabspähen kann. Unser Ziel sind die seltsamen und von allerlei Sagen, Legenden und Märchen umwobenen Felsbilder von Crap Carschenna. Heute ist ein besonderer Tag, nämlich Walpurgis, der Tag vor dem 1. Mai, der bei allen vorzeitlichen Völkern des alten Europa als höchster Feiertag galt. In der Nacht sind bekanntlich die Hexen unterwegs und fliegen auf Besen zu ihren Versammlungsplätzen, um dort geheime Feiern zu zelebrieren. Tatsächlich treffen wir auf den Almwiesen bei Carschenna eine Gruppe »moderner« Hexen an, die sich zunächst durch unser unerwartetes Auftauchen gestört fühlen, dann in gehörigem Abstand sitzen, unsere Spurensuche bei den Felsbildern kritisch beobachten und uns nach und nach als »verkraftbares Übel« tolerieren.

Die Felsbildstation Carschenna mit ihren zehn gravierten Gletscherschliffplatten gilt in Fachkreisen zu Recht als bedeutsames Zentrum der Schweiz, als uralter Kultplatz, an dem noch immer nicht entschlüsselte Botschaften in die Felsen geritzt wurden: geometrische

Der Autor beim Abreiben der Felsbilder von Crap Carschenna

Muster, Schalengruben, konzentrische Kreise, die an Sternenkarten erinnern, gerade und gezackte Linienmuster, Wellenbänder und Tiere. Nach und nach die Felsbilder aufspürend, sie fotografierend und mit dem Kompaß ausmessend, entdecken wir Darstellungen von Pferden, Hirschen, Rindern, Fischen, Pferden mit Lasten und sogar einen Reiter. Die Ritzungen entstanden in unbekannter Vorzeit durch Meißelarbeit, vermutlich mit spitzen Bronzemeißeln. Leider sind nirgends Waffen oder Werkzeug abgebildet, die eine annähernde zeitliche Datierung zulassen würden. So ist man bis heute auf Spekulationen angewiesen. Experten vermuten, daß die geometrischen Muster am ehesten aus der Jungsteinzeit, die jüngeren Tier- und Menschendarstellungen eventuell aus der Bronze- oder Eisenzeit stammen. Man sieht sofort, daß es sich bei den vielen

Überschneidungen und unterschiedlich tiefen und stilistisch ausgestalteten Linien um Gravuren handeln muß, die nacheinander über einen längeren Zeitraum hinweg angefertigt wurden. Doch zu welchem Zweck?

Die Hexen sitzen noch immer auf dem Wiesenhang und beobachten, wie wir Farnkraut und andere stark chlorophylhaltige Pflanzen sammeln, um mit deren Hilfe Abreibungen von den Felsbildern zu machen. Dazu spannt man einen Bogen saugfähiges Papier und reibt mit dem Pflanzenbündel in der Hand sorgfältig über die Gravur. Solche Abreibungen sind viel genauer und aussagefähiger als Fotografien, bei denen Licht und Schatten einen doch recht leicht täuschen können.

Der exponierteste Felsbuckel mit den interessantesten Motiven, die sogenannte »Bildplatte 2«, weist als natürlichen Schrund im Gletscherschliff eine vulvenähnliche glatte Mulde auf, die in exakter Ost-West-Ausrichtung verläuft. Die Mulde ist breit genug, daß sich ein Mensch liegend darin ausruhen kann. Man liegt wie im Himmel, wie inmitten der Milchstraße, denn um einen herum befinden sich wie Sterne zahllose Näpfchen, konzentrische Kreise und Kreissymbole. Plötzlich entdecke ich unter ihnen eines mit drei Ringen und einem vierten, der nur zu etwa zwei Dritteln ausgeführt wurde: unser »Sonnenschiffchen«. Also stellen auch diese konzentrische Kreise die Sonne dar, zweifellos haben die vielen Gravuren etwas mit dem Licht und dem Jahresverlauf der Sonne zu tun ...

Ich entdecke an dieser Stelle aber noch mehr: Genau in der Verlängerung der Mulde entspringt am westlichen Rand des Felsens eine Quelle. Sie führt im Moment nur wenig Wasser, allerdings genug, um den Pflanzenwuchs an ihrem Rand kräftig zu speisen. Ich kombiniere blitzschnell: Die Sonne wandert im Laufe des Tages über die vielfältigen Motive der Bildplatte und bescheint erst gegen Abend die sonst schattige Wasserstelle ... Nur ein Zufall – oder liegt der Felsbildstation eine sorgfältig bedachte, astronomisch-kosmologische Konzeption zugrunde? Seltsamerweise werden diese Quelle und ihre auffallend exponierte Lage an der wohl wichtigsten Bildplatte von Carschenna in der Fachliteratur nicht erwähnt. Meiner Meinung nach kommt gerade ihr aber große Bedeutung zu: In den geschützten südlichen Almen zwei sanfte Klammlagen unterhalb des Aussichtspunktes fanden sich günstige Bedingungen für Besiedlung und Viehhaltung. Für Mensch und Tier bot die Quelle von Carschenna Wasser. Dies hier aber muß darüber hinaus ein Kultplatz sein. Zu deutlich ist die Imagisierung (Bedeutungsaufladung) des Platzes. Sie ist noch heute für jeden deutlich spürbar.

Besonders merkwürdig und für die Schweiz beinahe typisch sind die vielen künstlich in den Fels gebohrten Näpfchen, die sogenannten Schalensteine oder »Elfenmühlen«. Über sie ist bereits viel spekuliert worden. Man hält sie für Opferlöcher oder Vertiefungen, in denen Öl rituell verbrannt wurde. In Märchen und Erzählungen wird von vielen kleinen nächtlichen Feuern berichtet, von »brennenden Augen« und dergleichen mehr. Man nimmt aber auch an, daß bereits das Anbohren des Felsens ein magischer Akt von möglicherweise sogar sexueller Bedeutung war. Zumindest weiß man, daß das beim Anbohren entstehende Gesteinspulver lange Zeit als Volksmedizin in Gebrauch war. Wundersame Heilwirkung, ähnlich dem Pulver aus zerriebenen Geweihen und Tierhörnern (vor allem vom mystischen »Einhorn«), wurde diesem Mittel zugeschrieben. Es gibt allerdings noch andere, vorrangig astronomisch ausgerichtete Interpretationen, manche sprechen sogar von kosmologischen Modellen in Stein. Tatsache ist und bleibt indes, daß uns der genaue Sinn und Zweck der Schalensteine noch immer verborgen ist …

Im Institut, bei der späteren Analyse der Felsbilder, sollten wir wieder einmal eine verblüffende Übereinstimmung der Formensprache mit auf den Kanarischen Inseln (vor allem La Palma) und Irland (Newgrange) gemachten Funden feststellen. Manche dieser Ritzungen, auch wenn sie an weit voneinander entfernt liegenden Plätzen Europas aufzufinden sind, ähneln sich so stark, als seien sie von ein und demselben Künstler gefertigt worden. Die »Zeichensprache« des alten Europa scheint einem gemeinsames Lexikon zu entstammen …

Der weitere Verlauf unserer Exkursion führt uns von Sils i. D. nach Laax bzw. Falera, wo wir oberhalb des Ortes das bronzezeitliche Siedlungsgebiet *Muota* (Mutta, Motta, Motte = Festung, Burg) besichtigen (1).

Ihm zu Füßen befindet sich das »Stonehenge der Schweiz« mit seinen sorgfältig rekonstruierten und in die ursprüngliche Standposition zurückversetzten Menhiren. Der Geologe und Ingenieur Dr. Büchi hielt die an bretonische, britische und irische Megalithkultur erinnernden Menhirreihen (*Alignements*) nebst Steinkreis (*Cromlech*) für eine astronomische Kalenderanlage. Der bedeutende Schalensteinforscher Urs Schwegler stellt dies mit guten Argumenten in Frage.

Auffällig ist allerdings, daß die Steinreihen, dem Sonnenlauf folgend, auf die abgeflachte Felsplattform wei-

Felsgravuren an der Quelle von Crap Carschenna

sen, auf der die (auch im archetypischen Sinne höchst interessante) Kapelle St. Remigius steht. Wieder einmal – wie könnte es anders sein? – entspringt westlich des uralten Kultplatzes eine – heute in Stein gefaßte – Quelle. Die Menhire, Schalen- und Opfersteine im Umkreis weisen teilweise deutlich eingravierte Sonnenzeichen und tief eingekerbte Rinnen für Trank- oder sogar Blutopfer auf. Besondere Bedeutung kommt dabei dem von Büchi genau untersuchten »Sonnenstein« auf der Südwest-Terrasse zu.

Der 1984 von einem Einheimischen entdeckte sogenannte »lachende Megalithiker«, der heute mit einer Plexiglasabdeckung gesichert ist und auf den ein besonderes Schild hinweist, dürfte eher als Kuriosum aufzufassen sein. Man sollte aber dem »Entdecker« die Übereifrigkeit nicht allzusehr verübeln. Die menschliche Phantasie folgt allzugern dem natürlichen Formenspiel. Nach dem kritischen Erkenntnistheoretiker Karl Popper benötigt die Wissenschaft allerdings drei Arten von Phantasie – eine Fragen stellende, eine theoriebildende und eine kritische …

Der Besucher kann sich kaum der faszinierenden Ausstrahlungskraft des magischen Platzes entziehen. Dies ist durchaus wörtlich gemeint, denn die erhöhte Radioaktivität der Menhire von Planezzas/Falera ist meßbar (2). Von weit her wurde nur solches Gesteinsmaterial mühsam herangeschafft, das eine solche Strahlung aufwies. Wie aber konnten das die Erbauer der Menhir-Anlage wissen? Welche Instrumente außer ihren natürlichen Sinnen standen ihnen dafür zur Verfügung? Das Phänomen steht übrigens nicht einzeln da, sondern wird durch viele Steinkreis-Untersuchungen in anderen Gebieten Europas bestätigt.

Die Diskussion um die astronomische Bedeutung der Anlage scheint mir etwas zu mathematisch-kopflastig zu sein. Ich möchte dabei nicht werten, sondern lieber fühlen und anschaulich denkend nach verbindenden, formübergreifenden Grundmustern Ausschau halten. Hierzu gehört etwa die Tatsache, daß viele der prähistorischen Sonnenkultstätten erkennbar christianisiert wurden. Der Grundriß der ummauerten Kapelle St. Remigius einschließlich des alten Friedhofs weist eine Schiffsform mit Bug und Heck auf. Diese Formensprache symbolisiert deutlich die christliche Vorstellung vom »Kirchenschiff«, die seit der Arche Noah zur Ikone wurde, aber auch bereits in den schiffsförmigen Steingräbern von Bornholm beziehungsweise in den sogenannten »Ahnenbooten« bei skandinavischen Felsbildern sowie in anderen Kulturweisen (*Navetas* auf Menorca, bootförmige Kirchen in Irland usw.) auftritt.

Im Gegensatz zum christlichen Glauben, der die absolute Ausrichtung nach Osten betont (Eingang von Westen zum Altar im Osten führend), war die »heidnische« Weltauffassung eher westwärts orientiert, was sich auf Planezzas/Falera deutlich manifestiert. Das christliche Kreuz ist (auch inhaltlich) aus der ursprünglichen Symbolik des Sonnenkreuzes gerückt worden. Solche »heidnischen« Sonnenkreuze befinden sich noch auf dem Menhir vor der Kapelle und – überraschend unmotiviert und völlig aus der Komposition fallend – unterhalb des rechten Wandgemäldes (das übrigens eine hochdramatische Höhlendarstellung zeigt) sowie auf der linken Altarseite unter dem Bildnis des Heiligen Remigius.

Noch auf eine weiter Besonderheit gilt es hinzuweisen: Die Verbindungslinien zwischen den einzelnen prähistorischen Kultstätten – beziehungsweise den später christianisierten Plätzen – bilden tatsächlich sogenannte *Ley-Lines* (Lichtlinien), wie sie als erstes in England festgestellt wurden. Es handelt sich dabei um ein seltsames Naturphänomen: An manchen Tagen fällt das Sonnenlicht streifig über die Landschaft und scheint regelrechte Verbindungslinien zwischen weit voneinander entfernt liegenden Bauwerken (Kirchen, Menhiren usw.), Bergen und anderen natürlichen Orientierungspunkten zu bilden. Wir haben alle in Frage kommenden Punkte untersucht und können zumindest für diesen, so magisch aufgeladenen Teil der Schweiz die diesbezüglichen Aussagen einiger Wissenschaftler vollauf bestätigen.

## Zwanzigste Station: Schweden

### Labyrinthe, Trojaburgen und der Tanz der Sonne

Anfangs wollte ich nur herausfinden, ob auch in Skandinavien Spuren der Großen Göttin zu finden sind, Quellheiligtümer, Felsbilder mit konzentrischen Kreisen und entsprechende Märchen im Volksglauben. Schnell zeigte sich: Es gibt sie, sogar in großer Anzahl. Darüber hinaus aber stieß ich auf ein weiteres erstaunliches Phänomen – die sogenannten »Trojaburgen«, große, aus Steinen gelegte, begehbare Labyrinthe, von denen etwa 500 allein in Schweden existieren. Was hat es mit diesen seltsamen, nachweislich aus archaischer Zeit stammenden Anlagen auf sich?

Ein Zentrum mit mehreren solcher alten Kultplätze befindet sich bei den heiligen Bergen am Mälaren-See. An seinem nordöstlichen Ufer entspringt die »Jungfernquelle« (*Jungfrukällan*), neben der – wie so oft an heidnischen Stätten – ein christliches Gotteshaus, die Kirche von Badelunda, errichtet wurde. Auffällig ist, daß sich ringsum zahlreiche Hügelgräber aus dem Boden erheben. Es handelt sich offenbar um eine Nekropole von besonderer Bedeutung.

Um den sechs Meter hohen und 40 Meter breiten *Grytahögen* rankt sich ebenfalls eine Sage, in der eine Jungfrau eine tragende Rolle spielt. Im Tumulus soll ein goldener Wagen begraben sein, der die Sonne trägt. Wir haben es vermutlich mit einem Wiedergeburtsmythos zu tun. Gerade die altskandinavischen Märchen sind in diesem Zusammenhang äußerst aufschlußreich. Da liegt etwa Brynhild (Brünhilde im Nibelungenlied) gleich dem schlafenden Dornröschen im Erdreich in tiefem Winterschlaf. Als Stellvertreterin der Sonne wartet sie auf ein erneutes Erwachen im Frühling.

Gott Odin bestrafte den Ungehorsam der Brünhilde (in manchen Fassungen der Sage wird sie auch als Walküre *Sigrdrifa* bezeichnet), indem er sie in einen tiefen Zauberschlaf versenkte. Der Held Sigurd indes, der gerade nach einem magischen Ort namens *Hindarfiall* ritt, sah unterwegs auf einem Berg ein unnatürliches Licht, das von einem großen, zum Himmel emporleuchtenden Feuer stammte. Als er näher kam, merkte er, daß dort Flammen eine Festung umgaben. Mutig durchschritt er den Feuerkreis und fand im Innern der Burg eine schlafende Gestalt in voller Rüstung. Mit seinem Schwert zerteilte er den Panzer, als ob es Stoff wäre. Dadurch befreite er Brünhild aus ihrem langen Schlaf. Zum Dank lehrte sie ihn alle Weisheit der Welt. Von ihrer Schönheit und Klugheit hingerissen, verliebte er sich in sie. Die beiden schworen sich ewige Treue (die er allerdings brach, als er später Gudrun zur Frau nahm).

So berichtet uns eine Heldensage der älteren *Edda*.

Die enorme Bedeutung gerade dieses Platzes wird durch die Tatsache unterstrichen, daß sich in unmittelbarer Nähe weitere 160 vorgeschichtliche Gräber befinden. Das Fürstengrab des Anundshügels mit zwölf Meter Höhe und 60 Meter Durchmesser sowie 20 andere, kleinere Grabhügel und zwei prachtvolle, aus hohen Steinen geformte Schiffssetzungen sind nach

Meinung des schwedischen Labyrinthforschers John Kraft den Gottheiten Ull und Nerthus geweiht, die lange vor Odin (Wodan), Thor (Donan) und Frö im Norden angebetet wurden.

»Vieles weist darauf hin«, sagt Kraft, »daß die ältesten Königreiche ihre Wurzeln in Gemeinschaften hatten, in denen der König und die Königin religiöse Funktionäre waren, welche die Rollen eines Himmelsgottes und einer Erdgöttin in Fruchtbarkeitsriten spielten. Man kann aus anderen heidnischen Gemeinschaften schließen, daß die Anbetung des Himmelsgottes und der Erdgöttin u. a. in einem von den Menschen imitierten Jahreszeitdrama Ausdruck fand, in dem die Erdgöttin befreit und dann mit dem Himmelsgott in einer kultischen Hochzeit verheiratet wird. Durch solche Riten hofften die Heiden, sich eine gute Nachkommenschaft und ein gutes Wachstum sichern zu können.« Auch hier erhellt sich wieder der eigentliche Sinn der Dornröschen-Geschichte, wie ja viele unserer Volksmärchen dem Sagenschatz nordischer Mythen entstammen (1).

Auf manchen der Hügel befinden sich nun die sogenannten Trojaburgen, wie jene von Tibble in der Gemeinde Badelunda, die 15 Gänge und einen Durchmesser von rund zwölf Metern aufweist.

Frithjof Hallmann (2) erklärt die Bedeutung des Namens »Trojaburg« so:

»Gehen wir beim ›Labyrinth‹ beziehungsweise bei der ›Trojaburg‹ von der Annahme aus, daß diese auf ein kosmisches Denken basiert sind, d. h. daß die Windungen hier der Bahn der Sonne entsprechen, dann verkörpern die kleinsten Windungen die winterlichen Bahnen bis hin zu dem Punkt, da die Sonne sich hinter dem Horizont zur Ruhe begeben hat, oder – anders ausgedrückt – von der Unterwelt gefangengenommen worden ist.

Dieses Gefängnis der Wintersonne wird auch oft in der Mythologie als Falle oder Schlinge dargestellt. Vom Gesichtspunkt der Sonnenfalle ausgehend treffen wir in der Etymologie auf das Sanskritwort ›Druh‹, das ›Fallenstellen‹ und ›Trug‹ bedeutet. In der indischen Mythologie begegnen wir einem dreiköpfigen Drachen ›Druja‹ beziehungsweise ›Draogha‹, als Symbol eines Schlingers, der im Altnordischen ›Drangr‹ und im Norwegischen ›Drou‹ oder ›Droug‹ entspricht. Ein Beiname Odins lautet in Norwegen ›Dranga Drottin‹, der ›Herr der Gespenster‹.

Die Druiden – auch dieses Wort ist mit aller Wahrscheinlichkeit mit dem Sanskritischen ›Druh‹ verwandt – hatten einen ›Drehungsgeist‹, der ›Dranga‹ hieß und das ›Drachenauge‹ bedeutete, da jenes ›Dra-ugh‹ ein Drehen und Einkreisen kennzeichnet. Von den Urworten ›Dra‹, ›Thru‹, ›Thri‹ und ›Dri‹ ausgehend, kommen wir zum gotischen ›Thraian‹, dem altarischen ›Drajan‹ und zum keltischen ›Trojan‹, die alle ein Drehen und Wenden zum Sinngehalt haben und dem Begriff ›Troja‹ zugrunde liegen dürften ...«

Trojaburgen sind also begehbare Sonnensymbole, in denen die Menschen – ähnlich wie bei den eleusinischen Mysterienspielen – einen zyklischen Schöpfungsprozeß der Natur nachvollziehen konnten. Schliemanns an der kleinasiatischen Küste gelegene Troja kommt als Ausgangspunkt der Idee nicht in Frage (3), wie sich ja insgesamt die Labyrinthvorstellung nicht von Ost nach West verbreitet hat, sondern nachweislich von Nordwest nach Südost. Schweden und Finnland, die labyrinthreichsten Länder nicht nur Europas, sondern der ganzen Welt, weisen allein mehr als 550 – aus zumeist größeren Steinen gelegte – Labyrinthe auf. Zählt man die norwegischen, russischen, estnischen und dänischen Labyrinthe hinzu, ergibt das ungefähr eine Anzahl von 650 solcher Anlagen. Im Mittelmeerraum sind sie nirgendwo anzutreffen. Vier stattliche Labyrinthe kann der Besucher selbst in der schwedischen Hauptstadt Stockholm bewundern – der einzigen Weltstadt überhaupt mit solchen Bauwerken. Eines davon liegt im Nationalpark *Skausen*, die anderen in Lassa (Sanda), bei Bro und auf dem Weg zur Trojaburg von Tibble.

Von einem schwedischen Wissenschaftler erfuhr ich, daß viele der alten Trojaburgen noch heute von der Bevölkerung zeremoniell genutzt werden. Zwar ist das Wissen um die uralte Bedeutung weitgehend verschwunden, doch werden sie zu bestimmten Zeiten des Jahres für Zusammenkünfte genutzt, bei denen es um meditative Andachten und gemeinsame Tänze durch die Wege des Labyrinths geht.

Frithjof Hallmann beschreibt in seinem Buch *Das Rätsel der Labyrinthe* sehr anschaulich die schwedischen Trojaburgen, weshalb sich das Werk bestens als Reiseführer durch die altskandinavische Mythenwelt eignet. Besonders interessant ist die Tatsache, daß sich viele dieser Labyrinthe in der Nähe von bekannten und in Fachkreisen berühmten Felsbildstationen befinden. Ein Beispiel: »In Grebbestad auf Bohuslän liegt eine ganz besondere Trojaburg in den Ausmaßen von 12 x 10 Metern und 12 Kreisen auf einem Moränenplateau neben einem Berggipfel. Sie ist nahezu nierenförmig gebaut. Man findet sie etwa einen Kilometer vom Ufer der Nordsee entfernt in Richtung Norwegen. Nahebei befinden sich ein in den Erdboden versenkter hoher Stein (Menhir) und eine Reihe von tieferen Erdlöchern, die nach dem Abtragen anderer Monolithen dieser Art Anfang vorigen Jahrhunderts hier übriggeblieben sind. Auch hier ist ein Grabfeld aus der römischen Eisenzeit und der Zeit der Völkerwanderung (200–600 n. d. Zw.) das Indiz dafür, daß es sich wiederum um ein vorgeschichtliches Labyrinth handelt. Bohuslän ist zudem bekanntlich ja übersät mit Felsritzungen aller Art aus diesen frühen Epochen.« (4)

Auch in Deutschland soll es früher zahlreiche Labyrinthe gegeben haben, die mittlerweile allerdings allesamt zerstört wurden. Hallmann dazu:

»In Deutschland, wo früher etwa vierzig Labyrinthe gelegen haben, ist bemerkenswerterweise der labyrinthische Tanz einige Jahrhunderte später in anderen Formen wieder ins Leben geweckt worden. So wurde in Stolp, wie es in einem Pommerschen Jahrbuch von 1784 heißt, zum Pfingstfest in einem ›Die Windelbahn‹ genannten Labyrinth feierlich der Frühling von den Jugendlichen eingetanzt, ein Fest, das alle drei Jahre wiederholt wurde. Dieses volle sechzehn Windungen umfassende Labyrinth dürfte, wenn man die von ihm noch vorhandenen Abbildungen mit einem Baum in der Mitte und einer Einrahmung von zwanzig weiteren Bäumen anschaut, unleugbar zu den schönsten Labyrinthen zählen, die man kennt. Es liegt auf einem Hügel des benachbarten fürstlichen Lustgartens, und hat in der Bevölkerung auch ›Windel- oder Wandelberg‹ geheißen. Pastor Magdalinski, der es näher beschrieben hat, berichtet, daß es jahrelang unter der Obhut einer Handwerkerinnung gestanden hat, die es auch pflegte. Wenn es sich auch um eine unter dem Herzog Croiy geschaffene Anlage gehandelt haben soll, wird von Magdalinski trotzdem angenommen, daß hier auch schon zuvor ein in Steinen ausgelegtes Labyrinth nordischen Musters vorhanden war, das einer Trojaburg entsprach.« (5)

Nachdem die Jungen und Mädchen den unter Musikbegleitung vollführten Tanz unter Anleitung eines Maigrafen beendet hatten, lief eine Schar von Kindern in das Labyrinth, um alle in dieses geworfenen Blumen aufzuheben – wieder ein Zeichen dafür, daß hier das Neuerwachen der Natur feierlich begangen wurde –, wonach alle Teilnehmer in einer Prozession zur Stadt zogen. (6)

In einem der Lieder, die dabei gesungen wurden, hieß es:

»Der Zweck auf diesem runden Plan
ist Tanz in unserer Windelbahn.
Mit Freuden tanzte ich sie heut,
weil wir erlebt die schöne Zeit.«

Der Maigraf sei hierbei, sagt Magdalinski weiter, als »Vertreter der Sonne« aufgetreten, während die Tanzlinie selbst die Sonnenbahn, von innen nach außen und von außen nach innen, für ein ganzes Jahr getanzt, darstellte.

»Meine Behauptung geht nun davon aus«, so Magdalinski abschließend, »daß wir in der Stolper Windelbahn nicht nur eine Trojaburg mit Sonnenbahnen des Jahres haben, sondern geradezu einen Jahreskalender ...« – womit ebenfalls eine offensichtliche Parallele zu den Steinkreisen des jahrtausendealten britischen Heiligtums und Sonnenobservatoriums von Stonehenge gegeben ist.

Der deutsche Labyrinthforscher Hermann Kern

beschreibt sehr treffend und einfühlsam das Wesen der Trojaburgen mit den Worten:

»Eine psychische Belastung liegt in der Erfahrung, daß man sich dem Ziel immer wieder bis zum Greifen nähert, aber mehrmals wieder weggeführt wird. Der Weg zum Zentrum läßt keine Wahl; wer die Belastung durchhält, kommt zwangsläufig zur Mitte. Sein Erlebnis ist also ein Sinnbild einer Gesetzmäßigkeit, beschränkt sich jedoch nicht nur auf eine subjektiv-beliebige Erfahrung. Die Umkehr im Zentrum bedeutet nämlich Aufgeben der bisherigen Existenz, sie bedeutet aber auch Neubeginn. Wer das Labyrinth verläßt, verläßt es nicht als alter Adam, sondern wiedergeboren in einer neuen Existenzfolge (phase, -ebene): Im Zentrum geschehen der Tod und Wiedergeburt. Aber auch die Vorstellung rettungslosen Irregehens ist nur denkbar vor dem Hintergrund von Gewißheit, Ordnung und Orientierung, sie ist nur erklärbar als Ausdruck und Form einer Suche nach Einheit und Ganzheit. Beides haben wir angesichts der Unübersichtlichkeit, der Zersplitterung unserer Lebensumstände in tausend Einzelaspekte dringend nötig.

In einem echten Labyrinth verlieren wir uns auch nicht, wir finden uns. Diese magische Bewegungsfigur führt nicht in die Irre, sie dient als ganzheitsstiftendes Sinnbild der Selbstfindung und führt zum Kern unserer Existenz. Im Gegensatz zum Irrgarten bietet nämlich das Labyrinth dem Besucher nur einen einzigen Weg zum Zentrum an. Diese Vorstellung ist viel älter als das Irrgang-Motiv.

In der Mitte des Labyrinths ist unser Proband allein mit sich. Er begegnet sich selbst, einem göttlichen Prinzip, oder wofür auch immer ›Mitte‹ stehen mag. Jedenfalls sind damit auch der Ort und die Möglichkeit gemeint für Erkenntnis, die so grundlegend ist, daß sie einen grundsätzlichen Richtungswechsel verlangt. Wer aus dem Labyrinth wieder herauskommen will, muß auf dem Absatz kehrtmachen und auf demselben Wege zurückgehen, den er gekommen ist. Eine Richtungsänderung von 180 Grad bedeutet größtmögliche Distanzierung von der eigenen Vergangenheit. Die Umkehr im Zentrum bedeutet Aufgeben der bisherigen Existenz, sie bedeutet aber auch Neubeginn.

Beide Vorstellungen – Labyrinth und Irrgarten – sind allerdings nicht so unvereinbar, wie aus ihrer Gegenüberstellung zu vermuten. In beiden Fällen handelt es sich um eine besondere Formulierung der ›Orientierungsfigur‹ schlechthin: einmal positiv, als eindeutige Weg-Weisung, einmal negativ, als Orientierungslosigkeit. Das Labyrinth ist demnach ein Ausdruck der Hoffnung auf Rückkehr, auf Wiedergeburt, und als magische Sicherstellung der Erfüllung dieser Hoffnung.« (7)

Das Labyrinth, die Trojaburg, als Symbol der Wiedergeburt – dieser Grundgedanke steckt also in den merkwürdigen begehbaren Kultanlagen Skandinaviens und wahrscheinlich ebenso in vielen anderen magischen Plätzen, Steinkreisen, Tempeln des alten Europa. Die Architektur war nichts anderes als ein Spiegel der Religion, ein Erinnerungsmuster, das den Menschen in die Geheimnisse der Natur und des ewigen Lebens einweihte.

## Einundzwanzigste Station: Der Osten

### Spuren im Baltikum, in Polen, Ungarn, Rumänien, Bulgarien, Slowenien, Tschechien und in der Ukraine, in Rußland und Sibirien

Unsere Reise wäre unvollständig, würden wir nicht auch in den östlichen Ländern unseres Kontinents nach den Spuren der Großen Göttin und ihrer Religion forschen. Doch wie weit nach Osten reicht eigentlich Europa? Die »alte Welt« reichte in der Zeit vor der Einwanderung indogermanischer Hirtennomaden, die stark patriarchalisch orientiert und bemüht waren, die Muttergottheit zu verdrängen, jedenfalls bis ins Baltikum, nach Polen, Tschechien, Ungarn, Rumänien und Bulgarien hinein. Ja, sogar noch weiter – wenn wir die vielen wunderschön geformten Urmutter-Plastiken der Eiszeit betrachten, reichte das alte Europa bis nach Rußland und Sibirien.

Eine der besten Studien über den baltischen Ostseeraum stammt von Marija Gimbutas. Sie wurde in Litauen geboren und lehrte als Professorin für Europäische Archäologie in Los Angeles. In ihrem Buch *Die Balten – Volk im Ostseeraum* beschreibt sie sehr anschaulich und mit reichhaltigem Fundmaterial belegt, wie gegen Ende der Eiszeit (um 10 000 v. d. Zw.) Rentierjäger aus dem Westen und Südwesten Europas den großen Tierherden folgend in die nun eisfreien Gebiete vorstießen.

Nordeuropa war bis etwa zur Linie Berlin – Warschau von einer Eisdecke überzogen, die in den Wärmezeitperioden allmählich abschmolz. Die ältesten Funde menschlicher Werkzeuge – aus Knochen und Rentiergeweihen geformt – wurden um Kaliningrad (ehemals Königsberg) herum und in Nordpolen entdeckt und werden dem sogenannten Hamburger Kulturkreis zugerechnet. Gegen 4400 bis 4200 v. d. Zw. branden die ersten Wellen indogermanischer Hirtennomaden – die später den ganzen Kontinent bis an die portugiesische Atlantikküste erobern sollten – aus dem Osten heran und stoßen zunächst in Richtung Schwarzes Meer und östliches Mitteleuropa vor.

Für Ostpreußen und Estland lassen sich ungefähr um diese Zeit zwei Kulturkreise feststellen: die Memel- und die Narva-Kultur. Bei ihren Hinterlassenschaften stoßen wir auf konkrete Abbildungen der Großen Göttin: Idole, kleine, sorgsam geschliffene Plastiken aus Bernstein, die weibliche Attribute und eulenartige Gesichtszüge aufweisen. Offenbar lebten die Ostseeanrainer damals in einem matrilinearen Sozialsystem und verehrten in ihrer Religion die Große Göttin. Der römische Geschichtsschreiber Tacitus (55–116 n. d. Zw.), von dem auch die ersten schriftlichen Berichte über die Germanen stammen, berichtet, daß die Menschen in Estland noch zu seinen Lebzeiten eine Göttermutter verehrten, was ihn außerordentlich verwundert, denn im Römischen Reich hatte sich längst ein patriarchalisch bestimmter Götterhimmel durchgesetzt. Zwar gab es in Rom noch den Kult der Vestalinnen und sagenhafte Erinnerungen, daß auch dort in grauer Vorzeit eine schöpferische Muttergottheit am Anfang stand. Für Tacitus aber waren diese Dinge bereits so fremd und

»rückständig«, daß er sich erstaunt über die »merkwürdigen Sitten« der Esten und anderer Völker im Nordosten Europas ausläßt.

Dieser Glaube hat sich in Brauchtum und Folklore lange gehalten, weshalb man noch aus dem 17. Jahrhundert höchst interessante Aspekte aus Litauen, Estland und Lettland erfahren kann. Zum Beispiel wurde dort eine (mittlerweile leicht indogermanisierte) Erdgöttin namens *Zemyna* (litauisch) oder *Zemes Mate* (lettisch) verehrt, die man im Volk »die Knospentreibende, die Blütenanregende« nannte. Andere Beinamen sind »Mutter des Waldes«, »Mutter der Äcker« oder »Mutter der Quellen«. Die Kultstätten ihrer Verehrung, die zumeist an heiligen Hügeln, in besonders gepflegten Waldhainen und an heilbringenden Quellen lagen, mußten von den Gläubigen schweigend betreten werden, damit der Zauber der Großen Erdgöttin zur Wirkung kam.

Noch heute lassen sich solche magischen Plätze auffinden. Am Nordufer der unteren Memel bei Tilsit beispielsweise liegt der heilige Hügel *Rambynas,* an dem frischverheiratete Paare – auch in heutiger Zeit wieder – Opfergaben ablegen. Im Mittelpunkt der Verehrung steht aber die Quelle von *Rambynas,* der man erstaunliche Heilkräfte und Wunderwirkungen zuschreibt. Die lettischen Märchen und Sagen sind voll von »Waldmüttern« und »Buschmüttern«, Beschützerinnen der Kinder und Kranken, in denen man unschwer Verwandte unserer guten Frau Holle ausmachen kann.

Marija Gimbutas berichtet über die Verehrung einer litauischen Göttin namens *Lazdona,* der besonders Haselnußsträucher heilig waren, und über deren Schwester: »Eine unter Holundersträuchern (!) hausende Erdgöttin war Puskaitis, die über gutartige Zwerge mit dem Namen ›Barstukai‹ – auch ›Parstukai‹ und ›Kaukai‹ – herrschte. Wenn man der Puskaitis Opfer darbrachte, vergalten es die Zwerge mit einer Menge Getreide und verrichteten obendrein noch sämtliche Hausarbeiten. Zu Ehren der Barstukai veranstaltete man Feste, bei denen in Scheunen Tische mit Brot, Fleisch, Käse und Butter aufgestellt wurden. Um Mitternacht kamen dann die Heinzelmännchen und schmausten. Für derlei großzügige Gaben wurden die Bauern mit reichen Ernten belohnt. Bäume und Blumen, Haine und Wälder, Felsen und Hügel, Flüsse und Seen besaßen lebensspendende Kräfte. Die Balten glaubten, daß sie allerlei Krankheiten heilen konnten, vor Widrigkeiten schützten und Gesundheit wie auch Fruchtbarkeit gewährten. Alles, was die Fruchtbarkeit der Erde symbolisierte, wurde verehrt und gehegt.« (2)

Aus Chroniken des 11. bis 15. Jahrhunderts weiß man, daß die Balten trotz ihrer zwangsweise erfolgten Christianisierung sehr auf die Erhaltung dieser heiligen Stätten achteten. Unwissenden – worunter man vor allem die Christen verstand – war der Zugang streng untersagt, und vor diesen hielt man das geheime Wissen tunlichst verborgen. Wie kaum sonstwo in Europa hat sich gerade im Baltikum das alte, vorchristliche Erbe unversehrt bis in die Gegenwart erhalten. Volkskundler stellen bei ihren Studien immer wieder erstaunt fest, daß in der litauischen Volkskunst zahlreiche symbolische und dekorative Erkennungsmerkmale der eiszeitlichen Kunst bis heute überdauert haben.

Aber auch Menhire und »beseelte Steine« sind in den baltischen Ländern bekannt. Noch bis zur Mitte des vorigen Jahrhunderts wurden die sogenannten

»Laima-Steine« verehrt, manche von ihnen sogar mit künstlichen Wassergräben umgeben. Auf diesen Steinen spann die Große Göttin der Überlieferung zufolge den Lebensfaden (unwillkürlich müssen wir dabei an die Lebensfaden spinnenden Nornen der nordischen Mythologie denken), und unter den Steinen befand sich das wunderwirkende »Lebenswasser«. An diesen in der Regel bis zu 1,50 Meter hohen Menhiren opferte die Bevölkerung zu bestimmten Festtagen. Flachs, Leinentücher, Eßwaren und Blumen wurden niedergelegt und stumme Gebete gesprochen.

Der zweite Aspekt der allmächtigen Erdmutter äußerte sich in *Giltine* – auch »Schwester der Laima« genannt. Sie verkörperte die Todesgöttin. In den uralten Liedern der Letten wird zudem noch immer von *Marsa* oder *Mara* gesungen, die als »Milchmutter« gilt. Daß dieser Name wieder einmal dem uns schon bekannten *Tara* beziehungsweise *Maria* sehr ähnlich klingt, wird uns kaum noch wundern.

Als Begleiter, Boten und Tierpersonifikationen der Großen Göttin galten im Baltikum alle Arten von Schlangen, von denen manche sogar regelrechte Verehrung genossen. Man stellte ihnen Milch und andere Nahrung in die Ställe, niemand wagte es, sie zu töten, galten sie doch als allwissend und in der Lage, verborgene Schätze aufzuspüren. Wer heute die baltischen Länder bereist und mit der Landbevölkerung in Kontakt kommt, erfährt, daß sich daran überhaupt nichts geändert hat. Kein Bauer käme auf den Gedanken, einer Schlange etwas zu tun. Im Gegenteil: Man freut sich, eine auf dem Hof zu haben, und stellt ihr, so oft es nur geht, ein Schälchen mit Milch hin. Mit dem christlichen Glauben, der in der Schlange die Verkörperung des Bösen und der Versuchung sieht, ist eine solche Haltung unvereinbar.

Im Baltikum, das so viele archaische Verhaltensweisen der Vorzeit bewahrt hat und wo die Archetypik sozusagen noch lebendig ist, wundert es übrigens niemanden, daß nach dem Verfall der kommunistischen Ideologie die Menschen nicht in den Schoß der Kirche eilen, sondern – dann lieber gleich »das Original wählend« – zu den alten, vorchristlichen Kulten zurückfinden.

Stehen die baltischen Länder in dieser Hinsicht im Osten Europas isoliert da? Mitnichten. Sehr schöne Kleinplastiken der Großen Göttin wurden auch in Polen, Tschechien, Slowenien, Ungarn, Rumänien, Bulgarien, den Ländern des ehemaligen Jugoslawien, in Moldawien, der Ukraine, in Rußland und Sibirien gefunden, wobei besonders die Idole von Kostenki (Rußland), Malta (Sibirien), Dolni Vestonice und Moravany (Tschechien), Padzardshik (Ungarn), Vychvatincy (Moldawien), Cucuteni (Rumänien) und Karanowo (Bulgarien) zu erwähnen wären. Diese aus Mammutelfenbein, Horn oder Kalkstein geschnitzten beziehungsweise in Ton modellierten Figuren betonen auffallend die primären und sekundären Geschlechtsmerkmale, stellen oft Schwangerschaft, selten aber Gesichter dar. Oft fehlen sogar die Köpfe ganz, oder über das konturlose Porträt stülpen sich sorgfältig drapierte Frisuren, als sollte mit allen Mitteln die Abbildung eines realistischen Frauengesichts vermieden werden. Die Große Erdgöttin durfte kein erkennbares Gesicht haben.

Die ältesten dieser fast 1000 eiszeitlichen Idole wurden vor rund 30000 Jahren geschaffen. Die tradierte Formensprache der Darstellungen blieb bis zum Einfall der indogermanischen Stämme im 5. Jahrtausend v. d. Zw. konstant. Dann ändert sich der Stil durch fremde Kultureinflüsse wesentlich. Die Figuren werden immer abstrakter, und die weiblichen Attribute verschwinden mehr und mehr, bis schließlich Darstellungen von männlichen Gottheiten dominieren. Eine sowohl zeitliche wie auch räumliche Grenze zwischen Europa und Asien wird sichtbar. In der Eiszeit muß die matriarchale Kultur und Religion der Jäger und Sammler noch bis weit in die nördlichen Zonen Rußlands und Sibiriens hinein verbreitet gewesen sein. Weiter südlich, in den Steppengebieten der Ukraine und Südsibiriens bis zur Mongolei und China, lebten Hirtennomaden, von denen wir sehr wenig – nicht einmal ihre Namen – kennen. Aber dieser Steppengürtel entwickelte sich zum Schmelztiegel vieler Völker und zeigte bald seine explosive Sprengkraft. Von hier aus begann die erste große Völkerwanderung, drängten immer wieder Stämme, rastlos neuen Lebensraum suchend, nach Westen. Sie erreichten das Schwarze Meer, Bulgarien bis zu den Nordgrenzen Griechenlands, Rußland, das Baltikum und stießen unaufhaltsam weiter nach Westen vor, um schließlich erst an den Küsten des Atlantiks haltzumachen. Von griechischen und römischen Geschichtsschreibern kennen wir ihre Namen: Skythen, Germanen, Kelten und Slawen. In der »zivilisierten« Welt von Hellas und Rom werden sie als erbarmungslos beutegierige und blutrünstige Barbaren geschildert, denn sie stellten in der Tat eine ungeheure Gefahr für die seßhaften Völker Europas dar. Daß dieses Feindbild maßlos überzeichnet wurde, wird uns heute klar, wenn wir die kulturellen Hinterlassenschaften dieser Steppenvölker bestaunen. Erst heute beginnt die Geschichtsforschung, sich allmählich für die Kunst und Kultur der Hirtennomaden zu interessieren.

Für unsere Untersuchung gilt es als wesentlich festzuhalten, daß die Völker der Steppe patriarchalisch strukturiert waren und religiöse Vorstellungen mitbrachten, die im krassen Gegensatz zu der Erdmutter-Religion des alten Europa standen. Die Invasion der Indogermanen veränderte das Leben der Menschen in der »Alten Welt« von Grund auf. Die Heiligtümer der Großen Mutter wurden gestürmt und an vielen Stellen zerstört, alle Grundwerte und Vorstellungen der Alteuropäer gerieten ins Wanken, sie selbst wurden zu Minderheiten im eigenen Land. Etwa zeitgleich mit diesen revolutionären Umwälzungen kann man das Ende der Großsteinbauten, der Steinkreise, Menhire, Dolmen und Stufenpyramiden in Europa ansetzen. Die meisten Zentren der westlichen Megalithkultur weisen Spuren gewaltsamer Eroberung auf: Stonehenge und Avebury in England, die Nekropolen des Boynetals in Irland, Gavrinis und Carnac in der Bretagne, Los Millares in Spanien etc. Das »neue«, indogermanisch bestimmte Europa entsteht.

War bereits bei diesem ersten gewaltsamen Umbruch die Religion der Großen Erdgöttin ins Wanken geraten, so begann bald darauf der Vernichtungsfeldzug des vordringenden Christentums gegen die Reste »heidnischer« Überzeugung. Gründlicher und weitaus verbissener als unter dem Ansturm der indogermanischen Steppenvölker wurden nun die Spuren der Großen Göttin verfolgt und vernichtet, ihre Heiligtümer zerstört, die Anhänger der alten Religion gewaltsam der neuen verpflichtet. Es grenzt fast an ein Wunder, daß dennoch Reste des alten Glaubens in Form von archäologischen Funden, Märchen, Mythen und Legenden und rudimentären Erinnerungen im Volks- und Brauchtum überlebten.

Im am stärksten betroffenen Raum im Osten Europas wird heute, da wir Westeuropäer ihn »wiederentdecken«, die Spurensuche auch dadurch erschwert, daß der Kommunismus mit seinem »eisernen Vorhang« auch in unserem Bewußtsein und Wissen um diese Dinge eine Grenze gezogen hat. Sehr langsam kommt der Transfer von Informationen zwischen Wissenschaftlern in Ost und West in Gang. Bisher ist erst sehr wenig Literatur übersetzt, von übergreifend vergleichender Kulturforschung ganz zu schweigen. Die konkretesten Anhaltspunkte für unsere Recherche liefert uns wieder einmal die archäologische Feldforschung.

Im ungarischen Karpatenbecken siedelte im 5. bis 4. Jahrtausend v. d. Zw. das Volk der Körös-Kultur. Ihre Verstorbenen setzten sie in Embryonalhaltung, der sogenannten »Hockerstellung«, bei und gaben ihnen Speisen und Getränke für die Reise ins Jenseits mit. Interessanterweise bemalten sie die Köpfe der Toten mit rotem Ocker, der Farbe des Lebens. In vielen ihrer Gräber fand man Gesichtsurnen, menschenförmig gestaltete Tongefäße, die das uns bereits aus anderen Teilen Europas bekannte »Eulengesicht« der Großen Urmutter zeigen. Andere Töpfereierzeugnisse stellen Statuetten dar, die den weiblichen Charakter betonen. Ein Fragment der schönsten weiblichen Idolfigur wurde in Hodmezovasarhely gefunden. Es weist wohlproportionierte Körperformen auf. Die Ausarbeitung des auf einem hohen Hals sitzenden Kopfes ist indes nur skizziert, Augen und Nase sind angedeutet, der Mund fehlt ganz. Langes Haar wallt bis auf den Busen hinab.

Desweiteren gruben die Archäologen in weit voneinander entfernt liegenden Siedlungen kleine, ungefähr zehn Zentimeter hohe Venus-Figuren aus, die überraschend identisch aussehen. Zweifellos dienten sie dem gleichen Zweck, nämlich als Votivgaben an die Große Göttin. Dabei fiel den Wissenschaftlern eine Besonderheit auf: Aus unbekanntem Grund waren dem Ton Spreu- und Getreidekörner beigemischt, die nach dem Ausbrennen die äußere Oberfläche der Statuetten uneben machten. Wurden solche Lebensmittel als Opfer an die Erd- und Fruchtbarkeitsgöttin beigegeben? In einer der Idolfiguren, der *Venus von Gorzsa*, die zum Gefäß ausgeformt war, befanden sich kalzinierte menschliche Schädelstücke. Möglicherweise war diese Venus die erste Totenurne. Man darf allerdings auch an rituellen Kannibalismus denken, denn in einigen Höhlen, die als geheime Kultplätze und Einweihungstempel dienten (wie die *Baradla*-Höhle von Aggtelek) wurden unter den Überresten von Opfermahlzeiten auch angekohlte und aufgespaltene Menschenknochen gefunden. Daneben lagen Bruchstücke von Zeremonialschmuck und kleine Amulette. Von einem Kultplatz nahe dem Ort Szeleveny ist ein sehr seltenes Gefäß mit außergewöhnlich reichhaltiger Gravur bekannt geworden: Es zeigt die Große Göttin mit zum Segen emporgehobenen Armen inmitten von Bäumen, die offenbar einen heiligen Hain darstellen sollen.

In der Zeit der indogermanischen Eroberung, die in Ungarn als »Theiß-Kultur« bezeichnet wird, kommt die Herstellung von Venusfiguren vollständig zum Erliegen und wird durch männliche Gottheiten, die stereotyp mit Sicheln oder bumerangähnlichen Waffen abgebildet werden, abgelöst. In der Volkskunst aber wurden

Symbole und Attribute der alten Urmuttergöttin noch bis in unsere Tage hinübergerettet. Auch die ungarischen Märchen wissen noch von der segenspendenden Kraft der »Mutter des Korns und der Quellen« zu berichten.

In Slowenien ist die Situation durchaus vergleichbar. Auch hier wurden eiszeitliche Venusfiguren aus Mammutelfenbein gefunden (etwa in Vahom-Podkovica) sowie Tonfiguren und Gefäße mit femininen Attributen und »Eulengesichtern« (u. a. in Svodin, Krasno, Brodzany, Kosice-Barca), ferner solche mit Spiralen und konzentrischen Kreisen als Ornament. Mit dem Einfall der indogermanischen Hirtennomaden bricht diese religiös begründete Stiltradition plötzlich ab.

Auch aus Bulgarien sind steinzeitliche Urmutteridole bekannt. Die Verehrung der Großen Göttin wurde dort sogar von den eindringenden Thrakern – einem indogermanischen Hirtenstamm ungeklärter Herkunft – übernommen. Auch die griechischen Kolomiten an der Schwarzmeerküste, die oströmischen Byzantiner und später die Bulgaren blieben dieser Tradition treu. In höchstem Ansehen steht bis heute eine Frauengestalt namens *Sophia* (griech.: »Weisheit«), ursprünglich wohl eine legendäre römische Heilige des 2. Jahrhunderts n. d. Zw., nach der sogar die Hauptstadt Sofia benannt wurde. An vorchristliche Kulte erinnert auch der Acapella-Gesang der bulgarischen Frauenchöre, in dem sehr oft die »große Mutter aller Dinge« besungen wird.

In Rußland nahm die Erinnerung an die alte weibliche Gottheit in der Form der Marienverehrung nahezu ekstatische Züge an, wobei den Ikonen der Gottesmutter wundertätige Wirkung nachgesagt wird. Das erinnert sehr an die »Schwarze Madonna von Tschenstochau«, die in Polen als Nationalheiligtum gilt und dort der meistbesuchte Wallfahrtsort ist.

Eine Pilgerstätte ganz anderer – und doch zutiefst wesensverwandter – Art fand ich am Moskauer Kreml. Dort brennt am Grabmal für den unbekannten Soldaten eine ewige Flamme. Dieser moderne und zugleich uralte, archetypische Kult erinnert stark an die ewigen Feuer der Vestalinnen in Rom, an Olympia und Delphi, an die heiligen Feuer der Ostara in der Burghöhle von Dietfurt und an vielen anderen magischen Plätzen Europas.

Ein exakt bedeutungsgleiches Pendant dazu finden wir übrigens beim Grabmal des unbekannten Soldaten unter dem Arc de Triomphe in Paris. Vom Rundzentrum der Place de l'Etoile gehen sternförmig zwölf breite Straßen aus, eine davon die Champs-Elysées (»elysische Felder«). *Elysium* oder *Elysion* wurde bei den antiken Griechen das »Land der Seligen« genannt, worunter man die Inseln verstand, auf die die Lieblinge der Götter versetzt wurden, ohne den Tod zu erleiden. Elysion lag am Westrand der Erde, wo die Sonne abends im Meer versank und das dunkle Reich der Toten, die Unterwelt, anfing. Diese Vorstellung ist sogar noch wesentlich älter als die vom Götterberg Olymp, sie ist eindeutig alteuropäisch, vorgriechisch und interessanterweise völlig identisch mit dem *Tir na nog* der Kelten, den Inseln der ewigen Jugend jenseits des Totenmeeres ...

Auf dem Moskauer Flughafen, kurz vor der Rückreise nach Westen, hatte ich ein Schlüsselerlebnis, als mir eines jener beliebten russischen Souvenirs, eine Babuschka, angeboten wurde. *Babuschka* – auch *Baba* genannt – bedeutet wörtlich »altes Weib«, in manchen

Gegenden wird die Figur auch als »Roggenmuhme« bezeichnet. Es handelt sich um eine rundliche, mit Lackfarbe bemalte Holzpuppe, deren Oberkörper abgenommen werden kann. Im Inneren der gemütlich wirkenden Frauenfigur befindet sich eine weitere, etwas kleinere Babuschka, in dieser eine weitere und darin noch eine bis hin zu einem winzig kleinen Figürchen. Heutzutage als Kinderspielzeug genutzt, haben die Babuschkas in der Volkskunst Rußlands eine lange Tradition, die bis zu den frühgeschichtlichen Steindenkmälern mit deutlich erkennbaren weiblichen Formen zurückreicht. Mir kommen die Puppen in der Puppe zudem noch wie ein Sinnbild vor: Verläuft die Spurensuche zu unserem Thema nicht genauso? Erst einmal auf eine Erscheinungsform der Großen Göttin gestoßen, stellen wir sehr rasch fest, daß sich unter der »modernen« Umhüllung noch eine wesentlich ältere verbirgt, in dieser noch eine und so weiter – so daß unsere Zeitreise in eine immer fernere Vergangenheit führt. Und sahen diese alten und uralten Zeugnisse der Erdmutter früher wesentlich anders aus? Nein, sie gleichen sich wie eine Babuschka-Puppe der anderen. Eigentlich hat sich nichts wirklich verändert. Die Große Göttin lebt noch immer, heute wie vor dreißigtausend Jahren …

## Am Ende der Reise?

### Ausblicke auf eine bewußtere Zeit

Langsam schließt sich der Kreis. Die politische Einheit Europas beginnt sich allmählich zu formen, und erstaunt stellen wir fest, daß uns Europäer mehr Faktoren verbinden als trennen. Das alte, dunkle Europa mit seinen Kulten, die sich um die Gestalt der Großen Ur- und Erdmutter drehen, die Sehnsucht nach Ausgleich und Harmonie mit und in der Natur sind unser gemeinsames Erbe. Wenn es so etwas wie morphogenetische Felder gibt, wie sie der britische Biochemiker und Erkenntnistheoretiker Rupert Sheldrake (1) beschreibt, so setzt sich die vorchristliche Gestaltform des alten Europa immer mehr durch. Dieser Prozeß läßt sich an vielen Stellen deutlich beobachten. Da wären zunächst einmal die Frauen- und Ökologiebewegungen zu nennen, die sich zwar getrennt voneinander herausgebildet haben, aber derselben Wurzel entspringen. Beide dienen der Erdmutter Gaia (oder Tara, Frau Holle, mit welchem Namen auch immer wir sie benennen wollen) und sind um Versöhnung des Menschen mit der so lange ausgebeuteten und geschundenen Natur bemüht.

Analog dazu richtet sich die Sehnsucht von immer mehr Menschen *back to the roots*, zurück zu den Anfängen. Das zeigt die ständig wachsende Zahl von neugegründeten Hexenzirkeln ebenso wie die Tatsache, daß die alten keltischen und germanischen Feste eine wahre Renaissance erleben. Die Walpurgisnacht und *Beltene* (30. April/1. Mai), *Lugnasad* (1. August), *Imbolc* (1. Februar), *Samuin* (*Halloween*, 1. November) und die Sommerwenden werden wieder gefeiert – in den »keltischen« Ländern Frankreich, Irland und England, Deutschland, Österreich und Schweiz im besonderen Maße. Aber auch Skandinavien und Spanien entsinnen sich wohlwollend der alten heidnischen Vorzeit, wie wir bei den Abschlußfeierlichkeiten zur letzten Winter- beziehungsweise Sommer-Olympiade erleben konnten. Mehr als eine Million Menschen, vor allem junge (!), feiern in Deutschland die Walpurgisnacht, und die Gefolgschaft des neuen »bretonischen Druidenpapstes« Gwenc'hlan le Scouezec zählt in Frankreich bereits mehrere Millionen – bei steigender Tendenz. Man muß eines dieser großen Feste in der Bretagne, in Wales, Cornwall, Schottland oder in der Schweiz einmal miterlebt haben, um die Begeisterung und die Kraft, die in dieser Bewegung steckt, nachvollziehen zu können.

Ganz allgemein wächst in weiten Teilen der Bevölkerung Europas das Interesse an Archäologie, Geschichte und dem Schutz der Denkmäler aus der Vorzeit. Die eigenen Vorfahren werden wiederentdeckt, ihre Kunst, Religion, die Musik und die Feste.

Parallel dazu sind die Rundformen in Architektur und Design auf dem Vormarsch, und dies nicht erst seit Cesar Manrique und Friedensreich Hundertwasser. Die Menschen beginnen, ihr Unbehagen an der »Unwirtlichkeit unserer Städte« (wie es der Psychologe Alexander Mitscherlich formulierte) langsam in konkrete

Maßnahmen umzusetzen. Die Natur kennt kein Lineal, und das Diktat des rechten Winkels, der so viel grausame Häßlichkeit in unseren Alltag gebracht hat, geht seinem Ende entgegen. »Die gerade Linie ist gottlos!« rief Hundertwasser einst in einem flammenden Appell. Seinen Gedankengängen zufolge ist der Mensch als Ebenbild Gottes immer auch zutiefst selbst ein Schöpfer. »Jeder Idiot« aber könne einen geraden Strich mittels Lineal nachzeichnen, deshalb sei die gerade Linie »die unkreativste aller Möglichkeiten überhaupt«. Konsequenterweise finden sich in Hundertwassers Werk an keiner Stelle eine Gerade oder ein rechter Winkel, dafür aber um so mehr Kreise, Wellenkreise, Labyrinthe und Spiralen. Damit konnte er vor 20 Jahren noch das gewohnte Ordnungsdenken schocken, heute ist Wien – wie jede Stätte seines Wirkens – stolz auf die amöbenhaft organisch wuchernde Architektur. Wer heute Wien besucht, erkennt sofort: Hundertwasser hat viele Nachahmer gefunden, auch hier befindet sich die wiederentdeckte Rundform auf dem Siegeszug.

Auch auf Deutschland, wo die bürokratischen Mühlen bekanntlich langsamer als anderswo mahlen, hat dieses neue – oder alte – Denken bereits übergegriffen. Das neue Bundestagsgebäude in Bonn ist völlig rund. Nicht nur das Plenum, auch alle Sitzungssäle der im Bundestag vertretenen Parteien weisen diese Form auf. Nur die Spielerei eines Architekten? Nein, darin sind sich vor allem Psychologen einig: Diese Rundformen sind weniger hierarchisch und mehr demokratisch strukturiert. Nicht von ungefähr wird immer häufiger für Problemlösungen die Einrichtung eines »runden Tisches« gefordert. Ein solcher – das können Arbeitspsychologen und bewußt planende Designer bestätigen – schafft ein besseres Verhandlungsklima, stärkt den Teamgeist und läßt Ergebnisse in harmonischer Atmosphäre entstehen.

Ein kleines Beispiel mag das soeben Gesagte anschaulich machen: In Wiesbaden gibt es ein beliebtes Lokal, in dessen Mitte sich rings um die offene Kaminfeuerstelle ein runder Tisch befindet. Abend für Abend vollzieht sich dort das gleiche Schauspiel: Die zuerst eintreffenden Gäste streben sofort diesen Tisch an, als sei er ein starker Magnet. Erst wenn hier der letzte Platz besetzt ist, werden (widerstrebend, wie der Beobachter bemerkt) die übrigen, »normal« viereckigen Tische im Raum besetzt. Am Kaminrund kommt unterdessen eine behagliche Kommunikation auf, die sehr an vorzeitliches Lagerfeuerleben erinnert. Dies alles wundert mich nicht, ich habe ähnliche Phänomene an zahlreichen Konferenztischen erlebt. Die runden strengten weniger an und brachten stets die besseren Resultate.

Hinterfragt man dieses Phänomen in archetypischer Hinsicht, also auf der Suche nach uralten Bildern, die die Menschheitsentwicklung prägten, so könnte das Ursprungsszenario beim Aufbruch der Menschheit so ausgesehen haben:

Blitzeinschläge, riesige Waldbrände, Vulkanausbrüche und dergleichen machten dem frühen Menschen das Leben ebenso schwer und gefahrvoll wie die dunklen Nächte, kalte Winter und der ständige Konkurrenzkampf mit Raubtieren. Die Bändigung und zielgerichtete Beherrschung des Feuers führte zur ersten großen Kulturrevolution des Menschen. Man stelle sich nur vor: Plötzlich kann man gebratenes Fleisch genießen, gekochte Speisen, Suppen, heiße Getränke. Die spitzen, hölzernen Lanzen lassen sich im Feuer härten und gewinnen dadurch an Durchschlagskraft. Später kommt das Härten von Tongefäßen hinzu, der Keramikbrand, das Schmieden von Metallen. Dunkelheit läßt sich erhellen – die der Nacht und die der tief ins Erdreich führenden Höhlen. Man sitzt gemeinsam essend, redend, diskutierend im dichten Kreis um das Feuer. Kommunikation entsteht, die ersten Mythen, Legenden und Märchen. Man kann sich vor der Kälte schützen, Raubtiere und andere Feinde abwehren, Signale mit Feuern und Rauchzeichen geben ... Man sollte sich dazu unbedingt noch einmal (oder gleich mehrmals) den Film *Am Anfang war das Feuer* ansehen, der das vielschichtige Phänomen in seiner ganzen Tragweite begreifbar macht ... (2)

Bei der Handhabung des Feuers kommt dem Kreis eine überragende Bedeutung zu. Der Feuerkreis wird zum Zentrum, bietet Geborgenheit, Heimat, Kultur. Ein offenes Feuer ist immer rund. Zuerst wird ein Steinkreis angelegt, um die Feuerstelle zu zentrieren, dann wird das Holz zeltstangenförmig geschichtet. Auf diese Weise bleibt das Feuer stets unter Kontrolle – die Steine verhindern ein ungewolltes Ausbreiten, und weil von überall her Sauerstoff herankommt, kann das Feuer relativ gleichmäßig brennen. So legen Naturvölker heute noch ihre Feuerstellen an, so taten es unsere Vorfahren, seit sie das Element Feuer »in den Griff bekamen«. Aus einer solchen Feuerstelle ergibt sich zwingend die Urform der ersten Behausungen: Zelt, Iglu, Rundhütte. Das »Dach über dem Kopf« wird als schützende Hülle, als »zweite Haut« rund um das Feuer gezogen. Das licht- und wärmespendende Feuer bestimmt also die Architektur. Zugleich ist eine solche Bauweise zutiefst weiblich. Nahezu alle Mythen berich-

Der Steinkreis ums Feuer…

… wird zu einer Kuppel getürmt…

… und dient später als irdener Ofen.

ten von einer Urfrau als Hüterin, wenn nicht sogar als erster Bändigerin des Feuers. Aus diesem Wissen (das zudem noch genaue Kenntnisse über Fruchtbarkeit, Schwangerschaft, Geburt, Krankheit, Heilung und Tod reflektierte) mögen die ersten religiösen Vorstellungen entstanden sein, und sie sind unbestreitbar weiblicher Natur.

Bereits der bedeutende rumänische Kulturethnologe Mircea Eliade wies auf die kultische, rituelle und religiöse Übertragbarkeit der profanen Feuernutzung hin: »Der Kreis ist die Darstellung eines heiligen, zentrierten, organisierten Bereichs, ihm gegenüber die unermeßliche Ferne eines unorganisierten Bereiches, den wir schlecht kennen und der das Zentrum umringt.«

Verschiedene bekannte Kreissymbole

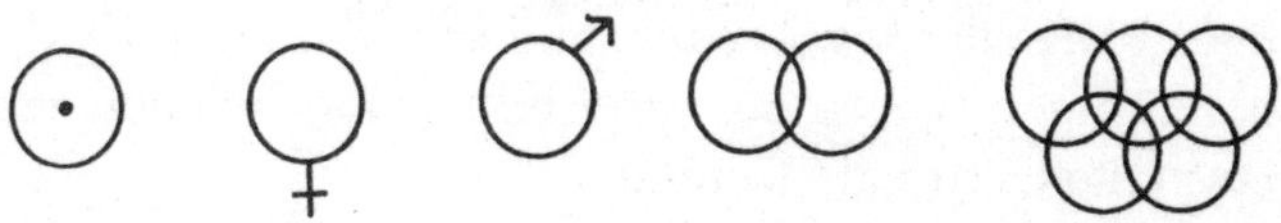

Der Mensch lebt immer in Kreisen, im Freundes- und Familienkreis, sein Leben zieht eine Bahn vom Mutterschoß zum Urschoß der Erde (die gekrümmte Embryonalhaltung wurde über Jahrtausende als typische Bestattungsform benutzt), er verwendet symbolisch Kreise (Freundschafts-, Verlobungs-, Würden- und Siegelringe), und ihm werden (jedenfalls bei heutigen christlichen Begräbnissen) Trauerkränze aufs Grab gelegt, die allein schon durch ihre Form vom ewigen Kreislauf künden. Des weiteren weist ja auch die Symbolik des Heiligenscheins auf die Ganzheit allen Seins hin. Eine Auswahl allgemein verständlicher Symbolzeichen, die heute als Piktogramme Verwendung finden, mag das soeben Gesagte im folgenden illustrieren.

Der Kreis ist ein Archetypus, und im Weltbild unserer Vorfahren wird diese Grundform in Zehntausenden von Felsbildern, Symbolzeichen, Steinkreisen (*Cromlechs, Tagorors*), Rundtempeln, Grabtumuli usw. reproduziert.

Der Mensch hat die Erde wohl nie als Kugel und selten als flache Scheibe erlebt – dies sind abstrakte Vorstellungsmodelle. Konkret stellt sich die Erde als mehr oder weniger geschwungener Hügel dar, als Wohninsel im Weltenmeer, von Himmel und Meer umgeben, dem Blau des Wassers beziehungsweise dem Grün des Waldes, dem Gelb der Steppe, der Wüste. Das archetypische Urbild der Erde ist also ein Hügel, ein Berg. Hügel und Berge waren als Abbilder der Erde – man denke an die frühreligiösen Vorstellungen des »Urhügels« – heilige »Plätze der Macht«, und in stark ikonisierten Kulthandlungen wurde dieses Abbild immer wieder neu erschaffen, etwa als Tumulus.

Wahrnehmungsphasen

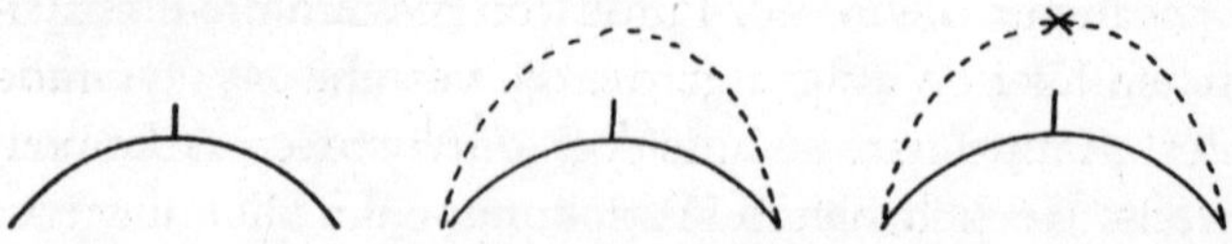

In das Kreis-Hügel-System war auch der Himmel mit einbezogen; auf der obersten Spitze des Hügels war man dem Himmel am nächsten. Also wurde diese Stelle markiert (und wird es immer noch: geodätische Meßpunkte, Gipfelkreuze usw.), etwa durch einen aufragenden Stein (Menhir), einen Baumstamm (Weltbaum), eine Säule (Weltsäule) oder eine natürlich vorhandene Bergspitze (Weltberg).

Nun ragt die Symbolik bereits in den Himmel hinein, die Weltsäule, der Weltbaum (der Schamanen) stützte den Himmel und wies eventuell auf bestimmte, mit bloßem Auge erkennbare Visierpunkte am Himmel (etwa den Polarstern des »Kleinen Bären«).

Zugleich wurde die Weltsäule für die Berechnung des Sonnenstandes (etwa von Sonnenwenden) nutzbar – als *Gnomon* (schattenwerfender Stab, Zeiger) und Weltachse (die Himmelsrichtungen bestimmend). Aus der Kombination der Urbilder *Hügel, Kreis und Säule* entstanden die erste Uhr und der erste Kalender. Teilt sich der Kreis durch den wandernden Schatten in einzelne Segmentzonen, so entstehen Stunden. Später fanden auch die Tierkreiszeichen Eingang in diese Unterteilung.

Zugleich erwächst eine Hierarchie des Kreises durch die natürlichen – beziehungsweise als Wälle und Gräben künstlich angelegten – zusätzlichen Umschließungskreise. Die Kreise gruppieren sich um das Zentrum herum, das Zentrum »strahlt aus«.

Manchmal wird der Punkt von mehreren konzentrischen Kreisen umgeben, die die verschiedenen Grade der manifestierten Existenz darzustellen scheinen, wobei sie sich hierarchisch ihrer mehr oder weniger großen Entfernung vom Urzentrum anordnen.

Konzentrische Kreise tauchen in der Bildersprache des Menschen bereits in frühester Zeit und in erstaunlich weit voneinander entfernten Gebieten Europas auf.

Ausgehend von diesem archetypischen Urbild gelangen wir schließlich zu verwandten Formen, die –

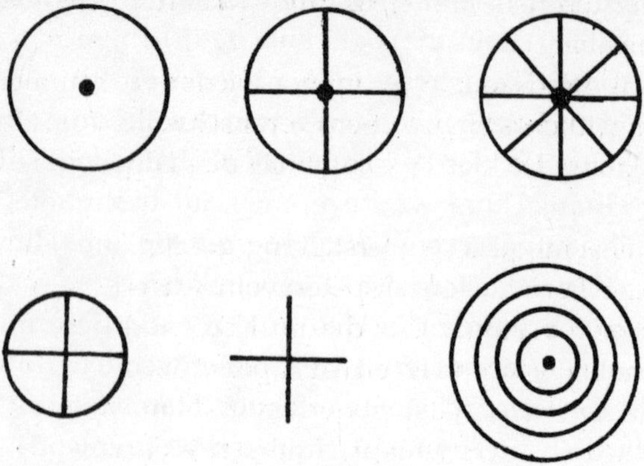

Kreissymbole

unter Wahrung der ursprünglichen Grundidee – zusätzliche Bedeutungsinhalte transportieren, etwa das »Engergiezeichen« *Spirale*: In Serpentinen nähert man sich dem Heiligtum und lädt sich während des Weges systematisch mit Kraft auf.

Solche spiralförmigen Felsbilder finden wir in Irland, in der Bretagne, auf den Kanarischen Inseln, auf Malta und Gozo sowie auf Kreta. Verwandte Formen sind die sich berührenden konzentrischen Kreise, die andeuten mögen, daß es mehrere, dicht beieinander gelagerte »Plätze der Macht« gibt, beziehungsweise die Doppelkreise oder Doppelspiralen, die durch ihre Ähnlichkeit mit einem Augenpaar (Urmutter-Symbol!) etwas Mahnendes, Bannendes bekommen.

Ursächlich mit dem Zentrumsgedanken verknüpft ist auch das Labyrinth, das im östlichen wie im westlichen Mittelmeerraum, im Norden und auf den Kanarischen Inseln vorkommt: Der Weg ins »Herz des Allerheiligsten ist schwierig und nur für Eingeweihte erreichbar.

Das »Radkreuz« (ein immer wieder vorkommendes steinzeitliches Sinnzeichen) veranschaulicht die Durchdringung des Weltkreises gemäß den Himmelsrichtungen.

Als symbolisierte Darstellung genügt auch die verkürzte Form, wie sie später vom Christentum übernommen wurde. Oder die im Kopf addierbare Form (etwa bei Schalensteinen im Alpenraum).

In der Symbolik wird der Kreis als universelles Zeichen verstanden. Er repräsentiert die Ganzheit, Totalität, Vollkommenheit, das in sich geschlossene Selbst, das Unendliche und ewig Wirksame. Das Symbol ist äußerst komplex und vereinigt Widersprüche in sich: zum einen die den Raum umschließende Zeit, zum anderen aber auch Raumlosigkeit (es gibt kein Oben und Unten) beziehungsweise das Nichtvorhandensein von Zeit (es gibt keinen Anfang und kein Ende), zum dritten den Gedanken der ewigen Wiederkehr.

Wir finden hier ebenso die Symbolform für die himmlische Einheit, für Gott. Der sagenhafte griechische Zauberer Hermes Trismegistos soll geäußert haben: »Gott ist ein Kreis, dessen Zentrum überall und dessen Umfang nirgends ist.« Der Kreis mit einem Punkt in der Mitte drückt die Vollendung eines kompletten Zyklus aus und ist auch das Symbol der Sonne. Noch heute wird dieses Piktogramm bei uns als Sonnenzeichen verstanden.

Sobald der Kreis aber von weiteren Kreisen konzentrisch umgeben ist (Wellenringe), dominieren die weiblich-zyklischen Aspekte: Geburt, Wachstum und Ausbreitung, Wiedergeburt beziehungsweise die drei

Mondphasen, die drei Seinsebenen Vergangenheit, Gegenwart, Zukunft, die drei Welten Erde, Himmel und Unterwelt, die drei Sphären Erde, Wasser, Luft und anderes mehr. Der Kreis ist ferner die Grundform des astrologischen Systems, das zumeist mit neun Kreisbahnen (rechnerisch wieder von den Mondphasen abgeleitet!) um das Zentrum (das Herz der Dinge) herum dargestellt wird. Ursächlich besteht auch ein Zusammenhang mit der Höhle, dem Symbol des Universums, des Weltzentrums, des Herzens. Die Höhle ist in der Symbolsprache ein Ort, an dem sich das Ich und das Selbst vereinigen, und steht daher auch in enger Verbindung zu der Idee vom Welt-Ei, also der ewig stattfindenden Geburt. Die frühe Religion kennt die Nutzung von Höhlen für Initiationszeremonien. Meist gelten diese Höhlen als geheimer, nur Eingeweihten zugänglicher Ort, der sich dem Nichteingeweihten versperrt – durch Labyrinthe, in denen er sich verirrt, durch schreckliche Wächter (Dämonen, Ungeheuer, Drachen, Riesen usw.). So wird aus der Höhle die Hölle, deren Eingang von Höllenhunden bewacht wird (Pluto, Cerberus, usw.). Hierzu sei nochmals auf den etymologischen Bedeutungszusammenhang der Wörter *Höhle, Hölle, Hel* und *Frau Holle* hingewiesen.

Die Initiationsriten dienten übrigens immer dem gleichen Zweck: den Menschen aus seinem gewohnten Lebenskreis zu reißen, ihn symbolisch sterben zu lassen (der todesähnliche, oft durch Drogen verstärkte Schlaf in der Höhle mit anschließender Traumdeutung spielte eine große Rolle; ohnehin galt der Schlaf als der »kleine Bruder des Todes«) und ihn danach als einen in die Geheimnisse Eingeweihten wieder zum Ausgang zu führen (zum Licht, zur Erleuchtung, zur Wiedergeburt).

In der religiösen Symbolik dient der Kreis sowohl als Darstellung wie auch – in der Architektur – zur bedeutsamen kommunikativen Botschaftsübermittlung: Im Schamanismus der Steinzeitmenschen galt er als Kraftpol sowohl für den einzelnen als auch für die Gruppe, wobei die sorgfältige Errichtung des Kreises aus Steinen, Blüten beziehungsweise Farbpigmenten zur energetischen Aufladung des Platzes für die nachfolgenden magischen Handlungen in ihm und aus ihm heraus von äußerster Wichtigkeit war. Den steinernen Rundtempeln der Megalithkultur (Stonehenge, Malta usw.) gingen solche aus Erdwällen und Holzkonstruktionen (*Woodhenges*) voraus. Sie galten als Zentrum der überschaubaren Welt, als lebendiger Mittelpunkt jeglicher Gemeinschaft. Im Christentum symbolisiert der Kreis Gott beziehungsweise die Gesamtkirche. Mittelalterliche Siedlungen wurden oft um den Dom herum in Kreisform angelegt und von einem Erdwall beziehungsweise von steinernen Befestigungsanlagen geschützt. Die auf Karten beziehungsweise aus der Luft gut erkennbaren Stadtkerne unterstreichen in ihrer Uterusform deutlich den Gedanken der »Mutter Kirche«, aus der alles Schöpferische hervorgeht. Bei den Griechen wurde der Kreis um das Welt-Ei herum *Chronos* (Zeit) genannt. Der griechische Philosoph Pythagoras nannte den Kreis »die Seele des Alls«.

Aus vielen Puzzlestücken fügt sich so allmählich ein erkennbares Bild zusammen. Bei unserer Spurensuche ins Ungewisse hinein haben wir einige Erkenntnise gewonnen, die einzelne Symbole, Module eines großen Programmes, vielleicht sogar schon für kurze Momente ein durchgehendes Muster erhellten. Etwas Licht fällt in die Dunkelheit des alten Europa. Und so könnte die Welt unserer Vorfahren ausgesehen haben:

Die Bändigung und das Hüten des Feuers war eine gewaltige kulturelle Leistung der Frauen. Aus der profanen Handlung wurde allmählich ein religiöser Ritus zu Ehren der Großen Erdmutter und Göttin, der vorrangig von Heilfrauen und Schamanenpriesterinnen ausgeübt wurde. Die Rundform und der heilige Kreis sind fundamental weiblich. Das Anlegen der Feuerstelle bestimmte die frühe Architektur. Diese entsprang einer ganzheitlichen Weltauffassung, einem weiblich geprägten Paradigma. Viele religiöse Äußerungen, geheimnisvolle Kulte und bis heute ausgeübte Zeremonien entstammen diesem Denken, das den Ausgleich der Elemente, den heilen, harmonischen Kosmos zur Grundlage hatte.

Ist diese alte Weltanschauung nun endgültig vergangen? Ich denke nein, denn vieles davon, etwa die Labyrinthe und Trojaburgen Skandinaviens (die einst wohl bis weit nach Mitteleuropa hinein verbreitet waren), kehrt dieser Tage auf Umwegen wieder zu uns zurück, diesmal als Konzentrations- und Meditationshilfen in Parks und in therapeutischen Zentren. Wer einmal bewußt und vielleicht sogar mit hilfreicher Anleitung durch eine solche Anlage gewandert ist, wird sich gern an die wohltuende innere Wirkung erinnern.

Konsequenterweise tauchen auch wieder die alten, kraftvollen Motive der frühen Felsbildkunst in der Gestaltung auf, in der Kunst, bei Verpackungen, Produkten, Dienstleistungsbetrieben. Sie scheinen unsterblich zu sein, was wohl vor allem an der ihnen innewohnenden magischen Energie- und Bedeutungsaufladung liegen mag. Wie auch immer, auf jeden Fall

Eine Walküre bietet einem toten Krieger, der gen Walhalla reitet, den Unsterblichkeitstrunk an. (Steingravur von Halla Broa)

wirken sie um ein Vielfaches lebendiger als die glatten, gestylten und stets wie aus der Retorte aussehenden Ergebnisse, die der Computer produziert. Magische Logos anstelle lebloser Computergraphik – diese Devise haben inzwischen bereits viele Gestalter verstanden und eifern darin ihren malenden oder sprayenden Künstlerkollegen nach, die die Kraft aus der Vorzeit schon wesentlich früher erkannten und für sich nutzten.

Also doch zurück zur Steinzeit? Nein, dies soll und kann damit wohl nicht gemeint sein. Aber zurück zu jenem positiven, ganzheitlichen Bewußtsein, das ihr zugrunde lag. Wir haben es wahrlich bitter nötig. Genau dies ist die Quintessenz des Wahlspruchs »Die Vergangenheit wiederentdecken, um die Gegenwart besser zu verstehen«. Nur so werden wir – das ist meine feste Überzeugung – im Einklang mit Mutter Natur und ihren guten Geistern, mit fundierten Kenntnissen ausgestattet und unserer eigenen Mitte sicher, die Zukunft kreativ bewältigen können.

# Anhang

## ERSTE STATION: ROM

*Anmerkungen*

(1) nach Schertz, Walter: *Römische Sagen.* Stuttgart 1957.

*Literatur*

Cornell, Tim/Matthews, John: *Weltatlas der alten Kulturen. Rom. Geschichte, Kunst, Lebensformen.* München, 1982.

Gardner, Jane F.: *Römische Mythen.* Stuttgart, 1994.

Jens, Hermann: *Mythologisches Lexikon. Gestalten der griechischen, römischen und nordischen Mythologie.* München, 1958.

Rieche, Anita: *Das antike Italien aus der Luft.* Bergisch Gladbach, 1987.

## ZWEITE STATION: DELPHI UND OLYMPIA

*Anmerkungen*

(1) Nach den byzantinischen Geschichtsschreibern Johannes von Rhodos und Georgios Kedrenos (9. bzw. 11. Jh.) wurde dieses allerletzte Orakel an Kaiser Julian durch einen Boten – den Arzt und Quästor Oribasios – an Kaiser Julian übermittelt.

*Literatur*

Buren, Lucilla: *Griechische Mythen.* Stuttgart, 1993.

Maas, Michael: *Das antike Delphi. Orakel, Schätze und Monumente.* Darmstadt, 1993.

Mertz, Bernd A.: *Griechenland. Vom Olymp zum Orakel von Delphi.* München, 1991.

Schroeder, Raymond V.: *Das antike Griechenland aus der Luft.* Bergisch Gladbach, 1975.

Vandenberg, Philipp: *Das Geheimnis der Orakel. Archäologen entschlüsseln das bestgelüftete Mysterium der Antike.* München, 1979.

## DRITTE STATION: LOURDES

*Anmerkungen*

(1) Vgl. Herbert Kühn: Die Felsbilder Europas, S. 8.

*Literatur*

Altenbach, Gilbert / Legrais, Boune: *Frankreich. Land der Barden und Druiden.* München, 1991.

Duerr, Hans Peter: *Sedna oder die Liebe zum Leben.* Frankfurt, 1984.

Kühn, Herbert: *Die Felsbilder Europas.* Stuttgart, 1952.

## VIERTE STATION: HÖLLE

*Anmerkungen*

(1) Karol Woytila: *Die Schwelle der Hoffnung überschreiten.*

(2) *Handwörterbuch des deutschen Aberglaubens,* Band 4, S. 206. 1986 als Reprint im Verlag Walter de Gruyter & Co. (Berlin) erschienen. Die zehnbändige Originalausgabe erschien in den Jahren 1927–1942 bei Walter de Gruyter & Co. (vormals G. J. Göschensche Verlagsbuchhandlung, J. Guttentag Verlagsbuchhandlung, Georg Reimer, Karl J. Trübner, Veit & Comp., Berlin und Leipzig) und wurde vom »Verband deutscher Vereine für Volkskunde, Abteilung I, Aberglaube« unter besonderer Mitwirkung von Eduard Hoffmann-Krayer, Hanns Bächtold-Stäubli und zahlreichen Fachkollegen herausgegeben. Eine ergiebige Fundgrube für jeden am Thema Interessierten.

(3) *Hexenhammer,* 1906, S. 69 f. und 74.

(4) *Handwörterbuch des deutschen Aberglaubens,* Band 4, S. 236–238.

(5) *Handwörterbuch des deutschen Aberglaubens,* Band 4, S. 255.

*Literatur*

*Handwörterbuch des deutschen Aberglaubens,* herausgegeben von Bächtold-Stäubli, Hanns, und Hoffmann-Krayer, Eduard. Berlin und Leipzig, 1927–1942.

Bochnik, Peter A.: *Die mächtigen Diener. Die Medizin und die Entwicklung von Frauenfeindlichkeit und Antisemitismus in der europäischen Geschichte.* Reinbek bei Hamburg, 1985.

Deschner, Karlheinz: *Das Kreuz mit der Kirche. Eine Sexualgeschichte des Christentums.* Düsseldorf und Wien, 1974.

Nola, Alfonso di: *Der Teufel. Wesen, Wirkung, Geschichte.* München, 1993.
Roskoff, Gustav: *Geschichte des Teufels. Eine kulturhistorische Satanologie von den Anfängen bis ins 18. Jahrhundert.* Nördlingen, 1987.
Woytila, Karol: *Die Schwelle der Hoffnung überschreiten.*

## FÜNFTE STATION: NASSAU AN DER LAHN

*Anmerkungen*

(1) Becker, Adolf: Aus Nassaus Sagenschatz, S. 28 und S. 90.
(2) Söllner, Max: Wanderungen zu ur- und frühgeschichtlichen Stätten Oberhessens, Gießen, 1981.
(3) Pöschl, Erika: Odenwälder Zauberschlüssel.
(4) Bleicher, Wilhelm: Märchen aus der alten Grafschaft Mark.
(5) Rüttner-Cova, Sonja : Frau Holle, die gestürzte Göttin, S. 154.
(6) ders.: S. 155.

*Literatur*

Becker, Adolf: *Aus Nassaus Sagenschatz.* Wiesbaden, 1928.
Bleicher, Wilhelm: *Märchen aus der alten Grafschaft Mark.* Eine bisher unbekannte Märchenprovinz im Herzen Deutschlands zu Zeiten der Brüder Grimm. Iserlohn, 1988.
Braem, Harald: *Die magische Welt der Schamanen und Höhlenmaler.* Köln, 1994.
Pöschl, Erika: *Odenwälder Zauberschlüssel. Brauchtum und Volksglauben von Odenwald, Bergstraße und Ried.* Ober-Ramstadt, 1986.
Rüttner-Cova, Sonja: *Frau Holle, die gestürzte Göttin. Märchen, Mythen, Matriarchat.* Basel, 1986.
Uhlig, Helmut: *Die Große Göttin lebt. Eine Weltreligion des Weiblichen.* Bergisch Gladbach, 1992.

## SECHSTE STATION: SCHWÄBISCHE ALB

*Anmerkungen*

(1) Taute, Wolfgang: *Die Dietfurter Burghöhle.* In: C 14 – Die Gebeine des Papstes, S. 46.
(2) ders.: S. 46, 47.
(3) Nähere Informationen dazu: KULT-UR-INSTITUT FÜR IN-

TERDISZIPLINÄRE KULTURFORSCHUNG e.V., Hauptstr. 6, 56357 Lollschied (Rheinland-Pfalz).

(4) Der Templerorden, auch Templer oder Tempelherren genannt (eigentlich: Fratres Militia Empli oder Pauperes commilitones christi emplique Salomonis), war einer der drei großen geistlichen Ritterorden des Mittelalters. Der Orden wurde 1119 von Hugo von Payens (Champagne) zum Schutz der Jerusalempilger gegründet. Seine Mitglieder gelobten Keuschheit, Gehorsam, Armut und den bewaffneten Kampf gegen alle Ungläubigen. Ihre Tracht bestand aus einem weißen Mantel mit einem achtspitzigen roten Kreuz. Zunächst war der Orden dem Papst unterstellt, was ihm viel Ansehen und Wohlstand (besonders in Frankreich) einbrachte. Als der Orden nach den Niederlagen im Heiligen Land (1291 Fall von Akka) seine eigentlichen Aufgaben verlor, geriet er bei der Krone immer mehr in Mißkredit. Der König von Frankreich, Philipp IV., bezichtigte die Ordensritter 1305 der Ketzerei. Viele Templer wurden verhaftet oder sogar verbrannt, ihr Vermögen wurde beschlagnahmt. 1312 wurde der Orden offiziell aufgelöst. Er erfuhr aber nach dem Zweiten Weltkrieg eine erstaunliche Neubelebung, besonders auf deutschem Gebiet. Der heute bestehende Templerorden bezeichnet sich selbst als christlich-überkonfessionell und bekämpft von etwa zwanzig Prioraten in Deutschland und überall aus das moderne Heidentum.

(5) Fundierte Auskunft zu diesem Thema inklusive sämtlicher Fakten und Theorien liefert Umberto Eco in seinem Roman *Das Foucaultsche Pendel* (München/Wien 1989), der hinlänglich bekannt sein dürfte. Jedem, der den Roman noch nicht kennt, möchte ich die Lektüre wärmstens empfehlen – das 767 Seiten starke Buch liest sich in erstaunlich kurzer Zeit und ist zudem ein intellektuelles Vergnügen.

(6) Taute, Wolfgang: *Die Dietfurter Burghöhle.* In: C14 – Die Gebeine des Papstes, S. 49.

*Literatur*

Behm-Blancke, Günter: *Höhlen – Heiligtümer – Kannibalen.* Leipzig, 1958.

Biedermann, Hans: *Wellenkreise. Mysterien um Tod und Wiedergeburt in den Ritzbildern des Megalithikums.* Hallein, 1977.

Braem, Harald: *Kanarische Inseln. Auf den Spuren atlantischer Völker.*

München, 1988.
Capelle, Torsten: *Norddeutsche Felsbilder.* Hildesheim, 1984.
Dämmer, Heinz-Werner / Reim, Hartmann / Taute, Wolfgang: *Probegrabungen in der Burghöhle von Dietfurt im oberen Donautal.* In: Fundberichte aus Baden-Württemberg, Band 1, Stuttgart ,1974.
Kastenholz, Utz: *Kannibalen im Kyffhäuser.* In: C 14 – Vorstoß in die Vergangenheit. Archäologische Entdeckungen in Deutschland. München, 1992.
Taute, Wolfgang: *Die Dietfurter Burghöhle.* In: C 14 – Die Gebeine des Papstes. Neue archäologische Entdeckungen in Deutschland. München, 1993.

## SIEBTE STATION: OSTARA

*Anmerkungen*

(1) *Handwörterbuch des deutschen Aberglaubens,* Band 6, S. 1314.
(2) Ebd., S. 1358 – 1362.

*Literatur*

Bernatzik, Hugo A. (Hrsg.): *Die große Völkerkunde.* Sitten, Gebräuche und Wesen fremder Völker, Bd. 1. Leipzig, 1939.
Cooper, J. C.: *Illustriertes Lexikon der traditionellen Symbole.* Leipzig, 1986.
Jens, Hermann: *Mythologisches Lexikon.* München, 1958
*Handwörterbuch des deutschen Aberglaubens,* Berlin, 1934 / 1935 / 1986 (Reprint).

## ACHTE STATION: IRLAND

*Anmerkungen*

(1) William Butler Yeats (1865–1939), der große irische Dichter und Nobelpreisträger, fühlte sich zeit seines Lebens als »Barde der Großen Göttin«. Angeregt von keltischer Mythologie, schrieb er vor allem mythisch-mystische Dramen und Erzählungen. Magisch ummantelt wie sein Werk war auch sein persönliches Leben: Er heiratete ein spiritistisches Medium und lebte mit ihr in einem abgelegenen Turm. Vom Berg Benbulbin in Donegal berichtete er unter anderem, daß er dort einmal ein Tor zum

Feenreich durchschritten habe und danach immer wieder in das Zauberreich der Unterwelt hinabgestiegen sei.

(2) Spuren einer rund 5100 Jahre alten Siedlung zweifelsfrei neolithischen Ursprungs wurden bei Tankardstown, Grafschaft Limerick, gefunden (Margaret Gowen, Dublin 1988).

(3) Reden, Sibylle von: Die Megalith-Kulturen, S. 285f.

(4) Jürgen Elvert: *Geschichte Irlands,* S. 26.

(5) Wolfgang Ziegler: *Irland,* S. 112ff.

(6) Wie in dem um 1100 n. d. Zw. entstandenen Sagenwerk *Buch von der Gelben Kuh* bzw. im *Buch der Invasionen* berichtet wird, entstammt Tea der sechsten, der sogenannten »milesischen« Einwanderungswelle, die im 2. Jh. v. d. Zw. aus Spanien nach Irland kam. Davor gab es den Überlieferungen zufolge schon weitere Ankünfte von fremden Eroberern: der Tuatha De Danann (Volk der Adlergöttin) in irokeltischer Zeit, der Fir-Bolg aus Spanien (die auf den Aran-Inseln und der Westküste Irlands siedelten). Davor (um 2000 v. d. Zw.) trafen Skythen oder Mykener ein, noch früher Leute, die vom westlichen Meer her kamen (wahrscheinlich ebenfalls aus Spanien), und in grauer Vorzeit eine Frau oder Göttin mit fünfzig Töchtern und drei Söhnen.

Nähere Auskünfte dazu und zu der Sagenwelt der Kelten allgemein gibt ein ausgezeichnetes Werk von Ingeborg Clarus: Keltische Mythen. Der Mensch und seine Anderswelt. Olten, 1991. Prof. Dr. Jürgen Elvert (Geschichte Irlands, München 1993) ist sich sicher, daß die Vorfahren der Ur-Iren bereits im 8. Jahrtausend v. d. Zw. mit einfachen Fellbooten als Jäger und Sammler von Skandinavien aus über Schottland nach Irland gekommen sind.

(7) Joseph Campbell: *Mythologie der Urvölker,* S. 475f.

*Literatur*

Biedermann, Hans: *Wellenkreise. Mysterien um Tod und Wiedergeburt in den Ritzbildern des Megaltihikums.* Hallein, 1977.

Braem, Harald: *Das magische Dreieck. Neue Geheimnisse aus dem Reich der Pyramiden.* Stuttgart, 1992

Campbell, Joseph: *Mythologie der Urvölker. Die Masken Gottes,* Band 1. Basel, 1991.

Clarus, Ingeburg: *Keltische Mythen. Der Mensch und seine Anderswelt.* Olten, 1991.

Elvert, Jürgen: *Geschichte Irlands*. München, 1993.
Lengyel, Lancelot: *Das geheime Wissen der Kelten enträtselt aus druidisch-keltischer Mythik und Symbolik*. Freiburg im Breisgau, 1976.
McMann, Jean: *Rätsel der Steinzeit. Zauberzeichen und Symbole*. Augsburg, 1989.
Mohen, Jean-Pierre: *Megalithkultur in Europa. Geheimnis der frühen Zivilisation*. Stuttgart und Zürich, 1989
Reden, Sibylle von: *Die Megalith-Kulturen. Zeugnisse einer verschollenen Urreligion*. Köln, 1960 u. 1978.
Uhlig, Helmut: *Die Große Göttin lebt. Eine Weltreligion des Weiblichen*. Bergisch Gladbach, 1992.
Ziegler, Wolfgang: *Irland. Kunst, Kultur und Landschaft*. Köln, 1974.

## NEUNTE STATION: BRETAGNE

*Anmerkungen*

(1) Einige der Steinplatten sind sogar auf der nicht sichtbaren Seite verziert. Es handelt sich wohl um Wiederverwendungen von Steinen eines noch älteren Bauwerks. So fand man etwa 1984 die Teilzeichnung eines Rindes, deren exakte Ergänzung auf der Deckplatte des Dolmens Marchands in Locmariaquer entdeckt wurde. Diese beiden Blöcke gehörten ursprünglich zu einem 14 Meter hohen Menhir. Wo dieser Menhir vormals gestanden hat, warum er zerbrach oder mutwillig zerstört und zum Bau zweier voneinander entfernt liegender »neuer Dolmentempel« benutzt wurde, ist nicht bekannt.

(2) Der deutsche Archäologe W. Hülle, der Gavrinis ebenfalls für einen Kulttempel hält, weist auf besonders auffallende Übereinstimmungen zu den Tempeln Maltas hin. Auch dort kommen etwa eingearbeitete Stege häufig vor.

(3) Rother, Frank und Almut: *Die Bretagne. Im Land der Dolmen, Menhire und Calvaires*, S. 117.

*Literatur*

Association Archaeologique Kergal: *Die megalithische Geographie. Reste der Anlage eines Kulturzentrums in Locmariaquer*. Kergal, 1978/1980.
Braem, Harald: *Das magische Dreieck. Neue Geheimnisse aus dem Reich der Pyramiden*. Stuttgart, 1992.

McMann, Jean: *Rätsel der Steinzeit. Zauberzeichen und Symbole*. Augsburg, 1989.
Meyer, Albrecht: *Gavrinis Bretonische Felsbilder aus alteuropäischer Mysterienwelt*. Stuttgart, 1978.
Mohen, Jean-Pierre: *Megalithkultur in Europa. Geheimnis der frühen Zivilisation*. Stuttgart und Zürich, 1989.
Rother, Frank u. Almut: *Die Bretagne. Im Land der Dolmen, Menhire und Calvaires*. Köln, 1978.

## ZEHNTE STATION: GRAN CANARIA

*Anmerkungen*

(1) Als wichtigste Publikation wäre der ZDF-Film *Terra X – Die Inseln des Drachenbaums. Magische Plätze auf den Kanaren* (Video bei *Time Life*) zu nennen; ferner die unten aufgeführten Buchveröffentlichungen. Der Film und die Bücher wurden in zahlreiche Sprachen übersetzt.

(2) Siehe meine 1988 durchgeführten Expeditionen auf den Roque Agando und andere Berggipfel von Gomera, La Palma und Gran Canaria nebst den dazu erschienenen Fachartikeln in »ur- und frühzeit« beziehungsweise in »KULT-UR-NOTIZEN«.

(3) Vgl. Ilse Schwidetzky: *Die vorspanische Bevölkerung der Kanarischen Inseln*

(4) Wölfel, D. J. (Hrsg.): Torriani, Leonardo: *Die Kanarischen Inseln und ihre Urbevölkerung*, ital. Originalhandschrift 1590–1597. Dt. Übersetzung, Leipzig, 1940.

(5) Vgl. Braem, Harald: *Der Kojote im Vulkan. Märchen und Mythen der Kanarischen Inseln*.

*Literatur*

Biedermann, Hans: *Die Spur der Altkanarier*. Hallein, 1983.
Braem, Harald: *Kultplätze der Ureinwohner auf Gran Canaria*. In: ur- und frühzeit 2/80.
ders.: *Felsbilder und Besiedlungsspuren auf der Kanareninsel La Palma*. In: ur- und frühzeit 3/87.
ders.: *Bergheiligtümer der Ureinwohner auf der Kanareninsel La Gomera*. In: ur- und frühzeit 4/87.
ders.: *Felsbilder und rätselhafte Schriftzeichen auf der Kanareninsel El Hierro*. In: ur- und frühzeit 1/88.

ders.: *Menhire auf den Kanarischen Inseln.* In: ur- und frühzeit 4/89.
ders.: *Auf den Spuren der kanarischen Ureinwohner.* In: ur- und frühzeit 2/90.
ders.: *Pyramiden auf den Kanarischen Inseln?* In: ur- und frühzeit 4/91.
ders.: *Schiffs-, Boots- und Ankerdarstellungen bei den Felsbildern der Kanarischen Inseln.* In: KULT-UR-NOTIZEN Nr. 7, 1993.
ders.: *Era de los Antiguas – ein Bergheiligtum der Altgomerer.* In: KULT-UR-NOTIZEN Nr. 8, 1993
ders.: *Der Stein von Zanata. Schlüssel zur Guanchen-Kultur oder raffinierte Fälschung?* In: KULT-UR-NOTIZEN Nr. 12, 1994.
ders.: *Der Stein von Zanata. Kein Schlüssel zur Guanchenkultur, sondern plumpe Fälschung.* In: KULT-UR-NOTIZEN Nr. 13, 1994.
ders.: *Die Inseln des Drachenbaums.* In: H. H. Hillrichs: Terra X – Rätsel alter Weltkulturen. Von den Inseln des Drachenbaums zur Festung der Sturmgötter. Gütersloh, 1990.
ders.: *Der Kojote im Vulkan. Märchen und Mythen der Kanarischen Inseln.* Berlin, 1990.
ders.: *Das magische Dreieck.* Stuttgart, 1992.
ders.: *Tanausu, der letzte König der Kanaren.* Roman. München, 1993.
ders.: *Der Vulkanteufel.* Roman. Stuttgart, 1993.
ders.: *Die magische Welt der Schamanen und Höhlenmaler.* Köln, 1994.
Fleck, Michael: *La Palma. Kratergigantik im Sonnenwald.* Bruchköbel, 1994.
Rother, Almut und Frank: *Die Kanarischen Inseln.* Köln, 1982.
Schwidetzky, Ilse: Die vorspanische Bevölkerung der Kanarischen Inseln. Göttingen 1963.
Wölfel, D. J.: *Die Kanarischen Inseln, die westafrikanischen Hochkulturen und das alte Mittelmeer.* Bamberg, 1950
ders.: *Die Religion des vorindoeuropäischen Europa.* Hallein, 1980.

## ELFTE STATION: MALTA UND GOZO

*Anmerkungen*

(1) Dies betrifft vor allem zahlreiche neue Ausgrabungen und Funde, vor allem aber die Frage der Datierung. Nach den neuesten Meßergebnissen müssen alle von Malta und Gozo vorliegenden Zahlen um ungefähr eintausend Jahre rückdatiert werden. Demzufolge haben die ersten Siedler Malta (Ghar Dalam) bereits vor 7000 Jahren erreicht.

(2) Wie ich in meinem Buch *Das magische Dreieck* bereits mit ausführlichen Belegen dargestellt habe, kann es sich bei dem sagenumwobenen Atlantis sehr gut um das alte Europa der Megalithkultur gehandelt haben, das unter dem Ansturm indogermanischer Völker zugrunde ging.

(3) Ingeborg Tetzlaff: *Malta und Gozo,* S. 15, 16.

(4) R. Verneau: *Habitations, sepultures et lieux sacrés des anciens Canariens*. Paris, 1898.

(5) Malone, Caroline / Bonanno, Anthony / Gouder, Tancred / Stoddart, Simon / Trump, David: *Totenkult und Ende der archaischen Kultur Maltas.* In: Spektrum der Wissenschaft, 2 / 1994.

(6) Ingeborg Tetzlaff schreibt (a . a. O., S. 63): »Sehr eigentümlich ist die Übernahme durch Bronzeguß sich ergebender Formen in die Herstellung von Gefäßen aus Ton oder Stein zu einer Zeit, in der die einheimische Töpferei schon wahre Wunderwerke von vollkommener Schönheit aufwies. Der Verzicht auf Metall bei einem von seiner Priesterschaft beherrschten Volk könnte durch ein Tabu bedingt sein ...« Sie verweist auf ein Zitat aus Ludwig Friedländers *Sittengeschichte Roms,* Band 3:

» ... Am deutlichsten ergibt sich die unveränderte Fortdauer tausendjähriger, wie in Versteinerung erhaltener Kultusformen aus den Protokollen der Ackerbrüder (fratres Arvales), den einzigen einer geistigen Genossenschaft, die sich erhalten haben. Diese Brüderschaft, in der Kaiserzeit regelmäßig aus Männern des höchsten Adels und den Kaisern selbst bestehend, feierte im Mai ›der göttlichen Göttin‹ (Deą Dia – eine uralte Benennung der mütterlichen Erdgöttin, der Spenderin des Fruchtsegens) ein dreitägiges Fest für das Gedeihen der jungen sprossenden Saaten, in ihrem Haine mit uralten, von der Axt nie berührten Bäumen. Jeder Gebrauch einer Axt in diesem Hain, wenn ein Baum durch Sturm oder Alter brach, überhaupt jeder Gebrauch eines eisernen Gerätes erforderte ein Sühnopfer: das Verbot des Eisens beim Gottesdienst ist aus der Unbekanntschaft der Zeit, aus welcher die Ritualgesetze stammen, mit diesem Metall zu erklären.«

(7) Demzufolge stellen die engen Tempeleingänge den Uterus der Göttin dar, die Seitenapsiden die Brüste und das Allerheiligste den Kopf, so als hätte man die üppigen Proportionen der großen Statuen symbolisiert auf den Grundriß der Tempel übertragen.

(8) Sibylle von Reden: *Die Megalith-Kulturen,* S. 72.
(9) ders.: *Die Tempel von Malta,* S. 13.

*Literatur*

Biedermann, Hans: *Die Spur der Altkanarier.* Hallein, 1983.
Bonanno, Anthony: *Malta – ein archäologisches Paradies.* Valetta, 1990.
Braem, Harald: *Das magische Dreieck.* Stuttgart, 1992
Freeden, Joachim von: *Malta und die Baukunst seiner Megalithtempel.* Darmstadt, 1993.
McMann, Jean: *Rätsel der Steinzeit. Zauberzeichen und Symbole.* Augsburg, 1989.
Mohen, Jean-Pierre: *Megalithkultur in Europa. Geheimnis der frühen Zivilisationen.* Stuttgart und Zürich, 1989
Neubert, Sigrid/Reden, Sibylle von: *Die Tempel von Malta. Das Mysterium der Megalithbauten.* Bergisch Gladbach, 1988.
Reden, Sibylle von: *Die Megalith-Kulturen. Zeugnisse einer verschollenen Urreligion.* Köln, 1960/1978.
Tetzlaff, Ingeborg: *Malta und Gozo. Die goldenen Felseninseln – Urzeittempel und Malteserburgen.* Köln, 1977.
Trump, David H.: *Malta. An Archaeological Guide.* Valetta, 1971

## ZWÖLFTE STATION: MAGNA MATER

*Anmerkungen*

(1)»Imagisierung« meint im Unterschied zu »Imagination« (Einfühlung) eher den aktiven Gestaltungsprozeß, das Aufladen von besonderen Orten (»Plätzen der Kraft«) mit Bedeutungszeichen, ferner auch die Bedeutungsaufladung von Gegenständen, Werkzeug, Waffen und dergleichen. Siehe dazu mein Buch *Die magische Welt der Schamanen und Höhlenmaler.*

(2) Herbert Kühn: *Die Felsbilder Europas,* S. 202 bzw. S. 9.

*Literatur*

Braem, Harald: *Die magische Welt der Schamanen und Höhlenmaler.* Köln, 1994.
Getty, Adele: *Göttin, Mutter des Lebens.* München, 1993.
Kühn, Herbert: *Auf den Spuren des Eiszeitmenschen.* Wiesbaden, 1950.
Kühn, Herbert: *Die Felsbilder Europas.* Stuttgart, 1952.

Uhlig, Helmut: *Die Große Göttin lebt. Eine Weltreligion des Weiblichen.* Bergisch Gladbach, 1992.

## DREIZEHNTE STATION: DORDOGNE

(1) Uhlig, Helmut: *Die Große Göttin lebt,* S. 48–51.

(2) Biedermann, Hans: *Die großen Mütter,* S. 29–32. – Er weist ferner darauf hin, daß die Frauen der endeiszeitlichen Jägerstämme nicht nur durch Geburt und Kinderstillen, sondern auch durch ihren Kontakt mit Quellen und Wasserstellen eher als die Männer an einen festen Wohnplatz gebunden waren. »Dazu kamen noch die sich von Generation zu Generation vertiefenden Kenntnisse der Pflanzenwelt und damit auch jene der Nahrung und Heilkräfte versprechenden Vegetation. Daß sie sich dadurch große Verdienste um das spätere Seßhaftwerden der Menschheit erwarben, ist jedenfalls leicht einzusehen ...« (S. 33).

(3) Getty, Adele: *Göttin. Mutter des Lebens,* S 43.

*Literatur*

Biedermann, Hans: *Die großen Mütter. Die schöpferische Rolle der Frau in der Menschheitsgeschichte.* Bern und München, 1982.

Braem, Harald: *Die magische Welt der Schamanen und Höhlenmaler.* Köln, 1994.

Braem, Harald / Heil, Christof: *Die Sprache der Formen. Die Wurzeln des Design.* München, 1990.

Droste, Thorsten: *Perigord und Atlantikküste. Kunst und Natur im Tal der Dordogne und an der Côte d'Argent von Bordeaux bis Biarritz.* Köln, 1981.

Eliade, Mircea: *Schamanismus und archaische Ekstasetechnik.* Frankfurt, 1974.

Getty, Adele: *Göttin. Mutter des Lebens.* München, 1993

König, Marie E. P.: *Am Anfang der Kultur. Die Zeichensprache des frühen Menschen.* Berlin, 1973.

König, Marie E. P., in: Fester / König / Jonas: *Weib und Macht. Fünf Millionen Jahre Urgeschichte der Frau.* Frankfurt, 1979.

Stolz, Alfred: *Schamanen. Ekstase und Jenseitssymbolik.* Köln, 1988.

Uccusic, Paul: *Der Schamane in uns. Schamanismus als neue Selbsterfahrung. Hilfe und Heilung.* Genf, 1991.

Uhlig, Helmut: *Die Große Göttin lebt. Eine Weltreligion des Weiblichen.* Bergisch Gladbach, 1992.
Vialou, Denis: *Frühzeit des Menschen.* München, 1992 (Universum der Kunst, Band 37).

## VIERZEHNTE STATION: PORTUGAL

*Anmerkungen*

(1) Sibylle von Reden: *Die Megalith-Kulturen*, S. 260.
(2) Nigel Pennick: *Die alte Wissenschaft der Geomantie*, München, 1982.
(3) Frank Teichmann: *Der Mensch und seine Tempel. Megalithkultur in Irland, England und der Bretagne.*

*Literatur*

Beltran, Antonio: *Felskunde der spanischen Levante.* Bergisch Gladbach, 1982.
Drößler, Rudolf: *Astronomie in Stein. Archäologen und Astronomen enträtseln alte Bauwerke und Kultstätten.* Leipzig, 1990
Getty, Adele: *Göttin. Mutter des Lebens.* München, 1993.
Kühn, Herbert: *Die Felsbilder Europas.* Stuttgart, 1952.
Leisner, Georg u. Vera: *Die Megalithgräber der iberischen Halbinsel.* Berlin, 1959 (Madrider Forschungen Band 1/2).
Nidiaye, Safi: *Portugal. Wo die Sehnsucht zu Hause ist.* München, 1992.
Pennick, Nigel: *Die alte Wissenschaft der Geomantie*, München, 1982.
Reden, Sibylle von: *Die Megalith-Kulturen. Zeugnisse einer verschollenen Urreligion.* Köln, 1960 und 1978
Teichmann, Frank: *Der Mensch und seine Tempel.* Stuttgart, 1983. *Megalithkultur in Irland, England und Frankreich.* Stuttgart, 1983.

## FÜNFZEHNTE STATION: AVEBURY

*Anmerkungen*

(1) Sibylle von Reden: *Die Megalith-Kulturen*, S. 303.
(2) Frank Teichmann: *Der Mensch und seine Tempel*, S. 82.

*Literatur*

Braem, Harald: *Das magische Dreieck.* Stuttgart, 1992.

Drößler, Rudolf: *Kulturen aus der Vogelschau. Archäologie im Luftbild.* Leipzig, 1987.

Mohen, Jean-Pierre: *Megalithkultur in Europa. Geheimnis der frühen Zivilisationen.* Stuttgart und Zürich, 1989.

Niel, Fernand: *Auf den Spuren der Großen Steine. Stonehenge, Carnac und die Megalithen.* München, 1977.

Reden, Sibylle von: *Die Megalith-Kulturen. Zeugnisse einer verschollenen Urreligion.* Köln, 1960 und 1978.

Sager, Peter: *Süd-England. Von Kent bis Cornwall.* Köln, 1977.

Teichmann, Frank: *Der Mensch und seine Tempel. Megalithkultur in Irland, England und der Bretagne.* Stuttgart ,1983.

Westwood, Jennifer: *Sagen, Mythen, Menschheitsrätsel. Ein Atlas der heiligen Orte, geheimnisvollen Kultstätten und versunkenen Kulturen.* München, 1990.

## SECHZEHNTE STATION: CROMLECH

*Anmerkungen*

(1) Frank Teichmann: *Der Mensch und seine Tempel,* S. 51–5.

(2) Ebd., S. 56 f.

(3) Nähere, sehr lesenswerte Details dazu in Müllers Buch *Der Himmel über dem Menschen der Steinzeit.*

(4) Vgl. Rudolf Drößler: *Astronomie in Stein.*

*Literatur*

Drößler, Rudolf: *Astronomie in Stein.* Leipzig, 1990.

Holroyd, Stuart/Lambert, David: *Rätselhafte Stätten unserer Erde.* Glarus 1979.

Kehnscherper, Günther: *Hünengrab und Bannkreis. Von der Eiszeit an – Spuren früher Besiedlung im Ostseegebiet.* Leipzig, Jena, Berlin,1990.

Mohen, Jean-Pierre: *Megalithkultur in Europa, Geheimnis der frühen Zivilisation.* Stuttgart und Zürich, 1989.

Müller, Rolf: *Der Himmel über dem Menschen der Steinzeit. Astronomie und Mathematik in den Bauten der Megalithkulturen.* Berlin und Heidelberg, 1970.

Teichmann, Frank: *Der Mensch und seine Tempel. Megalithkultur in Irland, England und der Bretagne.* Stuttgart, 1983.

## SIEBZEHNTE STATION: SARDINIEN

*Anmerkungen*

(1) Rainer Pauli: *Sardinien. Geschichte, Kultur, Landschaft*, S. 59.

*Literatur*

Lilliu, Giovanni: *Frühe Randkulturen des Mittelmeerraumes*, Bd. 2, Reihe »Kunst der Welt«. Baden-Baden, 1967.

Pauli, Rainer: *Sardinien. Geschichte, Kultur, Landschaft*. Köln, 1978.

Schmidt die Friedberg, Marcella: *Sardinien. Auf den Spuren antiker Völker.* München, 1988.

Thimme, Jürgen: *Kunst der Sarden*. München, 1983.

## ACHTZEHNTE STATION: MALLORCA

*Anmerkungen*

(1) Interessant und aufschlußreich für die relative Datierung dieser Spuren ist die Spurweite: 1,60 Meter Breite mißt die »klassisch« megalithische Spur. Die häufiger vorkommenden, nur 1,45 Meter breiten Spuren sind zwar auch prähistorisch, stammen aber eindeutig aus vergleichsweise jüngerer Zeit.

*Literatur*

Braem, Harald: *Die Balearen. Auf den Spuren von Hirten, Kriegern und Piraten*. München, 1989.

Heil, Christof: *Der Zauber der Zypressen. Märchen und Mythen aus Mallorca.* Meerbusch, 1992.

Mayr, Albert: *Vorgeschichtliche Denkmäler der Balearen.* Berlin, 1912.

Reden, Sibylle von: *Die Megalith-Kulturen. Zeugnisse einer verschollenen Urkultur.* Köln, 1978.

Springorum, Friedrich: *Mallorca. Licht über Steinen*. Bern, 1960.

Strelocke, Hans: *Mallorca, Menorca*. Köln, 1981.

## NEUNZEHNTE STATION: SCHWEIZ

*Anmerkungen*

(1) Die *Muota* wurde von W. Burkhart archäologisch untersucht.

(2) Büchi, Ulrich u. Greti/Cathomen, Ignaz (1990): *Die Menhire auf Planezzas/Falera*, S. 67–68.

*Literatur*

Büchi, Ulrich u. Greti: *Die Megalithe der Surselva Graubünden*. Bd. 1: Muota/Falera. Disentis, 1983.

Engler, H. Rudolf: *Die Sonne als Symbol. Der Schlüssel zu den Mysterien*. Küsnacht b. Zürich, 1962.

Karow, Otto: *Kinder der Sonne. Vom Erwachen des menschlichen Geistes*, IMAGO MUNDI Band 4. Lollschied, 1993.

Lüscher, Genevieve: *Wanderungen in die Urgeschichte. 17 Ausflüge in Stätten der Stein-, Bronze- und Eisenzeit in der Schweiz*. Thun, 1986.

Meier, Pirmin: *Schweiz. Geheimnisvolle Welt im Schatten der Alpen*. München, 1993.

Schwegler, Urs: *Schalen- und Zeichensteine der Schweiz*. Antigua 22, Schweizerische Gesellschaft für Ur- und Frühgeschichte. Basel, 1992.

## ZWANZIGSTE STATION: SCHWEDEN

*Anmerkungen*

(1) Um nur ein Beispiel zu nennen: Der »kleine Däumling« entspricht genau den Vorstellungen, die sich die Menschen von jenem ewig jugendlichen germanischen Fruchtbarkeitsgott *Loll* machten. In vielen Abbildungen wird er als daumenlutschendes Kleinkind dargestellt. Weil er als Kind im Winter stirbt und im nächsten Frühling wiedergeboren wird, altert er nie.

(2) Frithjof Hallmann: *Das Rätsel der Labyrinthe*, S. 34

(3) Oder doch? War Troja vielleicht eine Siedlung der über Griechenland nach Osten vordringenden »Nordmänner«, von denen zahlreiche antike Geschichtsschreiber berichten?

(4) Frithjof Hallmann: *Das Rätsel der Labyrinthe*, S. 115

(5) ders., S. 47.

(6) nach H. Magdalinski: *Die Windelbahn von Stolp in Pommern*.

(7) Kern, Hermann: *Labyrinthe. Erscheinungsformen und Deutungen. 5000 Jahre Gegenwart eines Urbildes*, aus: Hallmann, F. Das Rätsel der Labyrinthe, S. 167.

*Literatur*
Hallmann, Frithjof: *Das Rätsel der Labyrinthe.* Ardagger, 1994.
Kern, Hermann: *Labyrinthe. Erscheinungsformen und Deutungen. 5000 Jahre Gegenwart eines Urbildes.* München, 1982.
Lonegren, Sig: *Labyrinthe.* Frankfurt, 1993.
Magdalinski, H.: *Die Windelbahn von Stolp in Pommern.* In: Mannus Nr. 13/1921.

## EINUNDZWANZIGSTE STATION: DER OSTEN

*Anmerkungen*

(1) Marija Gimbutas: *Die Balten – Volk im Ostseeraum,* S. 219

*Literatur*
Gimbutas, Marija: *Die Balten – Volk im Ostseeraum.* München, Berlin, 1983.
Gimbutas, Marija: *The Gods and Goddesses of old Europe.* London, 1974.
Kalicz, Nandor: *Götter aus Ton. Das Neolithikum und die Kupferzeit in Ungarn.* Budapest, 1980.
Milner-Gulland, Robin/Dejevsky, Nikolai: *Rußland. Geschichte, Kunst, Lebensformen.* München, 1990.
Rolle, Renate/Müller-Wille, Michael/Schietzel, Kurt: *Gold der Steppe. Archäologie der Ukraine.* Neumünster, 1991.
Schiltz, Veronique: *Die Skythen und andere Steppenvölker.* München, 1994.

## AM ENDE DER REISE: AUSBLICKE AUF EINE BEWUSSTERE ZEIT

*Anmerkungen*

(1) Vgl. Rupert Sheldrake: *Das schöpferische Universum. Die Theorie des morphogenetischen Feldes.*

(2) Am Anfang war das Feuer (*La Guerre du Feu*), Frankreich/Kanada 1981. Regie: Jean-Jacques Aunaud (der auch bei *Der Name der Rose* Regie führte) nach dem Roman von Rosny Aine. Beratung bei der Körpersprache: Desmond Davis; bei der Urzeitsprache: Anthony Burgess.

*Literatur*

Braem, Harald/Heil, Christof: *Die Sprache der Formen. Die Wurzeln des Design*. München, 1990.

Cooper, J. C.: *Illustriertes Lexikon der traditionellen Symbole*. Leipzig, 1986.

Eliade, Mircea: *Die Religionen und das Heilige. Elemente der Religionsgeschichte*. Salzburg, 1954.

Shegin, L. F.: *Die Sprache des Bildes. Form und Konvention in der alten Kunst*. Dresden, 1982.

Sheldrake, Rupert: *Das schöpferische Universum. Die Theorie des morphogenetischen Feldes*. München, 1984.

## Bildnachweis

Wir danken allen Genannten für die freundliche Abdruckgenehmigung.

S. 2, 22, 33, 84 Rainer Simon, Böblingen, S. 85 EMB-Service für Verleger, Luzern; S. 99, 109, 110, 116 Rainer Simon, Böblingen; S. 118 Autor; S. 121 Rainer Simon, Böblingen; S. 125, 127 Autor; S. 130 Sigrid Neubert, München; S. 139 Rainer Simon, Böblingen; S. 145 Autor; S. 147 Rainer Simon, Böblingen; S. 150, 151 Autor; S. 157, 177, 190, 216 Rainer Simon, Böblingen; S. 233 Rainer Pauli, Schwindegg; S. 241 Autor; S. 243 Rainer Simon, Böblingen; S. 250, 258, 288, 289, 290 Autor.

Farbteil

1 Frank Teichmann, Stuttgart; 2–4 Bettina Müller, Wiesbaden; 5 Ronald Sheridan's Photo-Library (Charles Tait), London; 6–14 Autor; 15 Rainer Simon, Böblingen; 16–20 Manfred Viergutz, Darmstadt; 21, 22 Autor.